Transformation der Erde

MORPHEUS

Transformation der Erde

Interkosmische Einflüsse auf das Bewusstsein

Inhalt

Einführung

Mysteriöse Begegnungen – Spinner oder Propheten?

Als im Herbst 2006 mein Buch »Transformation der Erde« erstmals herauskam, wagte ich nicht vorherzusagen, was geschehen würde. Alles schien möglich. Von einem gigantischen politischen Erdbeben, einem globalen Kulturschock bis hin zu meinem Tod. Denn schon während der Recherchen war ich einige Male beschattet, bedroht, schikaniert und eingeschüchtert worden.

Was trat ein? Keine dieser Alternativen. Stattdessen aber erlebte ich ein Phänomen, mit dem ich nicht gerechnet hatte. Obwohl »Transformation der Erde« trotz langer und ausführlicher Nachforschungen zum Schluss recht schnell und überstürzt erscheinen musste und daher bei weitem nicht den äußeren Qualitätsansprüchen eines Buches gerecht werden konnte, verkaufte es sich über zehntausend Mal – bis es Anfang 2009 von den Händlern als vergriffen registriert und bei Ebay für über tausend Euro gehandelt wurde.

Offenbar haben die Inhalte dieses Buches einen Nerv getroffen und – ohne einen Hauch von Werbung – immer mehr Menschen erreicht. Ich habe also gute Gründe gehabt, der Öffentlichkeit heute, rund vier Jahre später, eine überarbeitete und aktualisierte Ausgabe von »Transformation der Erde« anzubieten. Denn, erstens, ist eine breite Aufklärung über das, was mit der Menschheit gerade passiert, immer noch notwendig, und, zweitens, hat sich seit der Erstveröffentlichung einiges getan. Die klimatischen, geologischen, gesellschaftlichen, wirtschaftlichen und politischen Entwicklungen auf der Erde haben meine durchaus polarisierenden Recherchen bestätigt und deuten in der Tat auf ein »großes Finale« um das Jahr 2012 hin, das darüber entscheiden wird, ob die Menschheit in die Champions League aufsteigt oder weiter in der Kreisklasse spielt. Als konkrete Frage formuliert: Gelingt die bereits eingeleitete Beförderung des Planeten Erde aus der Barbarei in die von den Maya angekündigte fünfte Dimension, einen Zustand umfassenden Friedens und vollständiger Freiheit?

Ich möchte an den Anfang der Neuauflage jene denkwürdigen Begegnungen mit russischen Wissenschaftlern und Regierungsvertretern 1992 in Moskau beziehungsweise 1994 in Berlin setzen, die mich zu meinen weitergehenden Recherchen motivierten und mir bis heute nicht aus dem Kopf gehen.

Im April 1992 verschlug es mich in die russische Hauptstadt, um bei einem Symposium der Universität Moskau am Pawlow-Institut einen Vortrag über meine jüngsten Forschungsergebnisse im Bereich der Schwingungsmedizin zu halten. Im Anschluss daran besuchte ich mit meinem Schwiegervater, einem auch in Russland hoch angesehenen habilitierten Professor für Chronomedizin, dessen Kollegen und Freunde an ihren jeweiligen Instituten. Durch seine exzellenten Kontakte wurde ich dem Leiter einer Forschungsabteilung in Moskau

Seitdem es dem Amerikaner José Arguelles 1987 gelang, den Tzolkin, einen der Kalender der Maya, zu entschlüsseln, spekuliert die Menschheit so sehr wie nie über ihre Zukunft. Warum endet der Zeitplan am 21. Dezember 2012? Und was passiert danach? Heute sind wir schlauer als noch vor 23 Jahren: Die Menschheit steht vor ihrer nächsten Transformation.

vorgestellt. Dieser Leiter und eine seiner Mitarbeiterinnen weihten mich während einer familiär gehaltenen Abschlussfeier in ein so außergewöhnliches Geheimprojekt ein, dass es mir die Sprache verschlug. Es ging um die Untersuchung eines Mannes, der vorgab, aus der zwölften Dimension zu kommen. Er war mittleren Alters,

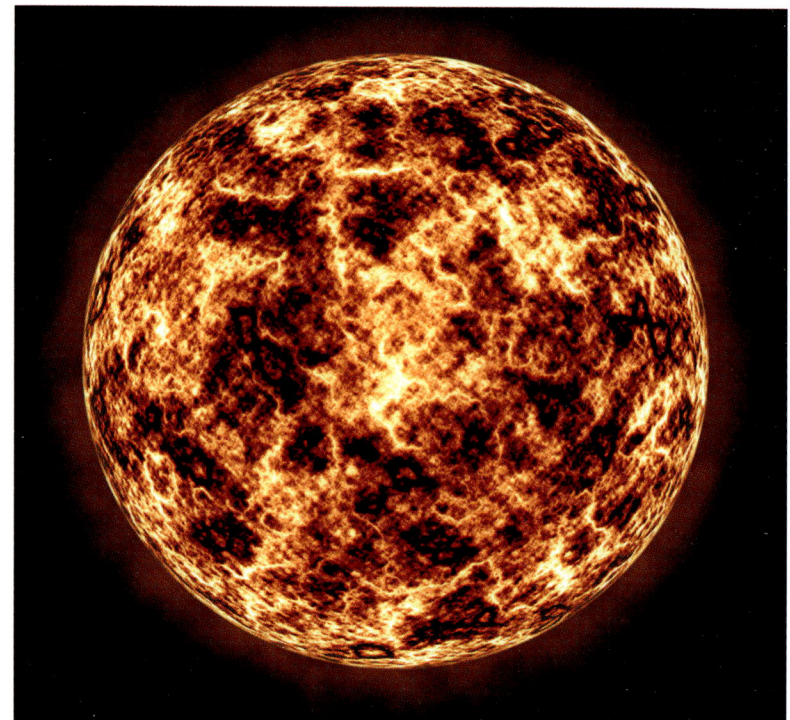

Die Sonne, rund 4,5 Milliarden Jahre alt, an der Oberfläche 6000 Grad Celsius heiß, mit einem mehr als hundert Mal so großen Durchmesser als die Erde, zu 91 Prozent aus Wasserstoff bestehend, zirka 150 Millionen Kilometer von uns und 28 000 Lichtjahre vom Zentrum der Galaxis entfernt. Unser Zentralstern spielt für den blauen Planeten eine zentrale Rolle – denn er prägt viel mehr als nur Klima und Jahreszeiten.

schien überdurchschnittliche mathematische Fähigkeiten und eine seherische Begabung zu haben. Das, was er mitzuteilen hätte, sei von solch außerordentlicher Tragweite, dass man ihm unter normalen Umständen kaum Glauben schenken würde. Deshalb erklärte er sich zu ausgiebigen Untersuchungen bereit. Monatelang wurde dieser Mann analysiert. Medizinisch und intellektuell. Mein Schwiegervater, der die medizinische Seite mitbetrachtet hatte, konnte nichts Unnormales feststellen. Die geistigen Talente allerdings, so erzählte man mir in emotional getragenem Ton, seien absolut außergewöhnlich. So führte der mysteriöse Mann beispielsweise die komplexesten mathematischen Aufgaben in so kurzer Zeit aus, dass die Neurologen ihren Geräten kaum trauen wollten. Der Proband konnte schneller rechnen als die Kontrollcomputer. Für alle Beteiligten stand fest: Normal ist dieser Kerl nicht. Vor allem, als Testreihen zu seinen prophetischen Fähigkeiten durchgeführt wurden. Diese Remote Viewing genannten Fernerkennungsexperimente beschränkten sich zunächst auf den Zeitrahmen der Versuche und kamen zu fantastisch scheinenden Übereinstimmungen zwischen Vorhersage und Realität.

Nachdem also feststand, dass der Unbekannte über außerordentliche Qualifikationen verfügte, konnten die Forscher seiner angekündigten und nun folgenden Botschaft höchste Aufmerksamkeit und größtes Vertrauen schenken. Der Mann wiederholte, dass er aus der zwölften Dimension kommen würde und der Menschheit eine bedeutungsvolle Mitteilung zu verkünden hätte. Wesen seiner Art seien zeitgleich auch bei weiteren wichtigen Regierungen vorstellig geworden, um die Nachricht zu überbringen. Die Botschaft hörte sich für mich im ersten Moment nach einer makaberen Warnung an. Soweit ich sie noch in Erinnerung habe, fasse ich sie kurz zusammen:

Die Botschaft

Der intergalaktische Rat hätte beschlossen, in elf Jahren – also 2003 – eine Korrektur im Universum vorzunehmen, wovon die Erde ganz besonders betroffen sein würde. Man hätte seit sehr langer Zeit den Planeten und seine Bewohner beobachtet, mehrere Botschaften geschickt und etliche Chancen gegeben, die jedoch alle keine Besserung bewirkt hätten. Das, was auf der Erde geschehe, wirke sich unmittelbar auf das gesamte Universum aus und hätte zu einer sehr disharmonischen Situation geführt. Die solle nicht länger hingenommen werden. Allein das Ausmaß unserer Atombombenversuche sei von ungeheuer destruktiver Bedeutung für den gesamten Kosmos. Die anstehende Korrektur würde von unvorstellbarem Ausmaß sein.

Der Mann fügte hinzu, dass diese Botschaft keine Verhandlungssache sei, sondern die Menschen auf das Ereignis vorbereiten und Ängste vor den kommenden Umwälzungen verhindern solle.

Die russischen Wissenschaftler betrachteten die Prophezeiung als authentisch. Sie wurde in höhere politische Kreise vermittelt und auch dort als sehr ernst eingestuft. Meinen Schwiegervater kannte ich als sachlichen, atheistisch orientierten Verstandesmenschen. Doch auch er war von dieser Sache überzeugt, was mich sehr nachdenklich stimmte.

Nach dieser Einweihung in Moskau stellte ich zu diesem Themenfeld eigene Recherchen an. Etwa zwei Jahre später besuchte mich ein Mann, der von sich behauptete, ebenfalls aus der zwölften Dimension zu kommen und der Menschheit eine Botschaft überbringen zu wollen. Er war aus den USA angereist und nannte sich Drunvalo Melchizedek. Seither konnte er sich als Autor und spiritueller Lehrer weltweit einen Namen machen.

Drunvalo sprach von einem Dimensionswechsel für die Menschheit, welcher im Jahre 2012 abgeschlossen sein würde. Die Erde würde von der dritten in die fünfte Dimension geführt werden, was sich der Bevölkerung in einem nie da gewesenen Szenario manifestieren würde.

Dieser Aufstieg sei von langer Hand geplant, so Drunvalo. Die mittelamerikanische Hochkultur der Maya hätte hierzu ein großes Vermächtnis hinterlassen, um uns auf dieses Ereignis vorzubereiten: einen ihrer Kalender, den Tzolkin.

Drunvalo Melchizedek erwähnte mir gegenüber auch, was in der Übergangsphase von der einen Dimension in die andere passieren würde: Eine achttägige Dunkelheit stelle sich ein, auch wären sämtliche elektrisch funktionierenden Technologien nicht mehr brauchbar. So abgehoben mir dieses Szenario anfangs auch schien, Melchizedek machte auf mich einen höchst glaubwürdigen und grundgütigen Eindruck und verfügte über ein sehr fundiertes naturwissenschaftliches Verständnis.

Kurze Zeit später traf ich mich mit einem hohen russischen Regierungsangestellten in Berlin. Unser Gespräch war als »streng vertraulich« deklariert und fand unter vier Augen statt. Der Mann teilte mir seine Besorgnis wie Verwunderung darüber mit, dass »wir im Westen« keine Aufklärung über die kommenden Ereignisse initiieren würden. Im Gegensatz zu Russland. Was der Funktionär dann erzählte, stellte für mich alles bisher Gehörte in den Schatten. Denn er spezifizierte nun die Auswirkungen der bevorstehenden Umwälzungen. Würden in dieser besonderen Phase keine Vorkehrungen im Sinne von Gegenmaßnahmen getroffen, würden wir Menschen unseren Verstand verlieren. Zudem berichtete er mir – und das war für mich am erstaunlichsten – dass nach dieser Umwälzung die Menschheit in einer neuen Epoche leben würde, in der nur harmonische und göttliche Aspekte ausgetragen werden könnten. Göttliche Aspekte? In diesem religiös angehauchten Unterton sprach plötzlich jemand zu mir, den ich als militanten Atheisten kannte? Ganz offensichtlich ist dieser Mann durch etwas sehr Bedeutsames überzeugt worden, durch revolutionär anmutende Beweise, über die er mir nichts Genaues sagen durfte. Ich verspreche Ihnen, liebe Leser, dass Sie einige dieser Beweise noch im Verlaufe dieses Buches kennen lernen werden.

Symptome der globalen Megakrise. Klima und Mensch haben das Bild der Erde in den letzten 100 Jahren zum Teil grundlegend verändert. Hier eine Aufnahme von einem annähernd ausgetrockneten See in den Schweizer Alpen.

Symptome des Wandels – Was steht der Erde bevor?

Was hat sich seit diesen ominösen Begegnungen getan? Schaut man sich die aktuellen Zustände auf der Erde an, muss man in der Tat von einer fundamentalen Umwälzung sprechen, die weiterhin im Begriff ist, sich zu verschärfen.

Friedvoller ist unsere Erde seit Mitte der 1990er Jahre sicher nicht geworden. Im Gegenteil. Die Brandherde sind größer und zahlreicher geworden: der Balkan-Krieg, der Genozid in Darfur, die Anschläge des 11. September und der inzwischen omnipräsente Terror, der Irak-Krieg, der Afghanistan-Krieg, die nukleare Bedrohung durch Iran und Nord-korea, die sich weiter öffnende Schere zwischen Arm und Reich, der fortschreitende Hunger auf der Welt, der sich verschärfende Klima-wandel. Die Liste könnte beliebig weitergeführt werden. Zu den huma-nen Katastrophen kommen der Zusammenbruch des globalen Finanz-

Oben: Die Flugzeugattacken vom 11. September 2001 tra-fen die westliche Welt ins Mark. Seitdem sehen sich Amerika, Europa und Reform-kräfte in den islamistischen Staaten dem Terror gegenüber. **Oben rechts:** Der Krieg in Afghanistan gegen die Taliban sowie im Irak gegen das Re-gime Saddam Husseins begann nach den Anschlägen in New York. Bis zum Stichtag des 16. Februar 2010 starben in den beiden Kampfplätzen laut der Internet-Nachrichtenseite unknownnews.de mindestens 869 720 Menschen.

systems und das offensichtliche Abschiednehmen von der rein materiell konzipierten Welt.

Diese Entwicklungen kommen nicht von ungefähr. Wie ich später zeigen werde, sind sie aus dem All gelenkt. Für Eingeweihte besteht längst kein Zweifel mehr daran, dass sowohl der Planet Erde als auch die geistige Konstitution der Menschheit mehr durch kosmische Strah-lung bestimmt wird, als wir bisher gedacht hatten. Aufmerksame Beobachter können die Konsequenzen der zunehmenden kosmischen Strahlung und die zeitgleich zunehmende Fragilität des Erdmagnet-feldes inzwischen fast täglich den Medien entnehmen.

Beginnen wir mit den Ereignissen, die am Abend des 10. November 2009 insgesamt 18 brasilianische Bundesstaaten und Paraguay heim-suchten. Ab 22.13 Uhr sorgte dort ein mehr als zwei Stunden dauern-der Stromausfall von nie zuvor erlebtem Ausmaß für totales Chaos. Über 40 Millionen Menschen saßen im Dunkeln, blieben in Aufzügen stecken, fuhren an Kreuzungen ineinander, weil die Ampeln nicht mehr funktionierten. Telefon- und Kreditkartensysteme verweigerten ihren Dienst, verzweifelte Fahrgäste mussten aus der U-Bahn befreit werden. Krankenhäuser, Flughäfen und Polizeistationen wurden mit Notstrom-aggregaten versorgt. Verantwortlich für das Desaster wurde ein Un-wetter gemacht, das die riesigen Wasserkraftwerke an den Fällen von Itaipu lahmgelegt haben soll. Während diese Ursache in den deutschen Medien als Begründung hingenommen wurde, zog man in Brasilien noch einen anderen Grund in Betracht: die Sonne.

Kurz nachdem ich von dem Stromausfall gehört hatte, besorgte ich mir im Internet Satellitendaten, die Auskunft geben über die Aktivitä-

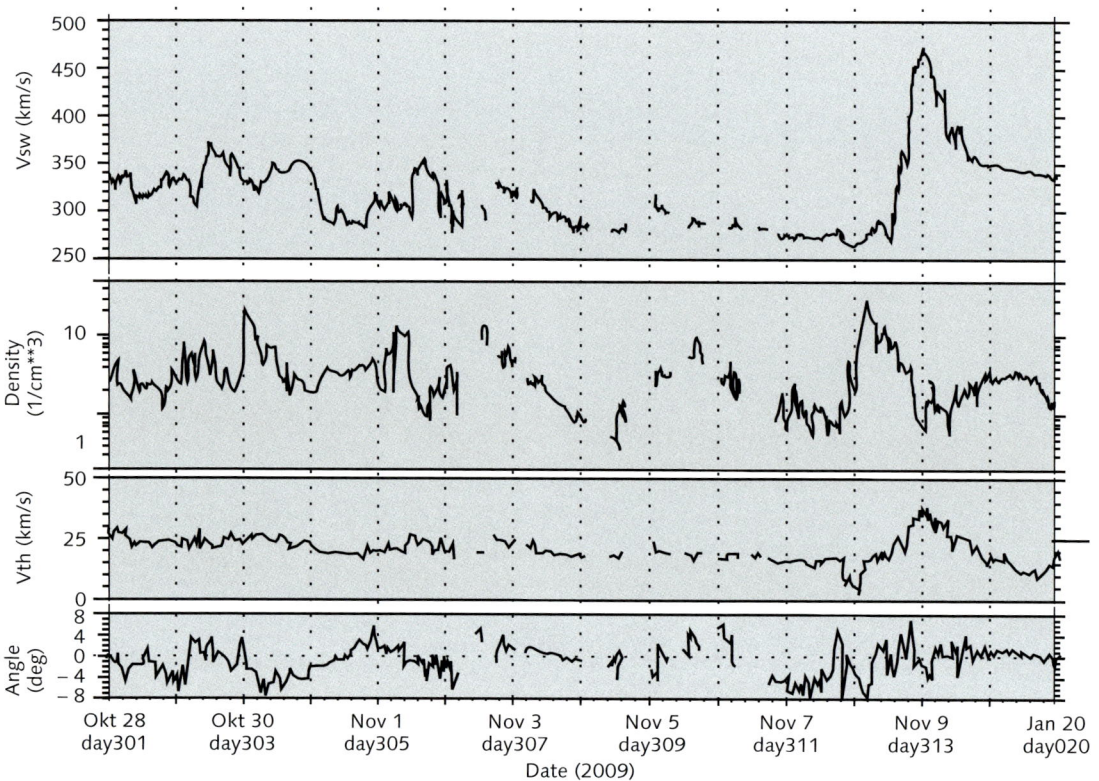

Vsw (km/s)

Density (1/cm**3)

Vth (km/s)

Angle (deg)

| Okt 28 day301 | Okt 30 day303 | Nov 1 day305 | Nov 3 day307 | Nov 5 day309 | Nov 7 day311 | Nov 9 day313 | Jan 20 day020 |

Date (2009)

Blickt man auf die offiziellen Daten und Statistiken der NASA, könnte unsere Erde am 9. November 2009 auf der südamerikanischen Hemisphäre von einem Solarsturm getroffen worden sein, der bereits am 8. November auf die Reise ging – mit einer Reisegeschwindigkeit von fast 500 Sekundenkilometern.

ten unseres Sterns. Meine Quellen sind übrigens keine geheimen. Jeder kann die Sonnenaktivität auf offiziellen Seiten der NASA und ESA mitverfolgen. Und in der Tat: Kurz vor dem brasilianischen Blackout hatte auf der Sonne eine Eruption stattgefunden, die Gravitationswellen und gewaltige Mengen elektromagnetischer Strahlung ins All schleuderte. Der Dominoeffekt: Diese Strahlung beeinflusst das Erdmagnetfeld, dessen Veränderungen sich wiederum auf uns und die Technik auswirken, die in wesentlichen Teilen unseren Alltag bestimmt und auf die wir uns allzu leichtfertig verlassen.

Nicht ohne Grund hatte die National Academy of Sciences Anfang 2009 eine Studie öffentlich gemacht, die warnend ein durch einen Sonnensturm bedingtes Worst-Case-Szenario auf der Erde beschreibt. Der Internetauftritt des US-Nachrichtensenders Fox News zitiert die Studie am 9. Januar 2009 mit den Worten:

»Damage to power grids and other communications systems could be catastrophic, the scientists conclude, with effects leading to a potential loss of governmental control of the situation«. (Die Schäden an Stromnetzen und anderen Kommunikationseinrichtungen könnten nach Meinung der Wissenschaftler katastrophal sein, in der Folge besteht die Möglichkeit, das die Regierungen die Kontrolle über die Situation verlieren.)

EINFÜHRUNG

Wenn die zyklisch verlaufende Sonnenaktivität um das Jahr 2012 herum wieder ein Maximum erreichen wird und gewaltige Sonnenstürme im Minutentakt ins All geblasen werden, könnte das Rückgrat der westlichen Zivilisation innerhalb weniger Sekunden zerschmettert werden: das Stromnetz. Experten prognostizieren, dass die Bevölke-

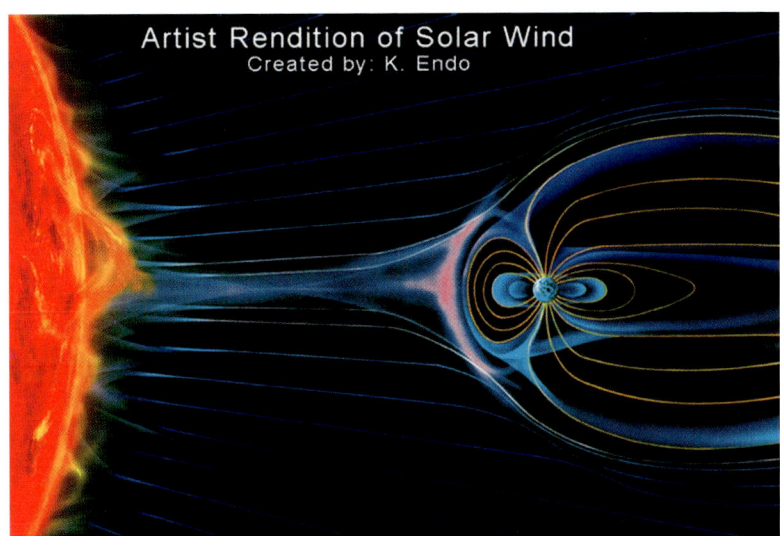

Artist Rendition of Solar Wind
Created by: K. Endo

Das irdische Magnetfeld befindet sich in ständiger Veränderung. Seine Ausformung steht in enger Abhängigkeit zur Sonnenaktivität. Diese nicht maßstabsgetreue Darstellung zeigt, wie die solaren Partikelstürme unseren Schutzschild auf der sonnenzugewandten Seite stauchen und auf der sonnenabgewandten Seite strecken. Die zu den Polen geleiteten Teilchen erzeugen das Phänomen der Polarlichter. Ungewöhnlich heftige Sonnenwinde sowie das schwächelnde irdische Magnetfeld lassen das Himmelsschauspiel selbst über Deutschland auftreten.

rung Amerikas und Europas mit ihren erwiesenermaßen sehr anfälligen und veralteten Energiesystemen dann nicht nur für wenige Stunden – wie in Brasilien – sondern für mehrere Wochen ohne Strom ausharren müsste.

Während Staaten wie Finnland, die häufiger mit Sonnenwinden zu tun haben, die durch das Erdmagnetfeld in die Polregionen geleitet wurden, präpariert sind für den Fall der Fälle, scheinen die deutschen Energieunternehmen die Situation nicht ernst zu nehmen. So berichtet Spiegel Online am 8. August 2009 von den gescheiterten Bemühungen des finnischen Sonnensturmexperten Risto Pirjola, einen paneuropäischen Schutzplan zu diskutieren.

»RWE und Vattenfall reagierten nicht auf seine Einladung, und die EU lehnte den Forschungsantrag ab«, schreibt Spiegel Online und zitiert die Reaktionen die Stromfirmen: *»Weltraumwetter sei ›höhere Gewalt‹, sagt der Sprecher der RWE-Netzsparte. Vattenfall Deutschland verweist auf Blitzableiter in den Umspannwerken (die nichts ausrichten können). Und die Sprecherin der E.on-Netzsparte sagt: ›Unsere Ingenieure würden das eher als Esoterik abstempeln.‹«*

Sonnenstürme sollen Esoterik sein? Eine verantwortungslose Einstellung angesichts der Schäden, die geballte elektrische Ladungen aus dem All in der Vergangenheit bereits angerichtet haben. Würde es im Zuge der zunehmenden Sonnenaktivität zu einem Super-GAU kommen, würden sich die rein materiellen Schäden nach Expertenschätzungen allein für die USA auf bis zu zwei Billionen Dollar im ersten Jahr summieren. Weitere zehn Jahre bräuchte das Land, um sich von dem Stromschock zu erholen.

Die Gefahr aus dem All ist nicht etwa ein Schreckensphänomen des dritten Jahrtausends. Viele Satelliten sind schon in den 1990ern durch Sonnenstürme verloren gegangen. So schnitt der Verlust von Galaxy 4 und Telestar 401 mehrere Millionen Menschen vom Rundfunk und der Telekommunikation ab. John Kappemann von der Universität Minnesota warnte ebenfalls schon 1990: »In Zukunft werden die Sonnenschäden Ausmaße annehmen, die für uns heute noch nicht vorstellbar sind.« In Japan führten von der Sonne ausgehende Magnetstürme Ende der 1980er Jahre sogar zu brennenden Transformatoren in Kernkraftwerken. »Für kurze Zeit«, berichteten damals die Zeitungen, »herrschte die Gefahr einer nuklearen Katastrophe.« Der amerikanische Astrophysiker Robert Hoffman beschrieb das damalige Ereignis so: »Es war, als ob die Erde von einem Hammer getroffen würde.« Die hochenergetische Partikelwelle hatte das Erdmagnetfeld um ein Drittel zusammengepresst.

Der Blackout von Brasilien rund 20 Jahre später, der höchstwahrscheinlich nur ein Vorbote eines größeren Ereignisses war, ist lediglich eine der Konsequenzen kosmischer Strahlung der letzten Monate, die auf die Zerbrechlichkeit der menschlichen Zivilisation hingewiesen haben.

Ein anderes Symptom der aktuellen Wendezeit ist die seismische Aktivität unseres Planeten. Jüngstes Beispiel ist das Beben unter dem Karibikstaat Haiti. Es forderte hunderttausende Menschenleben. Ganze Stadtviertel, Wohnblocks, Kirchen, Krankenhäuser und sogar der Präsidentenpalast in der Hauptstadt Port-au-Prince stürzten ein. Verwüstung herrschte wie nach einem apokalyptischen Bombardement.

Als ich in der Nacht vom 12. auf den 13. Januar 2010 von der Katastrophe hörte, ging ich sofort auf die Internetseite der NASA, wo sowohl Grafiken und Zahlenreihen das aktuelle »Space Weather« dokumentieren als auch regelmäßige Aufnahmen des Satelliten SOHO die Aktivität der Sonnenoberfläche zeigen. Ich brauchte die Statistiken und die Sonnenbilder nicht lange zu durchsuchen: Sie zeigten in schonungsloser Brutalität, wie wenige Stunden vor dem Beben auf der Erde die solaren Eruptionen zunahmen und massenhaft Ladungsträger ins All geblasen wurden. Die vorher dahindümpelnden Messkurven schlugen weit aus. Die Satellitenaufnahmen zeigten plötzlich eine feuersprühende Sonne.

Zentralregister für Erdbeben geben darüber Auskunft, dass die derzeitige seismische Situation auf unserem Planeten alles andere als nor-

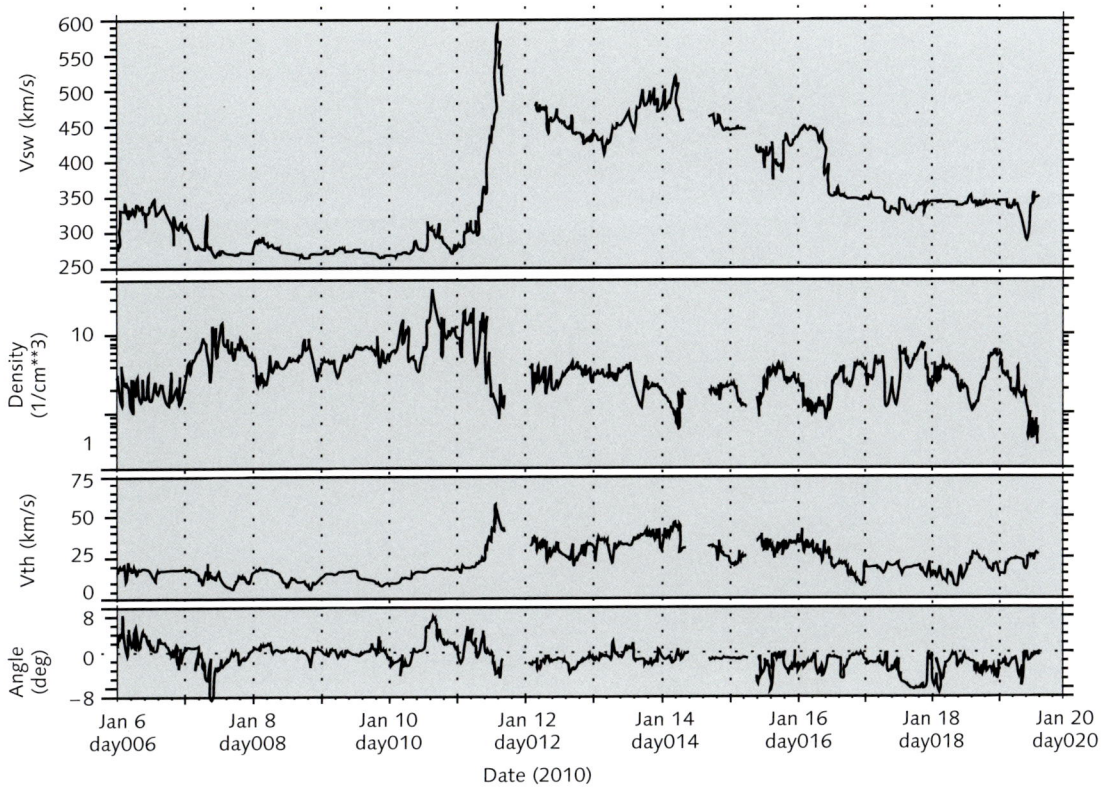

| | Jan 6 | Jan 8 | Jan 10 | Jan 12 | Jan 14 | Jan 16 | Jan 18 | Jan 20 |
| | day006 | day008 | day010 | day012 | day014 | day016 | day018 | day020 |

Date (2010)

Die Grafik zeigt die Ausmaße eines noch heftigeren Sonnensturms als der, der zum brasilianischen Blackout führte. Die Folgen auf der Erde waren umso verhängnisvoller. Schauen Sie auf den Zeitstrahl: Es handelt sich um die Sonnenaktivität, die im Zusammenhang mit dem Erdbeben auf Haiti steht. Die Katastrophe ereignete sich am 12. Januar 2010.

mal ist. Sie zeugen von einer Zunahme derartiger Ereignisse. Betrachtet man allein die Kategorie der Beben mit einer Stärke von 6 bis 6,9 auf der Richterskala, so ist ein Anstieg auszumachen von 18 Beben im Zeitraum von 1960 bis 1969 auf über 150 Beben im Zeitraum von 2000 bis 2009. Die Anzahl der Beben der Stärke von 7 bis 7,9 hat sich von 22 (1960 bis 1969) erhöht auf rund 100 (2000 bis 2009). Passend dazu veröffentlichte am 29. Mai 2009 die russische Nachrichtenagentur RIA Novosti folgende Meldung:

»Angesichts der zunehmenden vulkanischen Aktivität in Saudi-Arabien kursieren in der Region Prophezeiungen über den baldigen Weltuntergang, dem viele Schrecken vorausgehen sollen. Wie die saudische Zeitung Ukaz am Freitag berichtete, stammen die ominösen Prophezeiungen angeblich von drei Moschee-Predigern. Im kommenden Monat erlebe das Land eine Invasion von Mücken, Ratten und ›menschenfressenden Insekten‹. Die Erde berste, es komme zu heftigen Vulkanausbrüchen. ›Die Weltkarte wird sich verändern, es vollziehen sich Katastrophen, die möglicherweise den Weltuntergang verursachen‹, zitierte die Zeitung. Ein Sprecher des Ministeriums für islamische Angelegenheiten bezeichnete die Prophezeiungen als ›unbegründete Spekulationen‹ und warnte vor Panik. Nur Gott weiß, was kommt, hieß es.«

Nur Gott weiß, was kommen wird. Dieser Meinung bin ich auch. Wir sollten allerdings sensibilisiert sein dafür, was im Zuge der globalen Transformation passieren könnte.

Hellhörig lassen mich auch Meldungen wie die von dem verschwundenen Fluss in Kolumbien werden. Am 16. und 17. November

Verwüstete Straßen im hai-tianischen Port-au-Prince.
Die Regierung des karibischen Inselstaates korrigierte die Verluststatistik mehrmals nach oben. Ende Februar 2010 ging sie von rund 300 000 Toten aus. Hinzu kommen 1,2 Millionen Obdachlose, deren Lage sich durch die bevorstehende Regenzeit zunehmend erschwert. Interessant wie typisch ist, dass das Beben von Haiti in der Berichterstattung zu keiner Sekunde mit der Sonnenaktivität beziehungsweise der Konstitution des Erdmagnetfeldes in Verbindung gebracht wurde.

2009 berichteten nahezu alle tagesaktuellen Online-Medien, dass rund 800 Meter entfernt von der Kleinstadt San Andrés in der Provinz Santander ein Gebirgsfluss nach Aussagen des Amtsvorstehers »von der Erde verschluckt worden« und in einer plötzlich entstandenen Erdspalte untergegangen sei. Als ich Roland Emmerichs Katastrophenfilm »2012« im Kino anschaute, wo im Yellowstone Nationalpark ähnliches geschieht, musste ich für einen Moment an diese Meldung denken.

Veränderungen finden aber zurzeit nicht nur in der Physiognomie unserer Erde statt, sondern auch in unseren Köpfen. Auch dazu findet man regelmäßig Meldungen, die höchstwahrscheinlich Mosaiksteinchen der Dokumentation eines großen und komplexen Transformationsprozesses sind. So konnte man nachlesen, dass seit 2008 die Selbstmordrate unter tibetischen Mönchen stark zugenommen hat. Und das, obwohl der Suizid im Buddhismus als große Sünde angesehen wird. Hat das absonderliche Verhalten mit der verstärkten Verfolgung der Tibeter durch die Chinesen zu tun oder ist die Ursache in viel weiter entfernten Gefilden zu suchen?

In Deutschland ist die Selbstmordrate zwar leicht rückläufig, die Anzahl psychischer Auffälligkeiten allerdings ist auf dem Vormarsch. Der Gesundheitsreport der Deutschen Allgemeinen Krankenkasse (DAK) bezeugt nach der Auswertung der Krankschreibungen eine Zunahme von 7,4 Prozent allein im Jahr 2009. Die AOK Bayern dokumentiert ein drastisches Anwachsen der Arbeitsunfähigkeitsfälle infolge psychischer Störungen seit Anfang der 1990er Jahre. Und auch die Anzahl der Verordnungen von Psychopharmaka steigt seit einiger Zeit bundesweit. Was hatte mir jener Russe in Berlin erzählt? Sprach er nicht von einer »Phase, in der die Menschen ihren Verstand verlieren würden?«

Für die aktuellen irdischen Veränderungen sind – wie später zu sehen sein wird – nicht bloß kosmische Einflussfaktoren von großer Relevanz. Auch die Erde selbst wandelt sich offenbar in ihrer Grundstruktur. So fanden Forscher verschiedener Universitäten und Geoforschungsinstitute heraus, dass das Erdmagnetfeld gerade dabei ist, schwächer zu werden. Die Stärke des Magnetfeldes, das unseren Planeten normalerweise vor einem zu starken Einfluss kosmischer Strahlung schützt, hat laut dem Göttinger Professor Karsten Bahr in den letzten 150 Jahren um acht Prozent abgenommen. Da derartige zyklische Phänomene von Kosmos und Erde bereits durch die Hochkultur der Maya beobachtet und auch prognostiziert wurden, weigere ich mich, die Lage unseres Planeten als zufällige Erscheinung anzusehen. Im Gegenteil, das, was gerade mit uns passiert, hat einen tieferen Sinn.

Muss ich noch erwähnen, dass auch die Ursache des Klimawandels nicht auf der Erde, sondern in den Tiefen des Alls zu suchen ist? Viele Jahre wurde ich skeptisch angeschaut, als ich davon sprach und die Kohlenstoffdioxid-Debatte als überhitzt kritisierte. In diesem Falle jedoch ist das Thema mittlerweile in der Öffentlichkeit angekommen. So titelte der *Focus* am 11. Januar 2010 mit der ketzerischen Frage »Forscherstreit – Fällt die Klimakatastrophe aus?« Damit reagierte das Münchner Nachrichtenmagazin auf die Tatsache, dass sich der Klimawandel in den letzten Jahren entschleunigt hat. Womöglich, weil die Sonne – entgegen den Erwartungen – zwischen 2007 und 2009 länger ruhig geblieben war.

Natürliche Einflüsse
aus dem All und auf der Erde

Gravitationswellen aus dem galaktischen Zentrum

Damit klar wird, welche Kräfte überhaupt auf uns wirken, möchte ich nun auf Wesen und Mechanik unseres Kosmos eingehen. In der Biologie existieren kybernetische Informationsverbindungen zwischen Kernstrukturen, die hierarchisch aufgebaut sind. Das haben die Wissenschaftler Alexander Presman und Fritz A. Popp entdeckt. Das Verhältnis zwischen den 200 Milliarden Sonnenkernen unserer Galaxis und dem Kern unserer Galaxie kann als eine entsprechende hierarchisch-kybernetische Struktur im astronomischen Bereich angesehen werden. Es deutet viel darauf hin, dass die Aktivität unserer Sonne vom Kern der Galaxie her mit kybernetischen Mitteln geregelt wird.

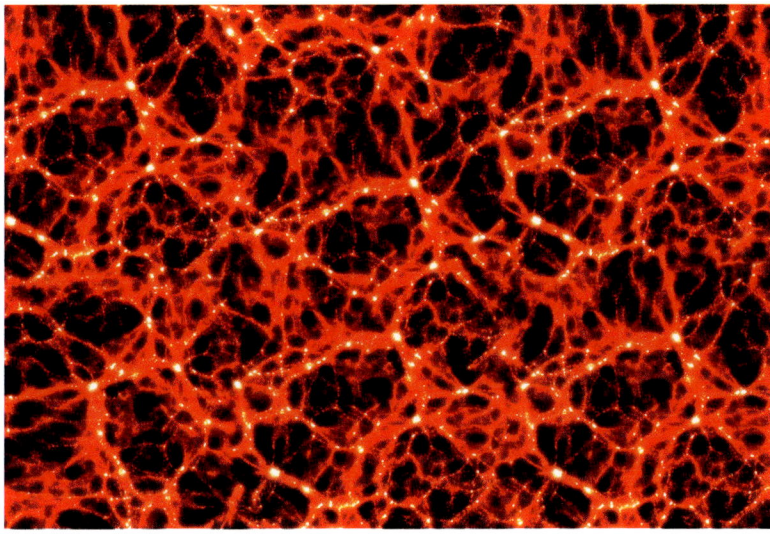

Oben: Sterne wie Schwarze Löcher senden Gravitationswellen aus. Das konnten Astrophysiker in den 1970er Jahren nachweisen. Die Gravitationswellen dienen als Kanal zur Übertragung von Information. Diese kosmische Information erreicht auf diese Weise auch die Erde. **Rechts:** Erinnert Sie das Bild auch an eine Gewebestruktur in unserem Körper? Es stellt aber die Vernetzung des Universums dar. Dieses Netzwerk durchzieht den gesamten Kosmos. Die fadenartigen Strukturen sind viele Millionen Lichtjahre lang. In ihren Kreuzungspunkten liegen gleichmäßig verteilte Galaxienhaufen.

Das Gesamtniveau der Aktivität der Sonnen entspricht dem Entwicklungsziel der gesamten Galaxis.

Sollte dieses Szenario zutreffen, so muss sich der Regulierungsprozess auch in der Einzelbeziehung zwischen unserer Sonne und dem Zentrum der Galaxis nachweisen lassen. Dies setzt jedoch voraus, dass wir alle Elemente eines Informationssystems – Sender, Empfänger, Informationskanal – in einem solchen astronomischen Informationsmodell definieren können. Als Informationskanal – das heißt, als Medium für die Übertragung von Informationen – eignen sich nur Gravitationswellen. Elektromagnetische Wellen, wie sie für Radio, Fernsehen und für die Zellkommunikation verwendet werden, kommen nicht in Betracht, weil sie bei der ungeheuren Entfernung von 33 000 Lichtjahren zwischen unserem galaktischen Zentrum und unserem Sonnensystem starken Ablenkungen durch elektrische und magnetische Felder unterworfen wären.

Nach der Allgemeinen Relativitätstheorie ist zu erwarten, dass stark beschleunigte Massen – wie zum Beispiel die Materie einer Supernova oder eines Sterns, der einen Gravitationskollaps erleidet – Gravitationswellen ausstrahlen, die wiederum Energie und Informationen übertragen. Die Möglichkeit, solche Gravitationswellen experimentell nachzuweisen, wurde zunächst als minimal angesehen, da sich die Energie solcher Wellen zur Energie elektromagnetischer Strahlung wie 1:10 hoch 7 verhält. Trotzdem hat der amerikanische Physiker Joseph Weber in den 1960er Jahren mit Hilfe eines raffiniert entworfenen Detektors versucht, die Existenz von Gravitationswellen direkt zu entschlüsseln. Inzwischen liegen zahlreiche zusätzliche Beweise vor. Im Herbst 1974 entdeckte der Radioastronom Joseph Taylor den Pulsar 1913+16, der innerhalb von acht Stunden einen anderen Stern umkreist. Nach vierjährigen weiteren Beobachtungen stand fest, dass die Umlaufperiode des Pulsars um eine halbe Millisekunde geschrumpft war. Taylor konnte hiernach feststellen, dass »Gravitationswellen existieren und dem Doppelstern Energie in dem Maße entziehen, wie dies durch die Allgemeine Relativitätstheorie vorhergesagt wird«, wie er in der Zeitschrift *Scientific American* schrieb.

Hervorzuheben ist auch das Doppelsternsystem Z Chamaehontis. Ein kompakter Weißer Zwerg wird mit einer Periode von 107 Minuten von einem roten Begleiterstern in einem Abstand von nur 410 000 Kilometern umkreist. Der Weiße Zwerg, der doppelt so schwer, aber nur ein Zehntel so groß wie sein Begleitstern ist, zieht ständig Masse zu sich heran. Die Quantität dieses Massenflusses lässt sich nur erklären, wenn man mit einem Energieverlust durch Gravitationswellen rechnet. Der führt gleichzeitig zu einer Annäherung der beiden Sterne wie zu einer Verstärkung des Massenflusses. Der Astrophysiker Hans Ritter, der das System untersucht hat, bemerkt hierzu: »Wir folgern daher, dass Z Chamaehontis ein weiteres Beispiel für die Wirkung von Gravitationsstrahlung ist. Es ist davon auszugehen, dass Gravitationswellen tatsächlich existieren und als galaktischer Informationskanal funktionieren.«

Der galaktische Kern unserer Milchstraße kommt ebenfalls als Sender von Gravitationswellen in Betracht. Gerade die Massenkonzentration im Zentrum ist für die Entstehung von Gravitationsstrahlung günstig. Nach neuesten Beobachtungen mit der Technik von Radio-, Infrarot- und Gamma-Astronomie befindet sich im Milchstraßenzentrum ein Schwarzes Loch, dessen Masse fast eine Million Sonnenmassen erreicht. Das bedeutet, dass die auf das Schwarze Loch zustürzenden Massen Gravitationswellen aussenden.

Unsere Sonne hat – Gott sei Dank – nur ein Drittel der Masse, die ein Schwarzes Loch benötigt. Ein neues Modell der Sonnenphysik beziehungsweise der Heliobiologie zeigt jedoch, dass unsere Sonne kein Atomofen ist, sondern in Wahrheit einen Nullpunkt im Zentrum hat mit einem gegenläufig rotierenden Magnetfeld und einem Plasma-

NATÜRLICHE EINFLÜSSE AUS DEM ALL
UND AUF DER ERDE

wirbel, der die Chromosphäre aufrecht erhält. Eindeutige Hinweise legen den Schluss nahe, dass unsere Sonne in ihrem Zentrum selber ein Vakuum aufbaut.

Das, was in der Physik als Vakuumraum bezeichnet wird, stellt die postmoderne Quantenphysik – vertreten durch Burkhard Heim oder Jean E. Charon – als Hyperraum dar und ist ganz offenbar die Quelle aller Information an sich! Information, Struktur und Bewusstsein sind wiederum eng verknüpft mit der Struktur des Vakuum-Feldes, welches wir vereinfacht Hyperraum nennen wollen. Nach Burkhard Heim ist unsere dreidimensionale Welt in einen zwölfdimensionalen Raum eingebettet. Der uns geläufigen Raumzeit ist demzufolge eine Ebene von weiteren neun Dimensionen übergeordnet, jener Hyperraum. Fritz A. Popp weist darauf hin, dass sich beispielsweise biologische Systeme zum Hyperraum anders verhalten müssen als die isolierten, freien Atome in den Modellvorstellungen der Physiker – nämlich wie eine Art von Hohlräumen. Dadurch würden sie nicht mehr mit den gesamten neun Dimensionen des Hyperraums in Wechselwirkung stehen. Der Hyperraum würde durch den Hohlraum eingeschränkt. Durch die Wechselwirkung mit dem Hyperraum erhalten biologische Zellen sowie andere Hohlräume eine ganz neue Bedeutungsebene – die der Hohlraumresonatoren.

Modell des 12-dimensionalen Raums nach Burkhard Heim. Die Koordinaten X_1 bis X_3 bilden unseren dreidimensionalen Lebensraum aus. X_4 beschreibt den Aspekt der Zeit. X_5 und X_6 bilden den Strukturraum, der zusammen mit der Raumzeit (X_1 bis X_4) den materiell-energetischen Raum formt. X_7 und X_8 beschreiben den Informationsraum, die Koordinaten X_9 bis X_{12} den zeitlosen Überraum, den Heim G_4 nannte. Im G_4 und im Informationsraum sind Materie und Energie nicht definiert.

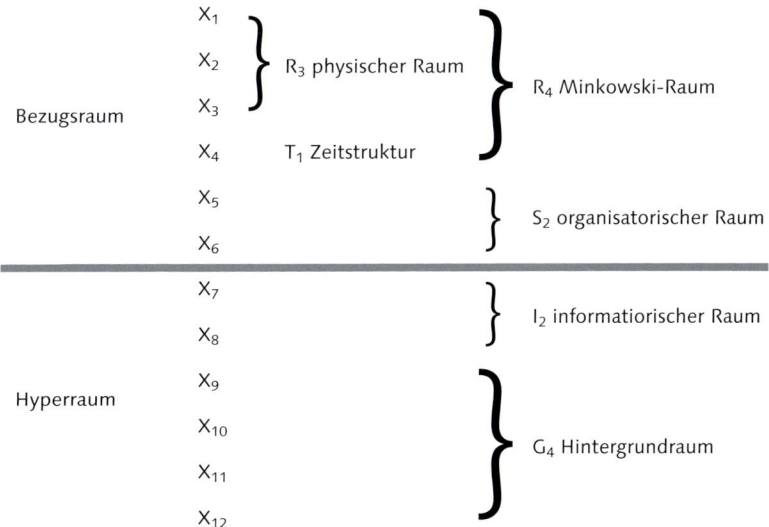

Hohlraumresonatoren als verbindende Elemente

Wie wir später sehen werden, besteht die große Bedeutung der DNS darin, ein idealer Hohlraumresonator zu sein. Tatsächlich bildet unsere Erde ebenfalls einen Kugel-Hohlraumresonator, der auf 7,8 Hz schwingt. Durch diese Eigenschaft bildet sich eine stehende Welle, welche durch entsprechende elektromagnetische Felder aufgebaut

wird. Zwischen den einzelnen Zellen wird durch diese Hohlraumeigenschaften eine Verbindung über den Hyperraum hergestellt. Natürlich
bildet die Sonne bei diesen physikalischen Gegebenheiten keine
Ausnahme, auch sie funktioniert als Kugel- beziehungsweise Hohlraumresonator, ebenso wie die Erde. Über diese gemeinsamen Eigen-

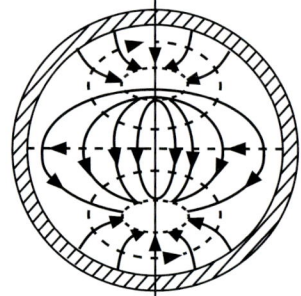

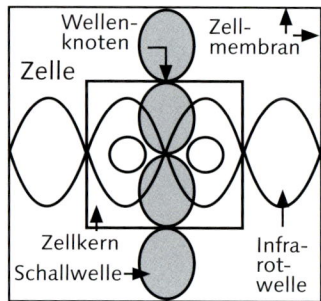

Sonne, Erde und Zellen
stehen als Hohlraumresonatoren miteinander in Verbindung
und schwingen in ähnlichen
Frequenzen. So entsprechen
die Abläufe des Zellteilungs-
prozesses, der Mitose (links),
dem Feldlinienverlauf der Erde
(Mitte). Die Informationsübertragung erfolgt über das Phänomen der »stehenden Welle«
(rechts), die von den einzelnen
Resonatoren ausgeformt wird.
In ihr ist alles mit allem verbunden.

schaften verfügen sie über eine direkte Verbindung untereinander.
Unabhängig von allen räumlichen Entfernungen stehen sie – ähnlich
einer Flatrate-Standleitung – untereinander in dauerhafter Verbindung.
Sonne-Erde-Zellen-Verbindungen werden über die Abkürzung, also
über den raumzeitlosen Hyperraum vorgenommen.

Wie die einzelnen Zellen in einem biologischen System durch die
Hohlraumeigenschaften untereinander über den Hyperraum in Ver-
bindung stehen, so findet über gleiche Eigenschaften und Kanäle die
Verbindung zwischen den Zellen der Erde und der Sonne statt. Man
könnte die Sonne als unseren Server bezeichnen. Bisher gingen die
Naturwissenschaftler jedoch von einem sehr eingeschränkten Evolu-
tionsmodell aus, das den gravitativen Aspekt nicht berücksichtigt.
Doch sämtliche biologischen Systeme – von der Amöbe bis zum
Menschen – verdanken ihre Existenz dem Einfluss der Sonne.

Die trägt – wie auch das Zentrum unserer Galaxis – einen gemeinsamen Signalvorrat des kybernetischen Systems in sich. Und zwar in
Form der physikalischen Eruptionsvorgänge. Es ist davon auszugehen,
dass die in Eruptionen des galaktischen Kerns enthaltene Information
den Gravitationswellen aufmoduliert wird – wie dies bei Rundfunk-
und Fernsehübertragung mit der Ton- beziehungsweise Bildinfor-
mation geschieht. Energetisches Ereignis, die mit ihm verbundene
Information und der Informationskanal scheinen also strukturell miteinander vernetzt zu sein.

Der Sozialwissenschaftler, Futurist und Experte für Fernerkundungs-
technologie James J. Hurtak beschreibt die der planetaren Wechselwirkung zugrunde liegende Gravitation folgendermaßen: »Gravitation ist
die verstärkte oder metagalaktische Anziehungskraft im Universum, die
von der höheren Evolution benutzt wird, um konventionelle Gravita-
tionsanordnungen zu kontrollieren. Dies bewirkt die Freisetzung von

NATÜRLICHE EINFLÜSSE AUS DEM ALL
UND AUF DER ERDE

gravitativ gefangenem Licht sowie molekulare Strukturveränderungen, wodurch der Fortschritt eines Programms oder einer Spezies möglich wird.«

Und über das galaktische Zentrum sagt Hurtak in seinem Hauptwerk *Die Schlüssel des Enoch:* »Ein Schwarzes Loch stellt das erste Stadium nach dem Neutronenstern dar, wenn intermolekulare Kräfte kollabiert sind und die Materie zu einer Singularität zusammengepresst wird. Ein Weißes Loch repräsentiert ein Schwarzes Loch von Antimaterie mit umlaufenden gewöhnlichen Materiemassen, die auf der Antimaterie im Schwarzen Loch kreisen. Die höhere Intelligenz kann eine Weißloch-Kraftquelle als Schalter benutzen, um thermonukleare Fusion zu übertreffen und um Materie durch Gedankenformen zu aktivieren.« Bitte merken wir uns an dieser Stelle den von Hurtak verwendeten Begriff der höheren Intelligenz. Er wird uns später noch begegnen.

Sonne und Sonnensystem als Resonanzkörper zur Übertragung von Information

Kann unser Sonnensystem also tatsächlich als Empfänger von Gravitationswellensendungen angesehen werden? Da das Energiepotenzial der Gravitationswellen außerordentlich schwach ist, muss es – wenn die Wellen überhaupt empfangen werden sollen – durch ein entsprechend empfindliches Resonanzaggregat verstärkt werden. Unter natürlichen Bedingungen muss ein solcher Resonator kosmische Dimensionen haben. Bezeichnenderweise denken Wissenschaftler bereits daran, Detektorsysteme für Gravitationswellen aufzubauen, welche die Erde und den Mond – und sogar die Erde und einzelne Planeten – als Elemente eines kosmischen Interferometers einbeziehen.

Bereits der Astronom Johannes Kepler verstand die Gesamtstruktur von Sonne und Planeten als Resonanzsystem. A. M. Molchanov hat indes mit den Methoden moderner Wissenschaft darlegen können, dass solche Resonanzen im Sonnensystem tatsächlich existieren. Hiernach liegt es nahe, im Rahmen eines kybernetischen Modells astronomischer Strukturen von der Vorstellung auszugehen, dass unser Sonnensystem als Gravitationswellen-Resonator fungiert. Dazu dürften die Planeten, deren Entfernungen zu einander und zur Sonne sowie deren Umlaufgeschwindigkeiten bereits als Resonanzelemente angesehen werden können.

Sehr hilfreich wäre natürlich der Beweis eines Zusammenhanges zwischen der Position der Planeten und der Aktivität der Sonne. Diesen Zusammenhang scheint es tatsächlich zu geben. Seit der jüngsten Jahrhundertwende sind zahlreiche Arbeiten von Astronomen und Geophysikern aus aller Welt veröffentlicht worden, die für eine solche

Korrelation sprechen. Dabei ist interessant, dass am häufigsten Planetenabstände angeführt werden, die den Schwingungsstrukturen entsprechen, die durch Gravitationswellen ausgelöst werden können – 360°, 180°, 90°, 45° und so weiter. Derartige Abstände könnten zwar auch auf Flutkräfte hinweisen. Diese wären aber viel zu schwach.

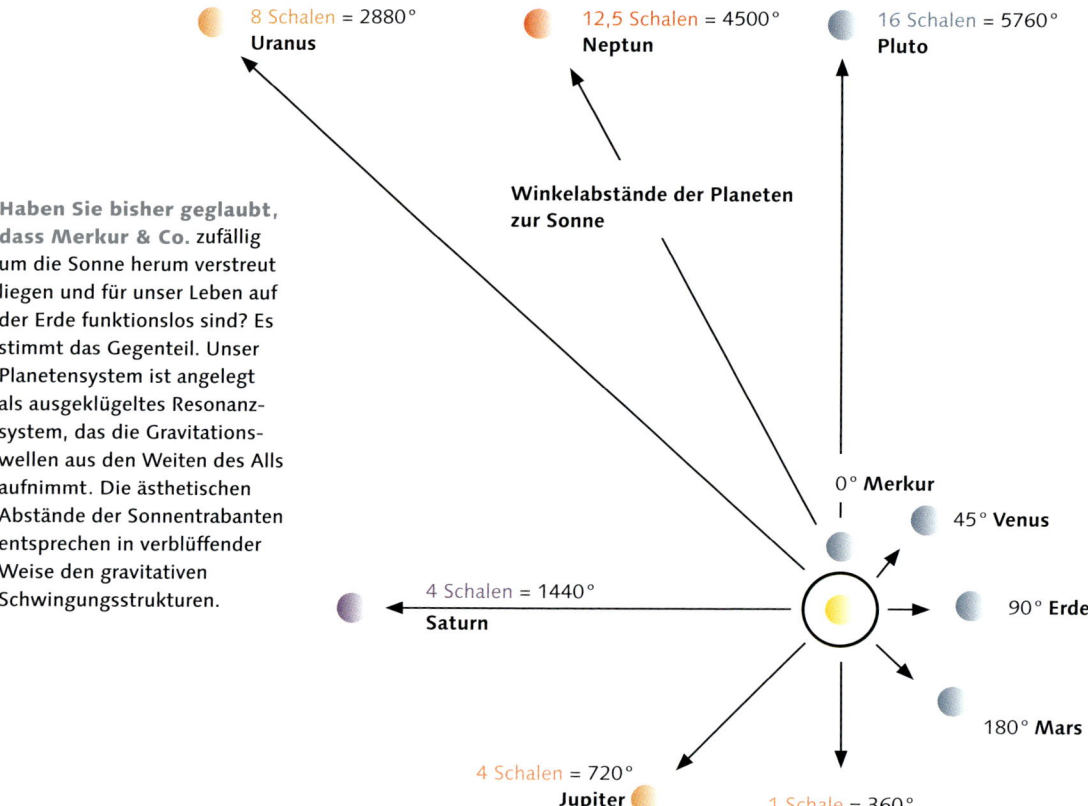

8 Schalen = 2880° **Uranus**

12,5 Schalen = 4500° **Neptun**

16 Schalen = 5760° **Pluto**

Winkelabstände der Planeten zur Sonne

0° **Merkur**

45° **Venus**

4 Schalen = 1440° **Saturn**

90° **Erde**

180° **Mars**

4 Schalen = 720° **Jupiter**

1 Schale = 360°

Haben Sie bisher geglaubt, dass Merkur & Co. zufällig um die Sonne herum verstreut liegen und für unser Leben auf der Erde funktionslos sind? Es stimmt das Gegenteil. Unser Planetensystem ist angelegt als ausgeklügeltes Resonanzsystem, das die Gravitationswellen aus den Weiten des Alls aufnimmt. Die ästhetischen Abstände der Sonnentrabanten entsprechen in verblüffender Weise den gravitativen Schwingungsstrukturen.

Selbst wenn alle Planeten in Konjunktion oder Opposition stünden – also in einer Linie mit Erde und Sonne –, könnten sie auf der Sonne nur eine Flut von wenigen Millimetern bewirken. Daher ist es wahrscheinlicher, dass der Effekt mit der Übertragung von Informationen zusammenhängt.

Als beweiskräftigen spezifischen Beleg für die Realität des hier interessierenden Modells können jedoch nur Korrelationen angesehen werden, die eine unmittelbare Beziehung zwischen der Sonnenaktivität und der Richtung zum galaktischen Zentrum aufzeigen. Bereits in einer 1972 veröffentlichten Arbeit ist nachgewiesen worden, dass ein Symmetriegefüge der äußeren Planeten, das Resonanzqualitäten zu haben scheint, mit dem Ort energetischer Eruptionen auf der Sonne und der Richtung zum galaktischen Zentrum verknüpft ist. Die statistische Auswertung mit dem Pearson-Test ergibt starke signifikante Werte. 1980 hat der russische Forscher A. A. Shitalnaya bei einer Untersuchung der Positionen solarer Eruptionen im heliozentrischen, galaktischen Koordinatensystem ebenfalls eine Ausrichtung auf das galaktische Zentrum gefunden.

Noch aufschlussreicher ist folgendes Ergebnis: Besonders interessante Ereignisse der Sonnenaktivität sind seltene Protonenflares, deren Energieausstoß die Stärke der kosmischen Strahlung erreicht. Diese Flares können aus technischen Gründen erst seit Anfang der 1940er Jahre beobachtet werden. Die Untersuchung dieser hochenergetischen Eruptionen ergab interessante Resultate. Bekanntlich führt die Sonne komplizierte Schwingungen um das Massenzentrum des Sonnenssystems aus. Sie werden von den äußeren Planeten gesteuert. Zur Zeit der Protonenflares lagen in 17 der 23 Fälle das Zentrum der Sonne, das Massenzentrum des Sonnensystems und das galaktische Zentrum auf einer Linie.

Für die Stochastiker unter Ihnen: Ein statistischer Test nach Pearson führt bei einem Freiheitsgrad zu $X2 = 24,4$ und dem Wahrscheinlichkeitswert $P < 0,00001$. Das ist hoch signifikant, wenn man bedenkt, dass nach internationaler Übereinkunft die Signifikanzgrenze im Allgemeinen bei $P = 0,01$ gezogen wird.

Naheliegend ist, dass bei solchen Regulierungsvorgängen auch Information übertragen und verarbeitet wird. Ein Beispiel für einen ungeheuer komplizierten Regelungsprozess, bei dem große Mengen von Information im Spiel sind, ist die Steuerungsfunktion der DNS-Spindeln im Zellkern lebender Zellen. Es ist ein herausragendes Verdienst des Mathematikers Norbert Wiener, diese strukturellen Zusammenhänge, die schon lange unterschwellig bekannt waren, bewusst gemacht zu haben. Wiener hat eine Definition des kybernetischen Begriffs Information gegeben, die auf den ersten Blick verblüffend erscheint: »Information ist Information und weder Masse noch Energie.« Eine philosophische Formulierung, die über die Wieners hinausgeht, verdanken wir Carl Friedrich von Weizsäcker. Er betrachtet Information als dritte ontologische Entität neben Masse und Energie, welche den Aspekt der Form, Gestalt oder Struktur vertritt. Diese Definition spiegelt zugleich Ergebnisse wider, die aus der Quantifizierung des Begriffs Information folgen.

Der Fortschritt der modernen Naturwissenschaften ist vor allem auf quantitative Analysen zurückzuführen. Es war daher eine entscheidende Weiterentwicklung, dass es der Informationstheorie gelang, ein Maß für die Menge vorhandener Information zu finden. Lassen Sie sich bitte nicht von folgender Formel verschrecken. Aber sie gehört zum wissenschaftlichen Fundament dessen, was noch folgt. Sie lautet:

$$I = -k. \text{ in } P. \text{ in } P.$$

Hierbei steht I für Information, k bezeichnet die Boltzmann-Konstante der Thermodynamik, welche den zahlenmäßigen Zusammenhang zwischen der Entropie S und der thermodynamischen Wahrscheinlichkeit P festlegt. Danach ist:

$$k = 1,38 \times 10^{-23} \text{ J/grd}; \quad S = k \times \ln$$

P kennzeichnet den natürlichen Logarithmus der Wahrscheinlichkeit der Existenz eines beliebigen Zustandes eines beliebigen Systems. Es wird dabei nach der Anzahl einfacher Alternativen gefragt, die entschieden werden müssen, um den Zustand des Systems eindeutig zu beschreiben. Die Informationsfunktion ist ein Maß der Differenziertheit, sie misst die Menge der in einem System enthaltenen Form. Ein System, das nur zwei existenzielle Alternativen bietet wie Sein oder Nichtsein, 1 oder 0, birgt nur eine minimale Formmenge. Die verschiedenen Quantenzustände eines Atoms ergeben schon eine große Informationsmenge.

Bei einer Galaxis wächst jedoch die Strukturqualität ungeheuer an, insbesondere wenn man bei den nötigen Alternativentscheidungen von den mikrokosmischen Urbestandteilen des Systems ausgeht. Hieraus folgt, dass sich P zugleich als Wahrscheinlichkeit beschreiben lässt, ein bestimmtes Aggregat von seiner Umgebung zu unterscheiden. Diese wächst in gleichem Maße wie die Differenziertheit des Systems. Informationstheoretische Argumente gelten natürlich auch für unsere Galaxis, die wie unser Sonnensystem als kybernetische Struktur aufgefasst werden kann.

Der russische Naturwissenschaftler Awinadaw Lewit bemerkte treffend: »Versuchen wir, uns das All oder einen Teil davon, die Metagalaxis, als riesige Zahl räumlich isolierter Sternsysteme vorzustellen, die durch informatorische Verbindungen umspannt sind. Nehmen wir weiter an, dass als Übertragungskanäle in so einem riesigen kybernetischen System die Gravitationsfelder dienen (…), dann dürfte der Grund der Kompliziertheit eines derartigen Systems unermesslich höher sein als der Grad der Kompliziertheit eines jeden lebendigen Organismus.«

Albert Ducrocq hat die These aufgestellt, dass das Universum in seiner Gesamtheit wie das Leben auf der Erde organisiert sei. Und Jacques Berger bemerkt hierzu: »Wenn Hoyle, Ducrocq, Narlikar und Costa de Beauregard Recht haben, ist das Universum ebenso organisiert und funktioniert ebenso präzis wie ein DNS-Molekül des Zellkerns. So wie man den genetischen Code entdeckt hat, müsste man auch den astronomischen Code entdecken.«

Ludwig von Bertalanffy stellte einen Katalog von Merkmalen des Lebens auf, der zeigt, wie komplex die Funktionen eines Organismus sind. Eine sorgfältige Analyse, die Walter Bakatzky durchgeführt hat, indiziert in überzeugender Weise, dass eine Galaxis allen Kriterien des

NATÜRLICHE EINFLÜSSE AUS DEM ALL
UND AUF DER ERDE

Lebens genügt, in ihrer Komplexität aber noch über irdische Organismen hinausgeht.

Charakteristisch für Organismen ist vor allem die Aufrechterhaltung eines außerordentlich fein ausgewogenen Fließgleichgewichts von Aufbau und Zerfall. Dies gilt aber ebenso für die Struktur des Universums und die in ihm enthaltenen makroskopischen Strukturen, die so fein tariert sind, dass außerordentlich geringfügige Veränderungen in der Strukturmatrix zu katastrophalen Turbulenzen führen. An dieser Stelle sei an den Mann aus der zwölften Dimension erinnert. Der warnte vor irdischen Atombombentests, die kosmische Reaktionen in großem Maßstab zur Folge hätten.

Das anthropische Prinzip, das nach 1960 in die Kosmologie eingeführt wurde, hat den Blick für erhebliche Wirkungen vermeintlich kleiner Eingriffe geschärft. Das Prinzip bestätigt eindrucksvoll die Wesenseinheit der Natur und des aus ihr herausgewachsenen Menschen. Unbedeutende Änderungen der physikalischen Naturkonstanten, deren Zahlenwerte zufällig verteilt erscheinen, erweisen sich als so einschneidend, dass sich der ja doch existierende Mensch unter den geänderten Randbedingungen gar nicht hätte entwickeln können. Folglich scheint zu gelten, was Freenian Dyson formulierte: »Wenn wir in das Universum hinausblicken und erkennen, wie viele Zufälle in Physik und Astronomie zu unserem Wohle zusammengearbeitet haben, dann scheint es, als habe das Universum in gewissem Sinne gewusst, dass wir kommen.«

Und der Physiker und Philosoph Paul Davies erkennt: »Wissenschaft kann die Welt erklären, aber dann müssen wir eine Erklärung über die Wissenschaft selbst geben. Die Gesetze, die die spontane Evolution vom Universum liefern, wurden wahrscheinlich mit einem sehr schlauen Plan gemacht, und die Physik ist ein Teil dieses Plans, dass das Universum ein letztes Ziel haben muss. Der ganze Satz unserer existierenden Daten in der gegenwärtigen Physik beweist eindeutig, dass dieses Ziel unsere Existenz auch mit einschließt.«

Die Wirkfolge der Kräfte sollte nach diesem theoretischen Exkurs noch einmal kurz umrissen werden. Das Initial liegt im Zentrum unserer Galaxie. Am Ende der Kette liegt unsere Erde, die von diesem Zentrum aus mit Information gespeist wird. Als primäres Übertragungsmedium dient hierbei die Gravitation. Diese Gravitationswellen beeinflussen das magnetische Verhalten auf der Sonne, was sich unter anderem auf die Sonnenfleckenaktivitäten auswirkt. Die Auswirkungen der Sonnenfleckenaktivitäten manifestieren sich, wie wir im folgenden Kapitel sehen werden, bei den Erdbewohnern in unterschiedlichen psychischen Erscheinungen beziehungsweise Stimmungs- und Bewusstseinslagen. Doch vorher wenden wir uns konkreter den elektromagnetischen Einflussfaktoren zu, die am Ende dieser kosmischen Kette hier auf der Erde und in der Erdatmosphäre wirken.

Das anthropische Prinzip, geprägt durch den Astronom Brandon Carter, geht davon aus, dass in Anbetracht unserer Existenz das Universum in seiner Ausformung für die Entwicklung intelligenten Lebens geeignet sein muss. Elementare Eingriffe – wie Atombombentests – schädigen dieses exakt austarierte kosmische System nachhaltig. Seit 1945 wurden über 2000 nukleare Tests durchgeführt, rund die Hälfte von den USA. 1996 präsentierte die UNO den Kernwaffenteststopp-Vertrag, der allerdings bisher nicht ratifiziert wurde.

Der Aufbau der irdischen Atmosphäre und ihre Ionisierung. **Rechts:** Unser Wetter spielt sich in der Troposphäre ab. Passagierflugzeuge bewegen sich in maximal 19 Kilometern Höhe, also im unteren Bereich der Stratosphäre. Über der Thermosphäre beginnt die Ionosphäre. **Links:** Elektronendichteverteilung der Ionosphäre. Sie wird durch die Sonnenwinde ständig verändert. **Unten rechts:** Elektronenkonzentration bei Sonnenfleckenmaximum (jeweils rechte Kurve) und -minimum (jeweils linke Kurve). **Unten links:** Von der Sonne hervorgerufene Feld- beziehungsweise Strahlungseinflüsse auf die Erde.

Elektromagnetische Ladung und ihr Einfluss auf das Leben

Ein elektromagnetisches Feld ist ein zeitlich unverändertes Feld. Seine Größe wird in Volt pro Meter (V/m) gemessen. Es wird verursacht durch ortsunveränderliche elektrische Ladungen unterschiedlicher Polarität. Dipole richten sich in einem elektrostatischen Feld aus, und Ladungen – wie Elektronen oder Ionen – wandern zu derjenigen Elektrode mit der entgegengesetzten Ladung. In unserer Erdatmosphäre herrscht ein dauerhaftes, inhomogenes, langsam variierendes statisches elektrisches Feld zwischen Erdboden und höheren Schichten aufgrund der vorhandenen Spannung von ungefähr 250 Kilovolt zwischen Erdboden und Ionosphäre. Natürliche, sehr viel höhere elektrostatische Felder entstehen zum Beispiel bei Gewittern.

Die Ionosphäre ist ein Teil der Erdatmosphäre und ist aufgeteilt in die Meso- und Thermosphäre. Sie erstreckt sich von der Stratopause, der unteren Grenze der Mesosphäre, bis zur unteren Grenze der Exo-

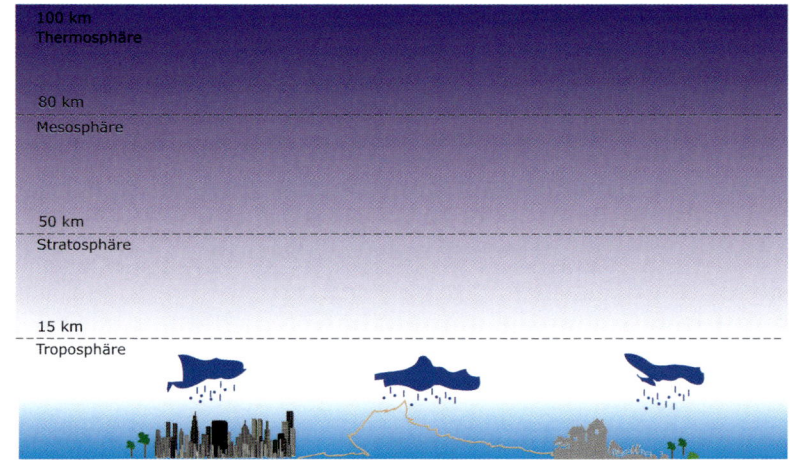

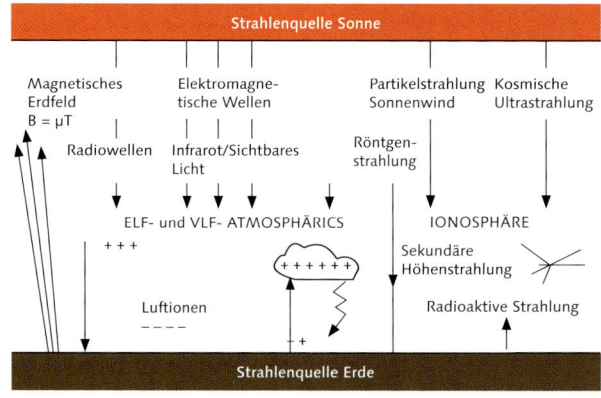

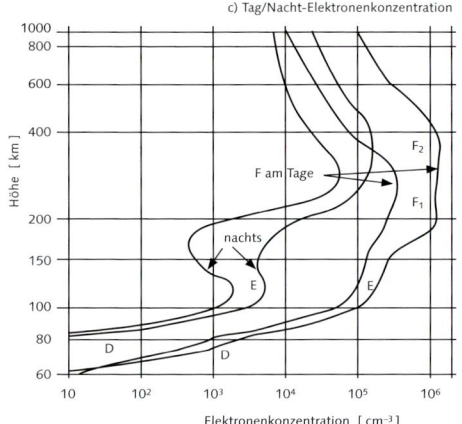

NATÜRLICHE EINFLÜSSE AUS DEM ALL
UND AUF DER ERDE

sphäre in zirka 500 Kilometern Höhe. Die mittlere freie Weglänge einzelner Gasteilchen beträgt in der Ionosphäre mehrere Kilometer, sodass ein Energieaustausch zwischen den Teilchen aufgrund seltenen Kontakts kaum stattfindet. Diese Gasmoleküle der extrem dünnen Atmosphärenschicht werden von der eintreffenden energiereichen kosmischen Strahlung ionisiert, also in Ionen und freie Elektronen gespalten. Dadurch geht das Gas in den Plasmazustand über. Aufgrund der geringen Dichte der Ionosphäre können diese Teilchen lange existieren, ehe sie sich wieder zusammenschließen. Es herrschen hierbei starke elektrische und magnetische Felder, mit denen elektrisch geladene Teilchen des Sonnenwindes wechselwirken. Dadurch kommt es unter anderem zum Phänomen der Polarlichter. Es können auch elektrische Ströme fließen, die die Ausbreitung beispielsweise von Funkwellen erheblich beeinflussen. Aus Sicht der Quantenphysik ist während einer elektrostatischen Wechselwirkung noch eine geistige Eigenschaft beteiligt. Durch den Photonenimpulsaustausch können die

Starke Sonnenstürme stauchen das Erdmagnetfeld um bis zu ein Drittel zusammen. Harmloseste Konsequenz sind die Nordlichter. Kosmisch bedingte Satelliten-, Computer- und Kraftwerkausfälle allerdings sind in der Lage, die menschliche Zivilisation für Monate Schachmatt zu setzen. Auch die Naturkatastrophen können durch erhöhte Sonnenaktivität zunehmen, ebenso neue Krankheiten entstehen.

Elektronen untereinander Informationen in Form von Lichtmustern austauschen. Das heißt, sie können etwas »voneinander lernen«. Und zwar in beide Richtungen. Jedes der Elektronen bereichert seine Erfahrungsmenge im Innern seiner ordnungserzeugenden Raumzeit. Es erfährt einen Informationszuwachs.

Leben aus der Ursuppe

Einiges deutet darauf hin, dass diese intelligenten elektromagnetischen Felder zwischen Himmel und Erde das Leben auf unserem Planeten initiiert und nachhaltig geprägt haben. Schon 1952 konnte der amerikanische Biochemiker Stanley Miller an der Universität von Chicago in einem legendären Experiment die Ur-Suppe im Labor erzeugen, aus der auf der Erde höchstwahrscheinlich das erste Leben hervorgegangen ist. Er erhitzte eine wässrige Flüssigkeit – sie war dem Meerwasser nachempfunden – und setzte den Wasserdampf, der in eine künstliche Ur-Atmosphäre stieg, elektrischen Feldern beziehungsweise Entladungen aus. Dabei entstanden recht schnell verschiedene organische Verbindungen, unter anderem Aminosäuren, Bausteine der Proteine.

In den Meeren, vielleicht auch in Seen, Bachläufen oder sogar Pfützen, die alle für eine konstante Temperatur sorgen und Schutz vor der wilden Atmosphäre bieten, vollzieht sich jetzt das Wunder. Organische Moleküle lagern sich zu größeren Strukturen und Verbänden zusammen und beginnen, sich selbst zu reproduzieren. Es sind gerade

Folgeerscheinungen einer Sonneneruption auf der Erde. Die unterschiedlichen Arten der Strahlung sind unterschiedlich schnell und führen in den unterschiedlichen Atmosphäreschichten zu unterschiedlichen Phänomenen. Natürlich verändern sich die elektrostatischen Felder in Bodennähe täglich um bis zu 40 Prozent. Auch die Jahreszeiten bedingen erhebliche Differenzen, die uns nicht beeinträchtigen.

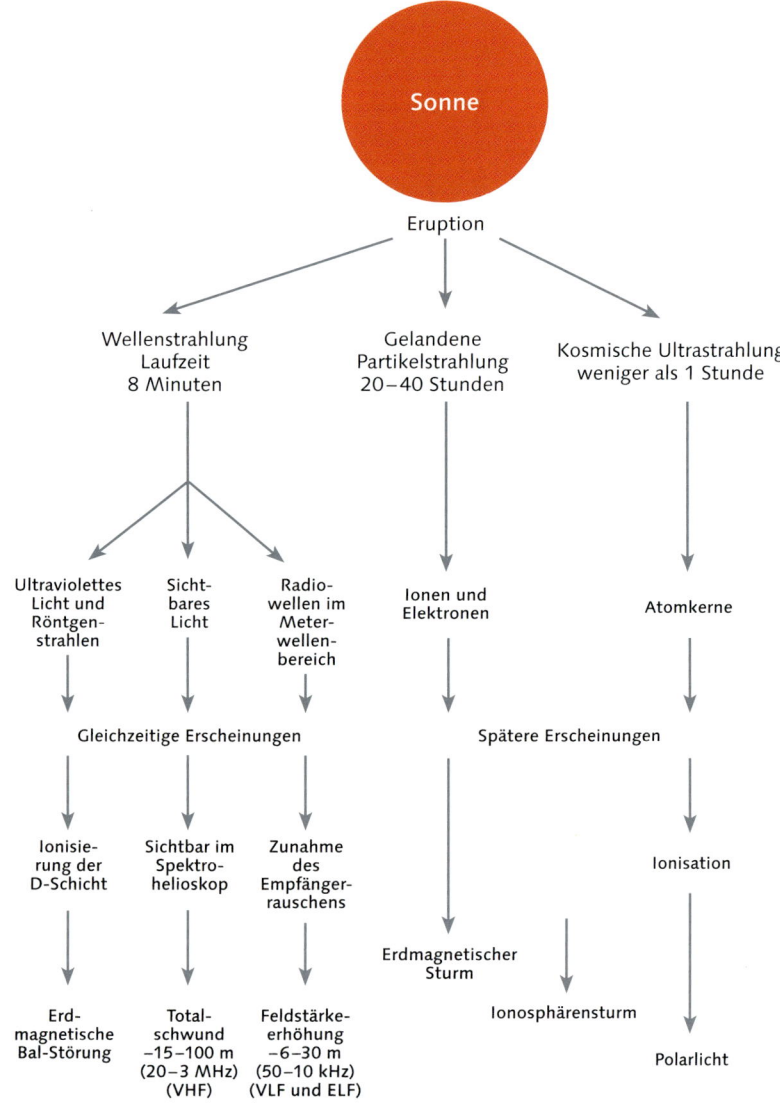

NATÜRLICHE EINFLÜSSE AUS DEM ALL UND AUF DER ERDE

Rechts: Aufbau des legendären Miller-Urey-Experiments. Stanley Miller gelang mittels Blitzentladungen die künstliche Herstellung der Ur-Suppe, aus der das Leben hervorgegangen sein muss. Der Versuch gilt als erster Nachweis dafür, dass biologische Verbindungen durch ein abiotisches Umfeld entstehen können. Den angereicherten Wasserdampf setzte er elektrischer Ladung aus – und gewann dadurch Aminosäuren, die Bausteine der lebendigen Natur. **Unten:** Aus den Aminosäuren bauen sich die Proteine und schließlich Zellen und höhere Lebensformen auf.

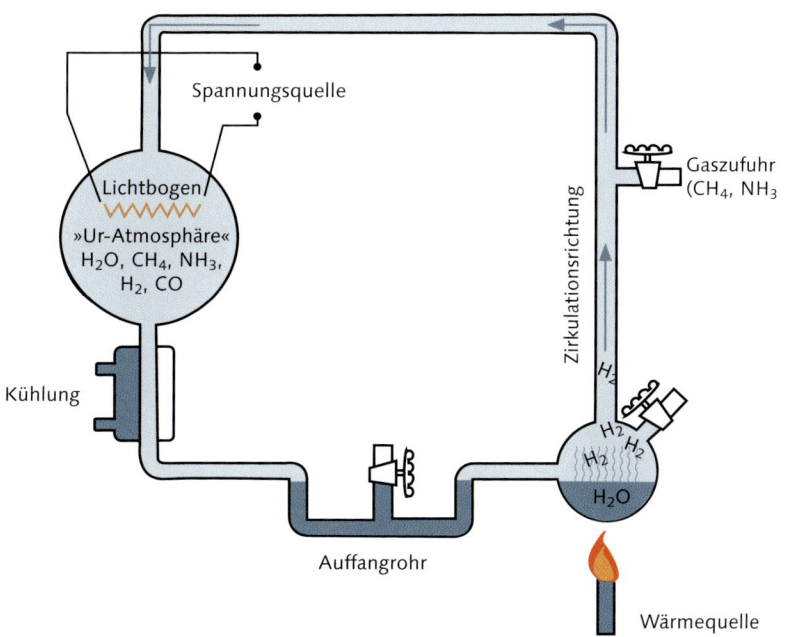

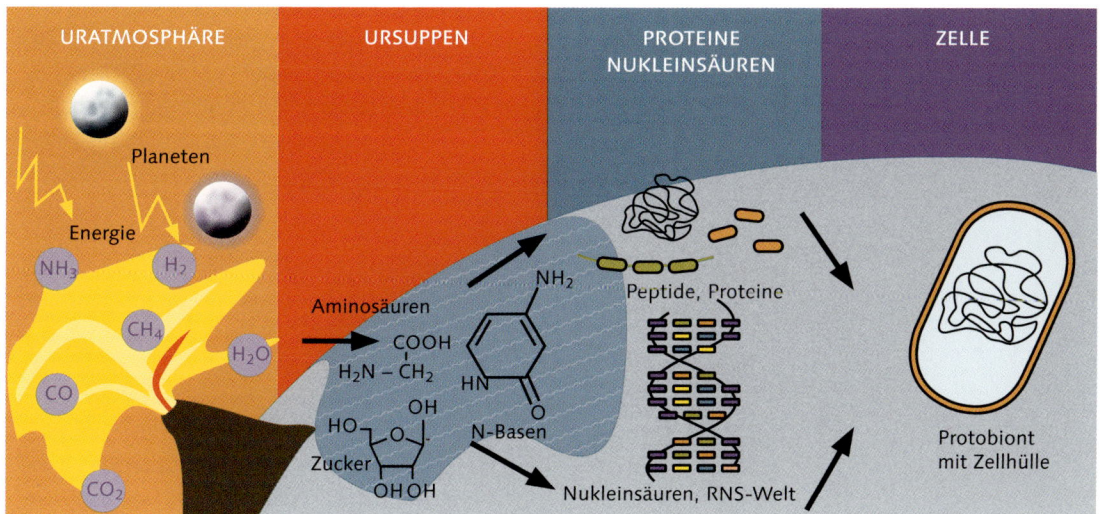

700 Millionen Jahre vergangen, nachdem sich unser Planet gebildet haben soll – eine nach kosmischen Maßstäben geradezu lächerlich kurze Zeitspanne – und schon beginnen die ersten einzelligen Organismen und Bakterien mit der Eroberung des Planeten.

Konkret führte Stanley Miller folgenden Versuch durch: In einen Glaskolben, der mit Methan, Ammoniak und Wasserstoff gefüllt war, leitete er den aufsteigenden Wasserdampf ein und ließ in diese der irdischen Ur-Atmosphäre nachempfundenen Mischung elektrische Blitze von 60 000 Volt zucken. Diese Blitzentladungen waren bei der

Bildung von Leben die entscheidenden Einflussgrößen. In einer Kühlfalle sammelte Stanley Miller die entstandenen Reaktionsprodukte und analysierte nach einigen Tagen die erhaltene Mischung. Er fand unter anderem folgende Zusammensetzung: 13 Prozent diverser Carbonsäuren, 1,05 Prozent Glycin, 0,85 Prozent Alanin sowie Spuren von Glutaminsäure, Asparaginsäure und Valin sowie weitere Verbindungen. Je nach Zusammensetzung seiner Ur-Atmosphäre erhielt Miller eine Fülle von Aminosäuren, Kohlenhydraten, Fettsäuren und so weiter. Damit war klar, dass aus einfachen anorganischen Molekülen komplexe organische Verbindungen entstehen können, die durchweg eine wichtige Rolle für den Aufbau des Lebens spielen. So konnten sich die Kohlenstoffe zu Alanin, der ersten Aminosäure, verbinden.

Die durch den Einfluss elektrischer Felder entstandenen Aminosäuren sind die Grundbausteine lebendiger Organismen. Das steht in jedem Schulbuch. Nicht in jedem Schulbuch steht folgende Tatsache: Seit dem Jahr 2002 ist bekannt, dass die Gen-Information nicht in der DNS enthalten ist. Biologische Systeme treten über ein sehr breites Spektralband in Resonanz mit der Umwelt. Ultraschwache elektromagnetische Felder regeln nicht nur den Stoffwechsel und Informationsfluss zwischen den Zellen, sondern steuern auch die Transkription der DNS während der Eiweißsynthese. Bereits der russische Medizinprofessor Alexander Gurwitsch hatte vermutet, dass die Quelle der von ihm 1923 entdeckten mitogenetischen Strahlung ein morphogenetisches Feld ist. Dabei handelt es sich um eine globale stehende Dichtewelle der Materie des Äthers. So bilden beispielsweise Kristalle und Quarze stehende Wellen aus.

Wo liegt der genetische Bauplan?

Ein besonders spektakuläres Beispiel für den Einfluss elektrostatischer Felder auf Wachstum und Morphogenese von lebenden Organismen zeigt ein Versuch des Schweizer Pharmaherstellers Ciba Geigy im Jahr 1989. Zwei Wissenschaftler des Unternehmens platzierten in ihrer Versuchsanordnung Keime, Samen und Eier zwischen zwei Platten und setzten diese dann einem elektrischen Feld von 500 bis 2000 V/m aus. Kurz darauf meldete Ciba Geigy ein Patent für ein »verbessertes Fischzuchtverfahren« an. Darin wird beschrieben, wie sich Fische – besonders Forellen – auffällig gut entwickeln, wenn deren Eier vorher einem elektrostatischen Feld ausgesetzt wurden. Im Vergleich zu den unbehandelten Fischeiern konnte die Schlupfrate um 100 bis 300 Prozent gesteigert werden, die Fische waren agiler und vitaler, viel widerstandsfähiger gegen Krankheiten, nahmen wesentlich rascher an Größe und Gewicht zu und erreichten schneller das Erwachsenenstadium. Was der Patentanmeldung fehlt, von den durchführenden Forschern Guido Ebner und Heinz Schürch aber anhand von Fotos dokumentiert werden konnte, ist die starke Veränderung der Morphogenese. Die

Aufnahme einer Forelle, die im Ei-Stadium ganz gezielt befeldet wurde. Plötzlich weisen die Fische wieder Merkmale – wie hier ein kräftigeres Gebiss – auf, die während der Genese der Art längst verloren gegangen waren. Das Experiment von Ciba Geigy beweist, dass mittels bestimmter elektromagnetischer Frequenzen »alte Programme« wieder aktiviert werden können.

Fische hatten neben einem kräftigeren Körper und kräftigeren Farben ein viel stärkeres Gebiss und einen verlängerten, nach oben gebogenen Unterkiefer. Das Außergewöhnliche ist, dass Fischformen mit ähnlichen Merkmalen seit langer Zeit ausgestorben sind.

Weiterführende Forschungen zeigen unter anderem die Auswirkungen von elektrostatischen Feldern auf verschiedenste Lebensformen wie Kresse, Weizen, Mais, Farn, Mikroorganismen und Bakterien im Frühstadium. Ganz besonders auffällig war wiederum die Veränderung der Morphogenese. So entwickelt sich beispielsweise aus dem Wurmfarn mit 36 Chromosomen – setzt man ihn drei Tage lang einem bestimmten elektrostatischen Feld aus – der Hirschzungenfarn mit 41 Chromosomen. Nach allgemeingültigen Naturgesetzen dürfte dies nicht geschehen. Der wieder neu entstandene Hirschzungenfarn entwickelte sich in den folgenden vier Jahren zu allen möglichen Farnarten: zu Wurmfarnen, Buchenfarnen, südafrikanischen Lederfarnen und anderen.

Die Forscher begannen sich an diesem Punkt zu fragen, ob die Informationen für Formgebung der Lebewesen wirklich in den Genen gespeichert sind oder ob nicht die elektrostatische Aufladung der Atmosphäre ein Faktor ist, der die Gesamtinformationen der Natur mitbestimmt. In der Genetikforschung gibt es mittlerweile eine ganze Reihe von Wissenschaftlern, die die Auffassung vertreten, dass der wahre Sitz der Gene nicht innerhalb der DNS-Struktur zu finden ist.

Die offenbar wirkenden unsichtbaren Kräfte können durch Mittel wie die Kirlianfotografie mithilfe von Hochspannungsentladungen auf fotografischen Platten sichtbar gemacht werden. Beim Anblick der verblüffenden Bilder ergibt sich der Eindruck, dass eine Art von Bauplan existieren muss, welcher als Vorlage für derartige Entwicklungsprozesse (und auch Heilungsprozesse!) dient.

Dieser Masterplan ist weitgehend mit den von dem britischen Biologen Rupert Sheldrake postulierten morphogenetischen Feldern gleichzusetzen. Durch ihn wird die bei lebenden Organismen zu beobachtende Morphogenese gesteuert. Aber wo ist dieser Bauplan verortet? Er muss weitgehend in einer transzendenten Ebene des Hyperraums angeordnet sein. Denn unsere unmittelbar mit den Sinnen erfassbare Welt mit ihren materiellen Strukturen scheidet als Seinsebene für ein derartiges Phänomen aus. Dieser immaterielle Sollwert-Plan besitzt dabei anscheinend die Funktion einer Vorlage für die Istwert-Funktion der auf der materiellen Seinsebene liegenden Organismen.

Wenn also elektrostatische Felder Organismen derart beeinflussen und ihnen quasi den Fahrplan ihrer Entwicklung einprogrammieren können, muss man davon ausgehen, dass diese Felder und Potenziale auch zur Informationsspeicherung dienen. Wenn Materie sich selbst organisiert, spielen Potenziale eine große Rolle. Alle Massenbausteine,

Elektrostatische Resonanz-wirkungen setzen schon auf der Ebene einzelner Ionen oder Moleküle an. Oder hier bei künstlich erzeugten Membran-systemen. **Oben links:** In ein elektrostatisches Feld ver-bracht, richten sie sich schon auf Distanz zueinander aus. Am Punkt der kürzesten Ver-bindung zwischen zwei Nach-bar-Vesikeln bilden sich in den Membranen helle Muster. **Oben rechts:** In der Ver-größerung scheinen Feldlinien die geometrischen Gegen-positionen zu verbinden. In den Membranen bilden sich charakteristische Kelche mit einem Sockel. **Unten links:** Die kelchartigen Muster ver-einigen sich zu einer Spindel. Die Membranen verschmelzen. **Unten rechts:** In der Nahzone zwischen den Membranen kommt es zu Spitzeneffekten. Auch an der Membraninnen-seite bilden sich Interferenz-muster.

die der Welt innewohnen, bestehen nur aus zwei Grundformen: aus Atomkernen und Elektronen. Beide Grundformen treten immer zusammen mit Ladungen auf. Grundsätzlich gilt, dass Ladungen die Quelle von Potenzialen darstellen, wobei unterschiedliche Ladungsansammlungen unterschiedliche Potenziale erzeugen. Wenn unterschiedliche Potenziale nebeneinander existieren, entstehen Gradienten. Diese Potenzialgradienten sind es, die die elektrischen und elektromagnetischen Feldkräfte herstellen, abgekürzt EM-Felder.

Ladungspotenziale

Feld-Energie und Potenzial sind seit 15 Milliarden Jahren präzise korreliert mit Ladungen. Diese Energie versorgt das ganze Universum. Ladungen und Ladungsverteilungen mit ihren dazugehörigen Feldern und Potenzialen treiben alle chemischen Prozesse an – die aber in Wirklichkeit physikalische Prozesse sind. Die Energie dafür ist unerschöpflich.

Woher kommt also der kontinuierliche Nachschub für diese Energie? Die Physik tut sich offenbar immer noch schwer mit der Antwort. Der Physikprofessor D. K. Sen sagt dazu: »Die Verbindung zwischen Feld und seiner Quelle war immer schon und ist immer noch das schwierigste Problem in klassischer Physik und Quantenelektrodynamik.«

Ladungspotenziale sind für Organismen lebenswichtig. Auffällig ist, dass jeder Organismus als Gesamtkörper, als Gewebe, als Organ, Zelle oder Molekül bis hinunter zum Proton und Elektron spezifische Ladungsgehalte und somit spezifische Potenzialgrößen aufweist. Alle Funktionen innerhalb unseres Körpers sind an bestimmte Potenziale gebunden: Aktionspotenzial, Ruhepotenzial, Zetapotenzial, Verletzungspotenzial, um nur einige zu nennen.

Verletzungspotenziale beispielsweise leiten die Heilungsprozesse ein. Was geschieht dabei? Zellmembranen werden durch Krafteinfluss teilweise zerstört und dann durchlässig für Ionen. Als Folge davon tritt lokal eine zur übrigen Membran inverse Spannung auf. An der Grenze zur intakten Membran löschen sich die gegenläufigen Gradienten aus. Das ist der strategisch entscheidende Prozess für die Stimulierung von Zeitmomenten, auch Time-Like-Photonen genannt. Der Grund, warum ein elektrostatisch geladenes Objekt im Labor Spannung und ein E-Feld besitzt, besteht darin, dass es eine Fülle von geladenen Massepartikeln, den Elektro-Neutrinos, in diesem Objekt gibt, die sich gewaltig bewegen. Aber es gibt große Unterschiede in der Wirkung von Feldern. 1938 berichtete Dr. C. G. Kimball, dass inhomogene Gleichfelder von wenigen Gauß zu einer statistisch signifikanten Abnahme der Wachstumsrate von Hefezellen führen können, während starke homogene Felder von 11 000 Gauß die normale Wachstumsrate nicht beeinflussten. Die Wirkung musste also auf der Inhomogenität des Feldes beruhen.

NATÜRLICHE EINFLÜSSE AUS DEM ALL
UND AUF DER ERDE

1978 machte Robert Becker Versuche über die Wirkung elektrischer Gleichfelder auf wachsende Krebszellen. Becker pflanzte Mäusen Krebszellen ein und setzte die Mäuse dann über mehrere Wochen einem inhomogenen Gleichfeld aus. Dabei richtete er zwei verschiedene Versuchsanordnungen ein. Bei einer Gruppe von Versuchstieren verlief

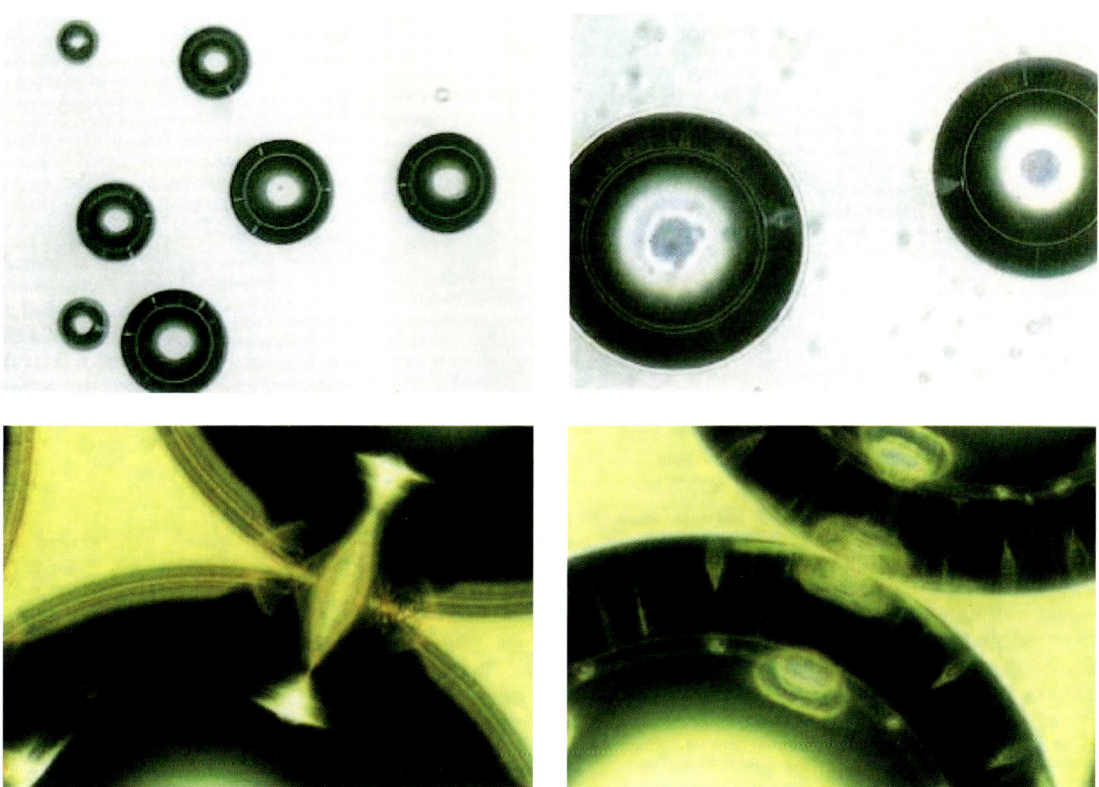

das Feld horizontal, bei der anderen Gruppe verlief es vertikal. Überraschenderweise ergaben sich grundsätzliche Divergenzen: Bei horizontaler Anordnung waren die Chromosomen der Krebszellen deutlich abnorm, während sie bei vertikaler Anordnung keinerlei Abweichung vom normalen Muster zeigten. Bei der horizontalen Gruppe fand Becker Chromosomenbrüche, Austausch von Chromosomenteilen von einem zum anderen Chromosom, Bildung von ringförmigen Chromosomen und winzige Fragmente, die von anderen Chromosomen abgebrochen waren. Derartig schwere Chromosomen-Missbildungen führen gewöhnlich dazu, dass keine Zellteilung mehr stattfinden kann und die Zellen schließlich absterben oder eine neue, mutierte Zelllinie entsteht. Becker prüfte diese Möglichkeiten und stellte fest, dass die Krebszellen mit den deutlichen Chromosomen-Missbildungen starben, weil sie die Fähigkeit zur Vermehrung verloren hatten.

Verbunden durch den Äther –
Kosmisch bedingte Evolution

Der Mensch und seine kosmischen Antennen

Die Schnittstelle zwischen Geist und Materie ist das sogenannte Rauschen. Es kann uns verstehen helfen, welche Kräfte im Äther wirken und wie die Welt über den Äther verbunden ist. Seit 1978 wird an der Princeton University im Labor des Princeton Engineering Anomalie Research zum Thema Interaktion von Mensch und Maschine geforscht. Bereits Ende der 1980er Jahre konnte dort nach Ablauf umfangreicher Studien wissenschaftlich belegt werden, dass Dioden mit Weißem Rauschen als Schnittstelle zwischen Mensch und Maschine eingesetzt werden können. Das Weiße Rauschen erklärt sich aus der thermischen Bewegung der Moleküle im Gleichgewicht. Da es überall vorkommt, spricht man auch vom Hintergrundrauschen. Richtet man seine Empfangsantenne ins Weltall, empfängt man ein Rauschen, das einer Temperatur von 3 Grad Kelvin entspricht. Die Diode, die das Weiße Rauschen erzeugt, kann man sich wie die früher gebräuchlichen Fernseh- oder Radioquarzröhren vorstellen. Das Rauschen hat das Attribut »weiß«, weil die Darstellung auf einem schwarzen Bildschirm durch flimmernde, weiße Punkte geschieht. Das Geräusch selbst ist mit einem Radio vergleichbar, das zwischen zwei Sendefrequenzen eingestellt ist, mal tief rumpelt, mal hoch pfeift und dann wieder in mittleren Frequenzen rauscht, völlig zufällig und ohne erkennbares Muster. In dem Moment aber, wo dieses Rauschen mit Bewusstsein in Verbindung tritt, verändert es sich. Diese Veränderungen können dann im Computer verarbeitet und interpretiert werden.

Seit 1998 scannen im Rahmen des Global Consciousness Projects 50 solcher weltweit verteilter Dioden mit weißem Rauschen nicht wie bisher das Bewusstsein einzelner Individuen, sondern das globale Bewusstsein aller Menschen. Die Messergebnisse sind jetzt veröffentlicht und zeigen synchrone Ausschläge aller Dioden bei weltweit Aufsehen erregenden Ereignissen wie beim Irakkrieg, dem Begräbnis Lady Dianas oder dem Terroranschlag vom 11. September 2001 auf das World Trade Center in New York. Das Biokommunikationsunternehmen Quantec Consulting veröffentlichte folgende Zusammenfassung zum maschinellen Gedankenlesen:

»Weitgehend unbemerkt von der Öffentlichkeit hat die Forschung an der amerikanischen Universität Princeton entdeckt, dass Maschinen und Computer, die eine Diode mit weißem Rauschen als Schnittstelle eingebaut bekommen haben, auf die Gedanken und das Bewusstsein derjenigen Personen reagieren, die sich mit ihnen verbinden. Die Verbindung zwischen Mensch und Maschine ist drahtlos und beruht lediglich darauf, dass sich die Person auf die Kommunikation mit der Maschine gedanklich konzentriert. Das bekannteste Experiment dieser Art wurde in den USA an der Universität Princeton über acht Jahre mit 200 Studenten durchge-

Große emotionale Ereignisse wie das Begräbnis von Lady Diana 1997 halten sprichwörtlich die gesamte Welt in Atem. Wissenschaftler des World Consciousness Projects verzeichneten über ihr Diodennetzwerk starke Reaktionen. Das nährt die Vermutung, dass die Menschheit tatsächlich über ein Bewusstseinsfeld verbunden ist.

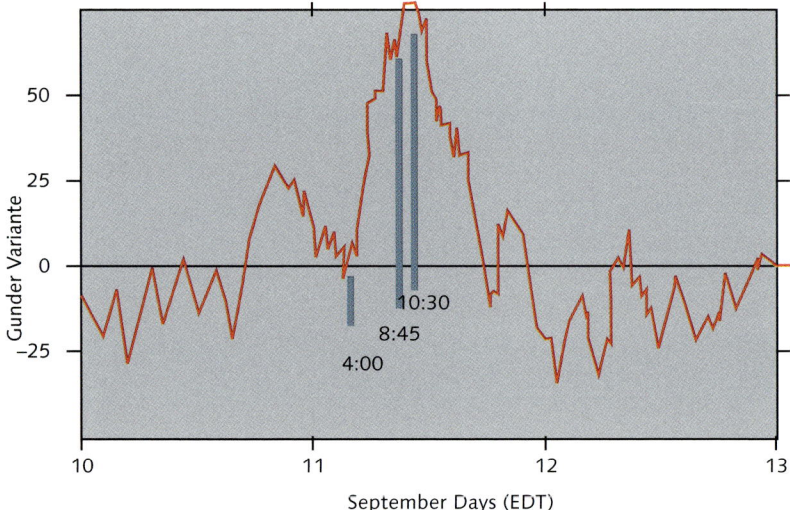

Die Bewusstseins-Messungen am 11. September 2001. Interessant scheint nicht nur, dass die Kurve im Zuge der Terroranschläge in die Höhe schnellt. Spektakulär ist, dass die Dioden bereits vor den Attacken eine Veränderung registrierten.

Gunder Variante

10:30
8:45
4:00

September Days (EDT)

führt und bestand darin, dass die Studenten aufgefordert wurden, bei Testläufen entweder »+« oder »–« zu denken. Die Auswertung aller Testdaten ergab, dass der Computer über die Diode mit dem Weißen Rauschen registrieren konnte, was die Operanden während der jeweiligen Testläufe gedacht hatten und das dann auch korrekt anzeigte. Weltweit wurde durch das Zusammenschalten 50 weltweit verteilter Messdioden das Auftauchen von durch die Medien publizierten emotional bewegenden Ereignissen auf statistisch signifikante Abweichungen überprüft. Eine brisante Besonderheit wurde zu der Zeit des Terroranschlags auf das World Trade Center beobachtet. Während vor dem Angriff die Aufzeichnungskurve erwartungsgemäß um die Nulllinie fluktuierte, löste das Eintreten der Katastrophe einen weit außerhalb des Zufallsbereichs liegenden Ausschlag aus, der weltweit synchron von allen 50 Dioden aufgezeichnet wurde.«

Rupert Sheldrake geht von einer Verbindung aller Menschen über ein morphogenetisches Feld aus. Dieses Feld müsste aber auch dann weltweit synchron reagieren, wenn kein besonderes Ereignis von allen Menschen gleichzeitig bewusst wahrgenommen wird. Dass im Falle der Terroranschläge das globale Bewusstsein bereits um 4:00 Uhr alarmiert war, also fünf Stunden bevor das erste Flugzeug einschlug (um kurz vor 9:00 Uhr) und sechseinhalb Stunden vor dem Einsturz der Zwillingstürme um 10:30 Uhr. Da diese Attacke bis 9:00 Uhr weder den Behörden bekannt war noch in den Medien vorher darüber berichtet werden konnte, hat das globale Bewusstsein also schon ab dem Moment reagiert, in dem begonnen wurde, den Plan in die Tat umzusetzen. Dieses Phänomen könnte man erklären, indem man berücksichtigt, dass Informationen außerhalb unserer dreidimensionalen Raumzeit beheimatet sind.

VERBUNDEN DURCH DEN ÄTHER –
KOSMISCH BEDINGTE EVOLUTION

Bedenken wir, dass das Rauschen Skalarwellen darstellt, die mit der Geschwindigkeit v=0 unterwegs, also überlichtschnell sind. Diese Messergebnisse könnten durchaus Beweise für das Vorhandensein morphischer Felder sein, die alle Gehirne auch dann verbinden, wenn die Wahrnehmung eines Ereignisses nur außersinnlich erfolgt.

Ein sehr spektakuläres Experiment zeigt, dass auch Tiere ein Bewusstseinsfeld haben. Rupert Sheldrake berichtet darüber in seinem Buch *Der siebte Sinn der Tiere.* Hierbei wurden Küken beim Schlüpfen auf einen Roboter konditioniert, der seinerseits mit einer Diode mit Weißem Rauschen für seine Steuerung bestückt war. Die Küken so auf einen Roboter zu konditionieren, dass sie ihn für ihre Mutter halten, ist, wie Konrad Lorenz in seinem berühmten Versuch mit den Graugänsen gezeigt hat, sehr einfach: Der erste Gegenstand (oder das erste Lebewesen), den die Küken nach dem Schlüpfen in Bewegung sehen, wird für die Mutter gehalten.

Gedankenkraft der Tiere: Küken wurden nach dem Schlüpfen auf einen Roboter konditioniert und später in einem Experiment mit ihm in Verbindung gesetzt. Das Verblüffende: Der Roboter, der vorher kreuz und quer herumfuhr (A), wurde – über eine Diode – vom Willen der Küken beeinflusst und in ihre Ecke manövriert (B).

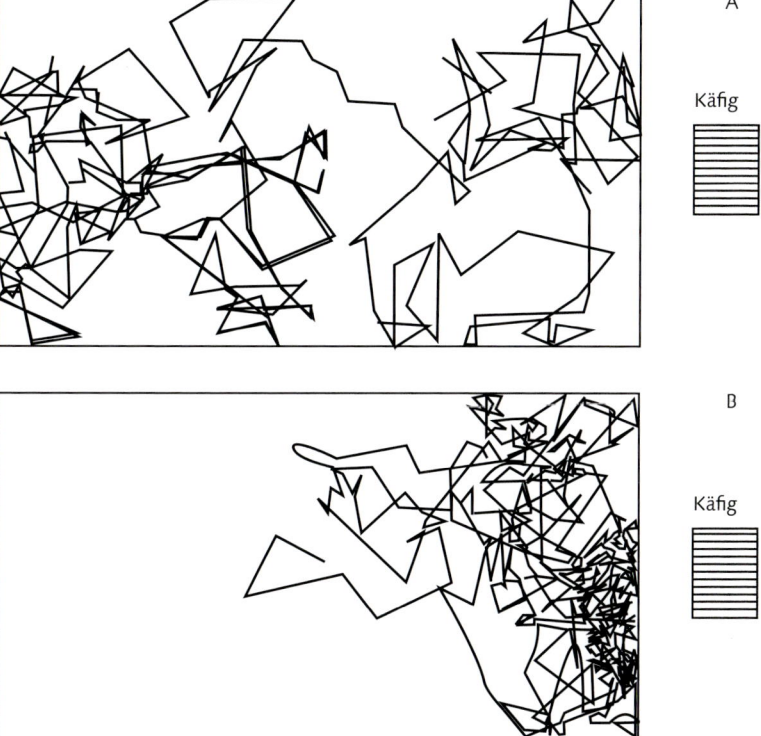

A

Käfig

B

Käfig

Im ersten Teil des Experiments wird der Roboter in ein umrandetes Areal gesetzt, gesteuert von der Diode mit dem Weißen Rauschen. Die Maschine bewegt sich kreuz und quer über das Feld. Im zweiten Teil des Experiments wurden die auf den Roboter konditionierten Küken neben das Feld in einen Käfig gesetzt. Was passiert? Das Bewusstsein der Ein-Tages-Küken mit der simplen Vorstellung, der Roboter sei ihre Mutter, reicht aus, um ihn in der Nähe des Käfigs zu halten.

Dieser sensationelle Versuch gibt zu denken, denn Ein-Tages-Küken wissen weder, was ein Roboter, noch was eine Diode mit Weißem Rauschen ist, noch wie diese Diode die Geradeaus-Rechts-Links-Bewegungen auslöst. Es ist also der unbewusste Wunsch, die Erwartung der Küken, die über das Interface beziehungsweise die Diode als Schnittstelle zwischen Bewusstsein und Maschine letztlich den Roboter steuert.

Die Diode als Schnittstelle zwischen Bewusstsein und Maschine ist seit über 30 Jahren erforscht. Und die Ergebnisse sind eindeutig. Unzählige Testreihen haben an Menschen und an Tieren nachweisen können, dass Dioden mit Weißem Rauschen als Schnittstelle von Natur und Technik in der Lage sind, Computer zu bedienen. Der Franzose René Peoc'h konnte durch Experimente im Schlaflabor sogar nachweisen, dass dies auch völlig ohne Wachbewusstsein funktioniert.

Was ist das Rauschen?

Hochinteressant ist die Frage, was Rauschen eigentlich ist. Ein reines Rauschen gibt es nicht. Rauschen wandelt sich in Information. W. I. Thompson sagt dazu: »Rauschen und Unordnung erscheinen als notwendiger Hintergrund für das kreative Fortschreiten des Universums.« Sein Kollege Gregory Bateson meint: »Die Erschaffung neuer Formen ist unmöglich ohne einen Hintergrund von Rauschen und ohne ein ungebundenes Potenzial von Zufall und Unordnung in der Erwartung der Selektion durch das ordnende Eingreifen der kreativen Handlung. Alles, was nicht Information, nicht Redundanz, nicht Form und nicht Einschränkung ist, ist Rauschen, die einzig mögliche Quelle neuer Muster.«

Aus der Vakuum-Physik wissen wir, dass das Gehirn als chaotisches System für minimalste Einflüsse sensitiv ist und Informationen aus dem Sub-Quantenbereich empfangen kann. Aaron und Einstein empfahlen zur Transkommunikation ein rhythmisch-reflektiertes Rauschen, dessen Wirksamkeit abhängig von Motivation, Erwartung und Selektion sein sollte. Häufig trat beim Einsetzen instrumenteller Transkontakte ein zusätzliches Rauschen auf. Cazzamalli berichtete bereits 1925 über Ergebnisse mit Patienten im Faraday'schen Käfig, dass diese ein deutliches Rauschsignal im Radio erzeugten. Kiyota und Yamashita konnten aus den Köpfen von Probanden ein KW-Signal messen sowie später eine Unterdrückung des UKW-Empfanges von Probanden.

Mit den Ergebnissen des Nobelpreisträgers Richard Feynman wurde ersichtlich, dass sich ein Photon in unglaublich kurzer Zeit in ein Elektron-Positron-Paar (Materie-Antimaterie) teilen und sofort wieder vereinen kann. Diese virtuellen Teilchen entziehen sich jeder direkten Messung, weil sie viel zu kurzlebig sind. Andererseits erzeugen diese Teilchen ein fluktuierendes Feld – eine Art elektromagnetisches Rauschen – welches auch Wirkungen auf reelle Ladungen hat. Das Vakuum ist nicht mehr leer, sondern aufgefüllt wie ein See aus virtuellen Ladungen.

Bemerkenswert am Chaos ist, dass es nicht aus einer Vielzahl von unbekannten Einflüssen entsteht, wie etwa das Rauschen in elektrischen Stromkreisen, das durch die ungeordneten Bewegungen von Myriaden von Elektronen verursacht wird. Vielmehr ist es eine Konsequenz des ansonsten völlig deterministischen Bewegungsablaufs. Allein die Vielzahl der beteiligten Teilchen bewirkt makroskopisch zufälliges Verhalten, das wir anschaulich als Rauschen bezeichnen. Wie vor kurzem entdeckt wurde, kann das Rauschen Resonanzschwingungen und gerichtete Bewegung verursachen. Zudem beeinflusst es maßgeblich den Ablauf aller chemischen Reaktionen.

Wenn also Elektronen die Quelle des Rauschens sind, ist es nicht verwunderlich, dass exakt definierte Elektronengemeinschaften prädestiniert sind, genauer in den Rauschprozess einzuwirken – was sicherlich beim Denken passiert. Die Aktivität beziehungsweise Intensität unserer Gedanken steht im direkten Zusammenhang zu der Anzahl der Neuronen, die geordnet zusammen schwingen. Hierdurch erzeugen sie entsprechende elektrostatische und elektromagnetische Felder, die in den Äther dringen, um wiederum auf ihre Resonanzpartner zu treffen. Aus einem chaotischen Durcheinander unserer Neuronen-Elektronen, dem Rauschen, wird über einen geistigen Vorgang, Denken genannt, Ordnung erschaffen. Gleichzeitig werden Strukturen gesendet, die den Informationen der Gedankeninhalte entsprechen. Das Motto lautet: Je klarer und ausgeprägter die Gedanken sind, umso mehr Neuronen senden die Gedankeninhalte und wirken auf unserer Realitätsbühne.

Die den unterschiedlichen bildgebenden Verfahren (EEG, EMG, Mapping, Squid usw.) entnommenen Werte zeigen sehr deutlich eine

Oben: Das menschliche Gehirn im sogenannten EEG-Mapping unter Einfluss von elektromagnetischen Feldern. Die dunklen Bereiche zeigen eine erhöhte Aktivität. **Unten:** Dieses Aktionspotential tritt auch bei gerichteten Denkprozessen auf oder beim Meditieren. Dann entwickelt das Gehirn selbstständig elektromagnetische Felder – wie die allererste Messung dieses Phänomens beweist. Sie entstand in einem Raum, der vom irdischen Magnetfeld abschirmte, und wies einen Alpharhythmus auf einer Bandbreite von 7 bis 12 Hz auf.

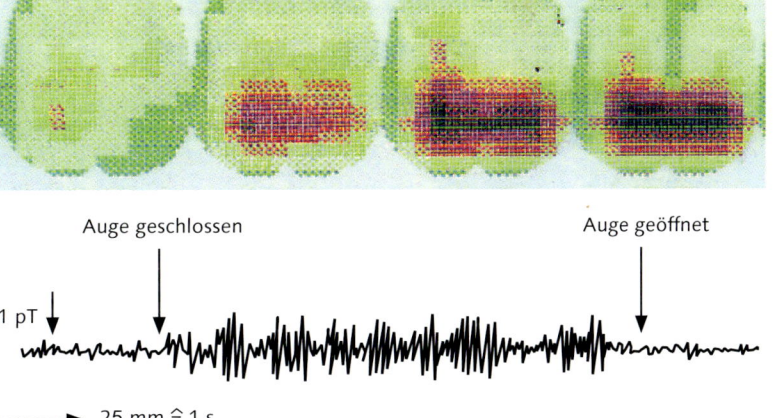

Auge geschlossen   Auge geöffnet

1 pT

25 mm ≙ 1 s

örtliche Zunahme von kohärent schwingenden Neuronen. Um diesen Effekt gerichtet deuten zu können, ist es erforderlich zu wissen, dass das menschliche Gehirn in einem tagesbewussten Normalzustand lediglich etwa zehn Prozent seiner Neuronen geordnet, also kohärent schwingen lässt. Der große Restanteil der Neuronen befindet sich quasi im Rauschen, in einem ungeordneten, chaotischen Zustand. Allgemein vermuten die Neurophysiologen, dass diese ungeordneten Neuronen sich in einem inaktiven Zustand befinden. Werden nun vermehrt Anteile der inaktiven, ungeordneten, chaotisch feuernden Neuronen in einen Zustand hoher Ordnung versetzt, so ist dieses mit der Klarheit unseres Bewusstseins gleichzusetzen. Je mehr unserer denkenden Neuronen gemeinsam schwingen, umso höher ist ihre Sendeleistung. So sind quasi alle aktiven Gehirne daran beteiligt, ständig neue Informationen in das Rauschen einzugeben. Diese Informationen stehen wiederum für alle Gehirne zur freien Verfügung.

Welcher Art ist diese Kommunikation?

Wie können wir uns die Kommunikation zwischen den äußeren unsichtbaren Feldern und unseren Zellen vorstellen? Leider müssen wir uns für die Beantwortung der Frage noch einmal kurz in die Theorie begeben. Der Schnitt durch die B-Form unserer DNS senkrecht zur Achse zeigt ein Zehneck, das man sich aus zwei übereinander gelegten Fünfecken gebildet vorstellen kann. Der Wirbel, der bei der Entspiralisierung und Einwindung entsteht, verursacht eine Art Implosion von

Draufsicht auf die menschliche DNS im Normalzustand (A-Form) und in der Replikation (B-Form). Die Winkel-Anordnung der Basenpaare zur Helixachse ermöglicht die Verbindung zum Hyperraum.

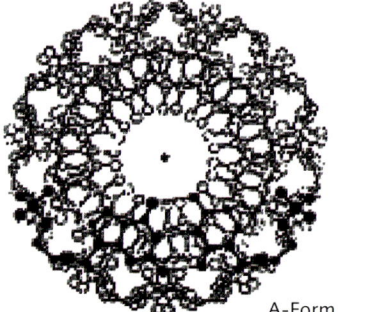

A-Form

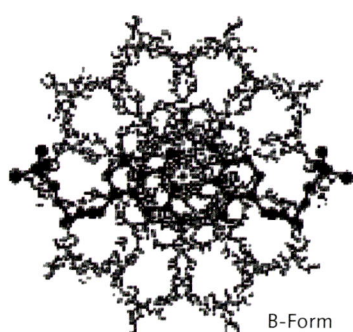

B-Form

sechs Gravitationswellen, wobei durch eine siebente – durch den Prozess einer Implosion – die Verbindung zum Hyperraum hergestellt wird. Durch diese Wirbelformation findet die eigentliche Übertragung beziehungsweise die Verbindung zum Hyperraum statt. In diesem geordneten Muster polarisieren sich die Elektronen gegenseitig, stabilisieren ihren Spin und verlangsamen, erstarren in ihrer Anordnung – und sind so »nicht frei«. Diese Kontrolle und Verlangsamung des Elektronenspins ist der Schlüssel zur Supraleitfähigkeit. Durch Tieftemperaturphysik wird dieses Phänomen bereits erreicht.

VERBUNDEN DURCH DEN ÄTHER –
KOSMISCH BEDINGTE EVOLUTION

Tatsächlich erzeugt die DNS eine globale stehende Dichtewelle der Materie des Äthers beziehungsweise des Hyperraums. Diese stehende Welle steht im logarithmischen Raum der Maßstäbe. Durch sie bilden sich erst die physikalischen Kräfte wie Gravitation, Elektrizität, Magnetismus, Kernfusion und Kernzerfall. Die »globale stehende Dichtewelle« verdrängt mit ihren Schwingungsbäuchen Materie und erzeugt einen Materiefluss in Richtung Knotenpunkte, den wir beispielsweise als gravitative Erscheinung – also als Erdanziehung – wahrnehmen. Das globale morphogenetische Feld bestimmt eindeutig die Eigenschaften der gravitativen Wechselwirkung sowie der elektromagnetischer Felder. Da sich die Örtlichkeit der morphogenetischen Datenbank außerhalb unserer dreidimensionalen Raumzeit befindet, muss demzufolge eine Verbindung zwischen der DNS und einer Ebene des Hyperraums bestehen. Das bevorzugte Medium zu den Ebenen des Hyperraums scheint die Gravitation zu sein. Wer auch immer sich die Gravitation dienstbar zu machen versteht, hat damit den wahren Zugang zur Macht. Merken wir uns diesen Satz in Anbetracht der spektakulären Enthüllungen, die in den nächsten Kapiteln noch folgen werden.

Nach Aussagen des amerikanischen Quantenphysikers Jack Sarfatti dient eine ganze Reihe von Nano-Antennen, gebildet durch Elektronen innerhalb unseres Gehirns, dazu, den Mikrotubuli – röhrenförmigen Proteinfilamenten – Informationen zu übermitteln. Roger Penrose schlussfolgert, dass die beiden unterschiedlichen potenziellen Zustände der Gehirntubuli mit zunehmender Kohärenzzeit unterschiedliche Masseverteilungen annehmen und sich dadurch ein Auseinanderklaffen der Raumzeit-Geometrie der beiden Möglichkeiten ergibt – bis eine Schwelle in der Quantengravitation überschritten wird.

Die Erde, der Mond und die Sonne bilden zusammen ein Gravitations- und multidimensionales Antennensystem. Ebenso fungieren unsere beiden Gehirnhälften über Interferenzen als Antennen für Gravitationsfelder. Die im EEG gemessenen Signale sind lediglich die sichtbaren, messbaren Sekundäreffekte dieser Gravitationsfelder. Somit ist das menschliche Gehirn zum einen ein Empfänger von Informationen aus verschiedenen Dimensionsebenen des Hyperraums. Ebenso ist es natürlich selbst Sender von Informationen, die zusätzlich über elektromagnetische Felder auf die dreidimensionalen Strukturen übertragen werden können. Die Wechselwirkung mit dem Hyperraum kann somit als Triebkraft und Informationspool der Evolution betrachtet werden. Es ist davon auszugehen, dass die DNS und die Mikrotubuli als Schnittstelle zwischen Hyperraum und Biologie fungieren.

Wie funktioniert ein biologisches Antennensystem?

In der Elektronenhülle der DNS finden sich viele Tausend möglicher angeregter Energiezustände, in denen sich die Elektronen der DNS aufhalten können. Um diese angeregten Zustände zu bevölkern, müssen die Elektronen von außen elektromagnetische Wellen empfangen, also Photonen. Eine Stabantenne ist ideal, um aus der elektrischen Feldkomponente eines elektromagnetischen Feldes Energie zu entziehen. Eine Ringantenne ist ideal, um aus der magnetischen Komponente des elektromagnetischen Feldes Energie aufzunehmen. Die verdrillte Form der DNS stellt daher einen geradezu idealen Kompromiss zwischen Stab- und Ringantenne dar. Es wird angenommen, dass die menschliche DNS bis zu fünfmal zopfartig verdrillt ist. Damit bildet sie eine raffiniert konstruierte Antenne für Photonen, die durch die Superhelixstruktur über einen großen Frequenzbereich empfindlich ist. So verfügen die Elektronen über eine äußerst effektive Antenne, um das vielfältige, quasikontinuierliche Energiespektrum der DNS zu bevölkern.

Jüngere Forschungsergebnisse haben in der Tat bereits gezeigt, dass die DNS nicht nur eine Photonenantenne, sondern auch ein gigantischer intrazellulärer Photonenspeicher ist. Ich möchte in Erinnerung rufen, dass die Veränderung des Erdmagnetfelds zum größten Teil durch die Ladungsträger der Sonne geschieht. Es handelt sich hierbei um die Partikel, die das Produkt der Sonnenexplosionen sind und anschließend mit Geschwindigkeiten von mehreren Millionen Kilometer pro Stunde auf die Erde zurasen. Diese Elektronen und Protonen stammen aus dem tiefsten Innern der Sonne. Aus quantenphysikalischer Sicht spricht man den Elektronen bewusstseinstragende Eigenschaften zu. Die neueren Evolutionsmodelle, die sich aus den Berechnungen der Quantenfeldphysik ableiten lassen, beschreiben den Evolutionsprozess im Wesentlichen durch die Wirkeigenschaften der Elektronen.

Diese bewusstseinstragenden Teilchen bewirken zunächst durch Kooperation über die elektromagnetische Wechselwirkung größere und immer komplexer werdende Molekularstrukturen. Diese beginnen, untereinander Energie in Form von elektromagnetischer Strahlung auszutauschen, bis ganze Zellstrukturen und schließlich Organismen entstehen, die einen vielfältigen Stoffwechsel haben. Anfang der 1970er Jahre wurde von sowjetischen Wissenschaftlern in tausenden von kontrollierten und reproduzierbaren Experimenten der Beweis dafür erbracht, dass biologische Organismen die Steuerung wesentlicher Stoffwechselprozesse in erster Linie durch den Austausch von Photonen vornehmen. So wurden beispielsweise zwei identische Zellkulturen in zwei voneinander isolierte Glaskolben gegeben. Nur durch ein trennendes Quarz-Glasfenster konnten die beiden Zellkulturen miteinander Biophotonen austauschen. Daraufhin wurde eine der Zellkulturen mit einem Virus infiziert und erkrankte. Nach einer gewissen Zeit erkrankte auch die zweite, nicht infizierte Zellkultur – ohne dass sie mit der ersten Zellkultur in chemischem Kontakt war. Offensichtlich muss durch den Photonenaustausch die Information der Erkrankung von der einen auf die andere Zellkultur übertragen worden sein.

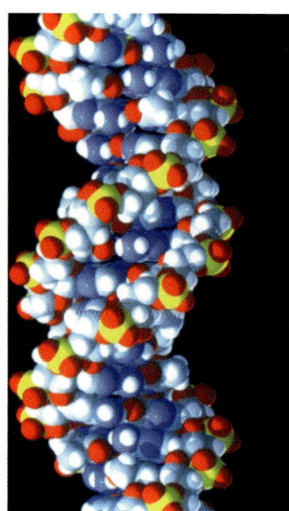

Warum sieht die menschliche DNS so aus, wie sie aussieht? Zufall? Keineswegs. Sie funktioniert durch ihre mehrfach verdrillte Form als perfekte Antenne, um die Information der Photonen aufzunehmen und in den Organismus weiterzuleiten. Letztendlich werden wir über sie in der Transformationsphase »umprogrammiert«.

VERBUNDEN DURCH DEN ÄTHER –
KOSMISCH BEDINGTE EVOLUTION

Sowohl die Biophotonen wie auch die Photonen, die im lebenden Organismus auftreten, sind demzufolge Sekundärerscheinungen eines konstanten Bio-Gravitationsfeldes, das die Lebensprozesse kontrolliert. Nach Burkhard Heim stellen elektromagnetische Felder, Ultraviolett- und Infrarotstrahlung, Radioaktivität, Schallwellen und weitere physikalische Phänomene Sekundäreffekte von Gravitationsfeldern dar. Eine Veröffentlichung der Fachzeitschrift *Nature* im Jahr 2002 von Joe McIntyre berichtet hierzu: »Ein Weltraumexperiment legt nahe, dass das menschliche Gehirn über ein internes Modell der Gravitation verfügt.« Das Gehirn, unsere Erde sowie die Sonne wandeln Gravitationsenergie um in elektromagnetische Wellen – das ist der Stoff, aus dem die Gedanken bestehen. Und das ist, was gemessen werden kann.

Die Physik erklärt uns, dass unter Bedingungen einer stehenden Welle eine Informationsübertragung quasi zeitgleich erfolgt, da innerhalb dieser Welle alles mit allem verbunden ist. Unsere Erde bildet in ihrer Eigenschaft als kugelförmiger Hohlraumresonator über die Schumann-Resonanzfrequenz von 7,8 Hz eine derartige stehende Welle. Diese stehenden Wellen regen pausenlos die Erde selbst zur Eigenschwingung – also zur Resonanz – an. In auffälliger Weise stimmen bestimmte Frequenzen sowohl in ihrer Impulsform wie auch in ihrer Frequenz mit den Alpha-Gehirnwellen (8–12 Hz) überein.

Der Biophysiker Fritz A. Popp fasste die bisherigen weitreichenden Erkenntnisse der Biophotonenforschung in einem Buch zusammen und machte klar, welche vorrangige Bedeutung die messbare ultraschwache Photonenstrahlung für die Organisation biologischer Strukturen hat. So weist er nach, dass auch die Zellen biologischer Organismen sehr effektive Hohlraumresonatoren für Photonenstrahlung sind.

Ein Hohlraumresonator verstärkt die Schwingungen in seinem Innern – so, wie der Resonanzkörper der Gitarre Schallwellen hörbar macht. Im Inneren biologischer Zellen baut sich nach gleichem Prinzip ein kohärentes, im Gleichtakt schwingendes elektromagnetisches Strahlungsfeld auf. Das von der Sonne eingestrahlte sichtbare Licht kann als kohärent angesehen werden, wenn die absorbierte Fläche nicht größer als 10^{-6} Quadratzentimeter ist. Dies entspricht genau der Standardgröße der Oberfläche biologischer Zellen.

Die Elektronen haben die Materie von den Abmessungen her in optimaler Weise so organisiert, dass ein Maximum Photonenenergie, also Lichtenergie, aufgenommen wird. Auch im Innern der Zellen haben die Elektronen sich als erstklassige Ingenieure erwiesen. Man betrachte beispielsweise den Aufbau der DNS. Sie ist ein riesiges Molekül, das aus vielen tausend einzelnen Atomen aufgebaut ist und im wesentlichen aus zwei zopfartig verdrillten Strängen besteht, die in gleich bleibenden Abständen durch verschiedene Sprossenarten miteinander verbunden sind. Von der Abfolge dieser Sprossenanordnung ist bekannt, dass sie die genetische Information der betreffenden Zelle enthält.

Die Menschheit in Abhängigkeit von Gravitation und elektromagnetischen Feldern

Die Physikprofessoren König, Fröhlich und Presman gingen als erste Wissenschaftler davon aus, dass elektromagnetische Felder eine entscheidende Rolle in der Prägung während der Evolution gespielt haben, sind es doch gerade die Frequenzen, die für die Ausbildung der elektrischen Steuerungs- und Regelungsvorgänge bei Lebewesen von großer Bedeutung sind. Ebenso kennzeichnet diese Frequenz – vom Gehirn eines Menschen ausgehend – einen sensiblen Bewusstseinsbereich. Von diesen Alpha-Gehirnwellen ist bekannt, dass sie den Zustand zwischen bewusst und unbewusst (Wachzustand und Schlafzustand) darstellen. Im Alpha-Bereich sind wir quasi offen für unzensierte Informationseingänge. Das kommt einer Programmierung gleich. Hierbei handelt es sich um einen Effekt, der vor einigen Jahren durch den Begriff »Alpha-Learning« beschrieben wurde. Im Wachzustand (> 13 Hz) fungiert unser Bewusstsein unter anderem als Zensor für die eingehenden Informationen. In diesem Zustand können wir (mehr oder weniger) entscheiden, welche Informationen für uns von Relevanz sind und welche nicht. Befinden wir uns jedoch im Zustand des Alpha-Bereichs – was normalerweise nur in den Übergangszuständen von Wach- zu Schlafzustand und umgekehrt geschieht – sind wir ungeschützt und demzufolge offen für die reine Information.

Eingebettet in ein Meer von elektromagnetischen Feldern, die in ihrer natürlichen Form als eine kosmische stehende Welle fungieren, sind wir angekoppelt an die regulierenden Strukturen des Universums. Stehende Wellen entstehen durch Überlagerung zweier Wellen mit gleicher Frequenz, gleicher Amplitude und gleichem Phasenwinkel, aber entgegengesetzter, antiparalleler Laufrichtung. Offenbar bezieht unsere Sonne ihre Energie nicht aus der Wasserstofffusion, sondern aus der Fusion der Gravitonen zu elektromagnetischen Wellen. Dabei wird über die Kraftfelder und ihre Verdichtungswirkung das gesamte Spektrum an elektromagnetischen Wellen geliefert. Wenn nun die Erde durch ihre elliptische Präzessionsbewegung alle 12 800 Jahre näher an die Zentralsonne kommt, so erhöht sich die Kraft unserer Zentralsonne (Sirius) auf unsere Sonne. Dieser Vorgang würde zweimal um die Zentralsonne erfolgen. Hierbei könnte nun noch ein zusätzlicher Effekt eintreten. In der Nähe der Zentralsonne könnte es eine erhöhte Dichte von Gravitation geben, durch die sich unsere Sonne mitsamt dem Planetensystem bewegt. Dieser Prozess lässt sich mit der Global-Scaling-Theorie von Dr. Hartmut Müller als kosmische stehende Gravitationswelle beschreiben, wodurch es einen Bereich geben muss, wo die stehende Welle eine hohe Dichte hat, nämlich im Knoten. Mit der höheren Dichte wird naturgemäß die Fusionsmenge erhöht, gleichzeitig steigt das Magnetfeld der Sonne und der Erde. Natürlich werden hiervon unsere Gehirnchemie und damit unsere Bewusstseinslage betroffen sein. Bei einem solchen Vorgang vollzieht sich ein kosmisch bedingter Regulations- und Kalibrierungsprozess von unvorstellbarem Ausmaß. Welche naturgegebene kosmische Absicht mag hier im Hintergrund wirken?

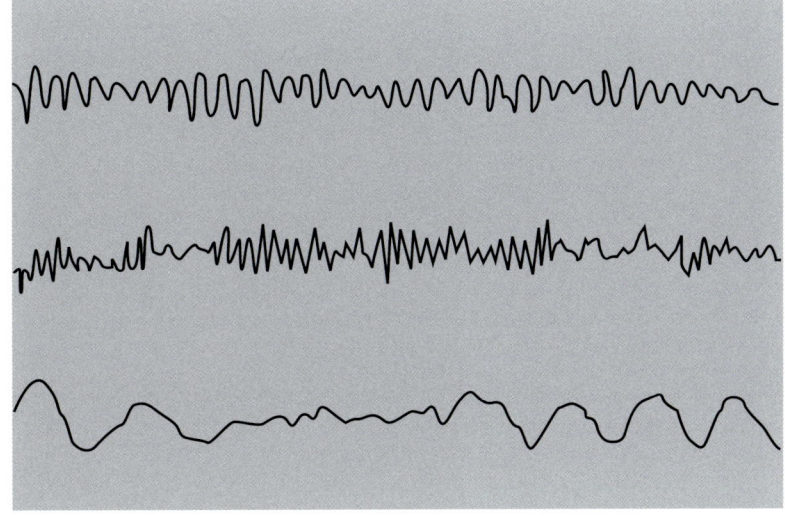

Darstellung von Alpha-, Beta- und Deltawellen im EEG. Sie stehen für geistige Zustände, die uns in unterschiedliche Empfangsbereitschaften versetzen. In entspanntem Zustand wird unser Gehirn von Alphawellen dominiert. Arbeiten wir konzentriert, verändern sich die Wellen in Richtung der Betakurve. Deltawellen kommen im Tiefschlaf vor oder können durch Hypnose erreicht werden. Besonders bei Säuglingen herrschen sie vor.

Das Wissen der Maya

Bei dieser Frage können uns möglicherweise zwei Bestsellerautoren, Adrian Gilbert und Maurice Cotterell, weiterhelfen. Vor etwa 15 Jahren erschien deren Erfolgswerk *Die Prophezeiungen der Maya*. Im Wesentlichen bezog sich das Buch auf ein naturwissenschaftliches Werk, das bereits im Jahr 1996 veröffentlicht wurde: *Astrogenetics*. In ihm waren die naturwissenschaftlichen Grundlagen des Maya-Buchs der beiden Autoren dargestellt. Seltsamerweise ist *Astrogenetics* wie vom Erdboden verschluckt. Sämtliche beharrliche Versuche, das Buch zu besorgen, verliefen erfolglos. Im Handel wird es als »vergriffen« deklariert, im Internet sind Server nicht mehr zu erreichen, über die Auszüge aus *Astrogenetics* zu lesen sein sollen.

Was ist so außergewöhnlich an den beiden Büchern von Gilbert und Cotterell? Cotterell fand heraus, dass die Zahl der Sonnenflecken auf unserem Stern in Zusammenhang stehen muss mit der Verschiebung der Polachsen der Erde. Dank moderner Messverfahren wie der Radiokarbonmethode ist es heute möglich, Rückschlüsse auf die Sonnenaktivitäten früherer Jahrhunderte und Jahrtausende zu ziehen. Auf der Sonne entstehen in einem Zyklus von durchschnittlich 11,1 Jahren gewaltige, von den Sonnenflecken hervorgerufene Magnetstürme. Sie intensivieren den ständigen Sonnenwind. Die Zyklen der Sonnenflecken sind aber noch weitaus komplexer, da sie nicht immer gleich stark aus-

Die Aktivität der Sonne verläuft zyklisch. Das entdeckten nicht erst wir. Das wussten schon die Maya vor Jahrtausenden. Maßgeblich ist die Zahl der Sonnenflecken, die nicht nur das solare Magnetfeld verändert, sondern – über Eruptionen – auch das Magnetfeld der Erde und zum Schluss uns selbst. Kurioserweise spielen diese Tatsachen im konservativen Lehrbetrieb kaum eine Rolle. Dabei ist offensichtlich, dass Evolution zu einem guten Teil kosmisch bedingt ist.

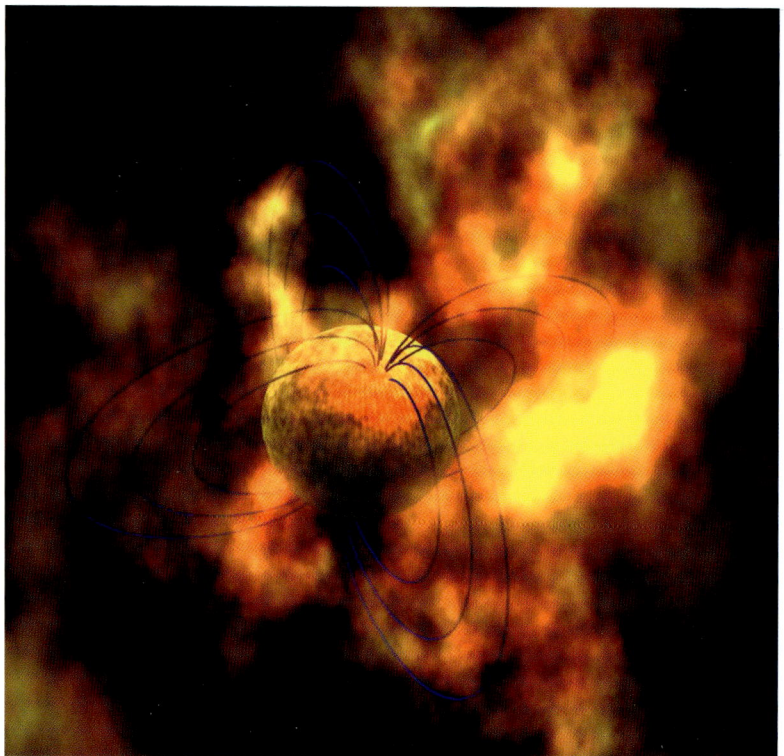

fallen. Es gibt noch überlagerte Zyklen, die sich über sehr lange Zeiträume erstrecken. Weitere Untersuchungen haben ergeben, dass die Sonne ihr Magnetfeld zirka alle 3750 Jahre umkehrt – wobei eine Umkehrung rund 374 Jahre dauert. Für diese Zyklen sind anscheinend vor allem ungleiche Rotationsgeschwindigkeiten des Magnetfelds der Sonne verantwortlich.

Eine verblüffende Feststellung machte Cotterell, als er den Mayakalender mit dem Rhythmus der Sonnenaktivität verglich. Die komplex ineinander verschachtelten Kalender der Maya stimmen mit den ebenfalls verschachtelten Sonnenfleckenzyklen seit Jahrtausenden überein. Die Maya konnten anhand ihrer Kalender ihren eigenen Untergang im 7. Jahrhundert vorhersehen. Sowohl das Magnetfeld der Sonne als auch das der Sonnenflecken kehrte sich in diesem Zeitraum (440 bis 814 nach Christus) um. Ebenfalls war die Intensität der auf die Magnetosphäre der Erde auftreffenden Strahlung in dieser Zeit deutlich höher als vorher und nachher. Die Sonnenaktivität hatte – und hat natürlich immer noch – auf die Fruchtbarkeit und den Hormonhaushalt der Menschen einen großen Einfluss. Das Aufblühen und Untergehen der Hochkulturen unserer Geschichte verlief verblüffend analog zu ihr.

In den Mayaschriften wird von verschiedenen Sonnenzeitaltern berichtet, bei deren Wechsel gewaltige geologische und klimatische Ver-

VERBUNDEN DURCH DEN ÄTHER –
KOSMISCH BEDINGTE EVOLUTION

änderungen – im Sinne von Katastrophen – die Menschen heimsuchen. Für das kommende Sonnenzeitalter, das anhand ihres 5200-jährigen Kalenders im Jahre 2012 beginnt, prophezeien die Maya, dass Seen ausgeleert werden, Berge umstürzen und Länder in den Fluten der Meere versinken. Seen werden ausgeleert? Passierte so etwas nicht vor kurzem in Kolumbien? Müssen wir in den nächsten Jahrzehnten mit einer Polverschiebung auf der Erde rechnen?

Die Maya könnten mit ihrem 5 x 5200 (= 25 627) Jahre dauernden Zyklus die Präzession des Tierkreises beziehungsweise die Erdachsenrotation gemeint haben. Die liegt nach heutigen Schätzungen bei 25 800 bis 26 000 Jahren. Wenn das Ende des 25 627-jährigen Zyklus des Sonnenkalenders auf das Jahr 627 vor Christus gefallen ist, könnte der geschmolzene Erdkern sich jetzt langsam durch das umgekehrte Sonnenmagnetfeld re-magnetisieren und sich in einem bestimmten Winkel zur Sonne wenden. Vielleicht wird dadurch im Jahre 2012 durch erhöhte Sonnenfleckenaktivität eine Erdpolverschiebung verursacht. Diese würde das Gesicht der Erde grundlegend verändern. Die Szenarien kämen den Beschreibungen der Maya und anderer apokalyptischer Überlieferungen sehr nahe.

Auch wenn Maurice Cotterell nicht genau weiß, warum sich im Jahr 2012 der Erdpol verschieben soll, ist anzunehmen, dass es die Maya wussten. Denn sie kannten die Sonnenfleckenzyklen und die Präzession der Erde, welche astrologisch den Zeitaltern entspricht. Es ist anzunehmen, dass ihr Wissen über die Sonnenzeitalter und deren Übergänge nicht einfach irgendwelche Fantasiegeschichten waren, sondern dass dahinter ein astronomisches Verständnis steckte, das dem unsrigen überlegen war. Neben der Venus standen auch die Plejaden im Zentrum des Interesses der Maya. Diese stehen im Jahr 2012 genau auf der Ekliptik.

Anfang der 1990er Jahre wurden Rekordspitzen der Sonnenaktivität gemessen. Die Sonnenflecken waren sogar mit bloßem Auge zu erkennen. Man konnte eine Abweichung der irdischen Magnetpole von mehreren Graden feststellen. War dies mitverantwortlich für die Erdbeben und Naturkatastrophen in diesem Jahrzehnt? Es bleibt abzuwarten, wie sich die Sonnenflecken in den nächsten Monaten und Jahren entwickeln werden. Gerade nehmen sie jedenfalls wieder zu.

Veränderungen der Persönlichkeit

Die möglichen geologischen Veränderungen sind das eine. Der innere Wandel des Menschen wird viel subtiler verlaufen. Davon berichtet das vorhin erwähnte verschwundene Buch *Astrogenetics* der Autoren Gilbert und Cotterell. Sie untersuchen darin, wie sich astronomische Kräfte auf biologische Rhythmen und genetische Faktoren auswirken und setzen mehrere wissenschaftlich gesicherte Tatsachen miteinander in Verbindung. Damit soll bewiesen werden, wie solare Teilchen die

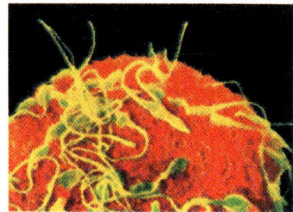

Weibliche Eizelle

Männliche Samenzellen

Der annähernd unbekannte Forschungsbereich der »Astrogenetics« beschäftigt sich mit kosmischen Einflüssen auf biologische Systeme. Die zentrale These: Die Ausformung des Magnetfeldes an einem bestimmten Ort zu einer bestimmten Zeit prägt den Vorgang von Befruchtung und Zellteilung und somit Charakter und Konstitution des heranwachsenden Individuums. Wenn man so will, eine neuer, wesentlicher Aspekt in der Astrologie.

Persönlichkeit von Menschen im Augenblick ihrer Empfängnis beeinflussen können. »Insbesondere entdeckte man«, schreiben die Autoren in ihrem Maya-Buch mit Hinweis auf das frühere Werk *Astrogenetics*, »dass Schwankungen des schwachen Erdmagnetfeldes genetische Mutationen in den Zellen hervorrufen können, während sich diese im Stadium der Zellteilung befinden.«

Im Jahre 1984 führte A. R. Lieboff vom Naval Medical Research Institute in Bethesda, Maryland, Experimente an menschlichen Zellen durch, den Fibroblasten, aus denen durch Differenzierung die verschiedenen Arten von Bindegewebe hervorgehen. Lieboffs Versuche führten zu der Erkenntnis, dass Änderungen des umgebenden Magnetfelds die DNS-Synthese in den Zellen beeinflussen, das heißt, Mutationen bedingen können – selbst wenn das Magnetfeld schwächer ist als das natürliche Erdmagnetfeld.

In den 1920er Jahren untersuchte Johannes Lange bestimmte Aspekte an eineiigen und an zweieiigen Zwillingen. Aufgrund seiner Arbeiten weiß man seit 1927, dass die Persönlichkeit – also die Gesamtheit der Charaktermerkmale – im Wesentlichen von den genetischen Anlagen abhängt. Daher können genetische Veränderungen, beispielsweise hervorgerufen durch Mutation aufgrund veränderter Stärke des lokalen Magnetfeldes, für unerwartete Charakterzüge verantwortlich sein. Anders ausgedrückt: Die Persönlichkeit hängt von Richtung und Stärke des lokalen Magnetfeldes im Augenblick der Empfängnis ab. Diese Folgerung wird durch Studien des Psychologen Hans-Jürgen Eysenck und des Astrologen Jeff Mayo über extrovertierte und introvertierte Persönlichkeiten bestätigt. Sie fanden heraus, dass diese Charakterzüge auf faszinierende Weise mit den Tierkreiszeichen bei der Geburt zusammenhängen.

Untersucht man die von der Sonne emittierte Strahlung, stellt man fest, dass sie sich jeden Monat ändert. Weiterhin lassen sich vier Arten von Strahlung unterscheiden, die im Laufe etwa eines Monats aufeinander folgen. Diese Sequenz der Strahlungstypen entspricht in vielerlei Hinsicht der Jahrtausende alten kosmologischen Ansicht, dass es vier Elemente gibt – Feuer, Erde, Luft, Wasser – die das Wesen und die Stimmungen der Menschen in einem ungefähren monatlichen Rhythmus beherrschen. Diese Abhängigkeit steht im Einklang mit den Wesensarten der zwölf Tierkreiszeichen, die Astrologen unterscheiden.

Vor über 30 Jahren veröffentlichte der Direktor der Technischen Universität München, Prof. Dr. Herbert L. König, eine Zusammenfassung der wesentlichsten bis dato bekannten Forschungsergebnisse, die zu diesem Thema zählten. Sein im Eigenverlag erschienenes Buch nannte er *Unsichtbare Umwelt*. König, im Übrigen der Nachfolger von Prof. Winfried Otto Schumann, der Entdecker der Schumann-Resonanzfrequenz der Erde, fasst seine Ergebnisse zusammen: »Die in den letzten Jahren gesammelten Daten zeigen deutlich, dass wir das

VERBUNDEN DURCH DEN ÄTHER –
KOSMISCH BEDINGTE EVOLUTION

normale geomagnetische Feld der Erde heute in die Betrachtung der Grundfunktion lebender Organismen als Umweltfaktor von großer Tragweite einbeziehen müssen. Ich meine, dass es sich bei dieser Einsicht wahrscheinlich um die bedeutendste Einzelerkenntnis des Jahrhunderts handelt.«

Wie ist es möglich, dass ein erstrangiger Spezialist wie Prof. König sich zu einem solch außergewöhnlichen Statement hinreißen lässt, aber drei Jahrzehnte danach niemand über die Hintergründe dieser wissenschaftlichen Errungenschaft informiert ist? Möglicherweise weil mit diesem Thema der Lauf unseres Planeten beziehungsweise die Fortentwicklung der Menschheit zusammenhängen – und zwar in mehrerlei Hinsicht. Wie sich später anhand von Bilddokumenten der NASA zeigen wird, scheint zurzeit im All ein Konflikt ausgetragen zu werden, bei dem es um diesen natürlichen Transformationsprozess geht. Soll er möglicherweise verhindert werden?

Kopplung unseres Gehirns mit irdischer und kosmischer »Festplatte«

Es gäbe gute Gründe dafür, diesen Transformationsprozess verhindern zu wollen, denn was den Menschen bevorstehen könnte, wäre nichts anderes als eine Emanzipation vom irdischen Gängelband und die Entwicklung eines kosmischen Bewusstseins. Wie das? Auf der »Festplatte« Terra (Ter Ra), unserer Erde, ist das komplette geschichtliche Informationsgut gespeichert. Diese gigantische Datenbank beinhaltet sämtliche Erfahrungen, die je eine geisttragende Entität auf ihr gemacht hat. Zu den archetypischen geisttragenden Teilchen zählen die Elektronen. Mit der Komplexität von Elektronenverbänden nimmt der Grad der erfahrbaren Möglichkeiten zu. Ab einer definierten Anzahl von organisierten Elektronenverbänden beziehungsweise organischen Molekülen wie Proteinen oder Aminosäuren beginnt das, was wir als Bewusstsein beschreiben. Bewusstsein definiert eine Reflexion von sich selbst. Alles, was über alle Zeiten hinweg auf der Erde gedacht und erkannt wurde, wird auf dieser »Hardware«-Ebene festgehalten. Als Datenspeicher fungieren das Erdmagnetfeld und sämtliche Gewässer dieser Erde. Die Hardware dieser Festplatte besteht aus Wasser, dessen Molekularstruktur hervorragende Informationsspeichereigenschaften darstellt. Abgespeicherte Daten werden über Resonanzen aufgerufen. Diesen Vorgang nennen wir Erinnerungen.

Betrachten wir unser Gehirn einmal aus dieser Perspektive, so stellen wir fest, dass in uns etwas sehr ähnliches passiert. Unser Gehirn besteht zu einem sehr großen Teil aus Wasser, den sogenannten Gliazellen (extrazelluläre Flüssigkeit und Zytoplasma). Wenn wir nachdenken und uns an etwas erinnern wollen, bauen unsere Neuronen elektrische und magnetische Felder auf und rufen hierdurch die entsprechenden Informationen ab. Je nach Suchbegriff kommen wir so an die passende Information. Nach diesem Prinzip funktioniert unser Gehirn genauso wie ein Radio oder ein Fernsehgerät. Dabei drehen wir auf der Suche nach einem Sender so lange am Drehkondensator, bis die stimmige und reine Frequenz gefunden ist. So wie der Radio- oder Fernsehsender außerhalb unseres Empfangsgerätes liegt, so befindet sich auch das allgemeine und persönliche Informationsgut außerhalb unseres Körpers – in unserem Fall in den Meeren dieser Erde. Genauer betrachtet sind aber sämtliche Informationen nicht auf der materiellen Ebene abgespeichert. Die Materie dient lediglich zur Verarbeitung und dem Aufrufen von Informationen.

Die Abnabelung vom Erdmagnetfeld

Indem nun unsere Erdfestplatte sich einem direkten Zugriff immer mehr entzieht, werden die Erdbewohner hierdurch mit einem völlig neuartigen Problem konfrontiert. Durch das sich immer weiter abschwächende Erdmagnetfeld erfährt die Menschheit einen zunehmenden Erinnerungsverlust. Das Stranden der Wale und Delfine dürfte damit erklärt werden. Wie vorhin beschrieben, sind seit längerem direkte

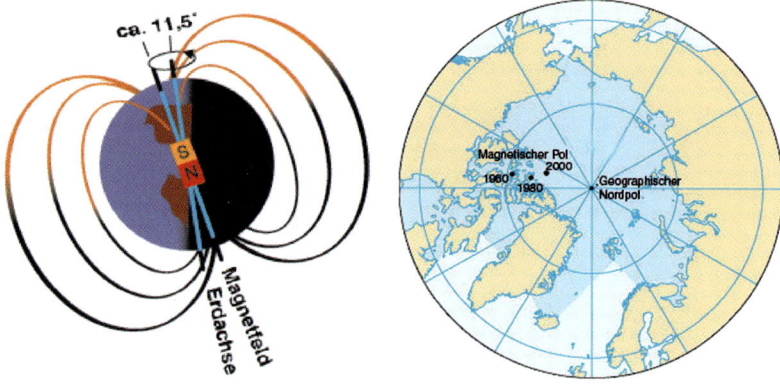

Die Polung des irdischen Magnetfeldes.
Links: Bekannt ist, dass die magnetischen Pole von den geografischen Polen der Erdachse abweichen – um 11,5 Grad. **Rechts:** Weniger bekannt ist, dass die magnetischen Pole nicht statisch sind, sondern ständig wandern. Auch Umpolungen geschehen regelmäßig. Dies ist durch die Analyse Jahrmillionen alter Erd- und Gesteinsschichten dokumentiert. Das derzeit abnehmende Magnetfeld spricht für eine baldige Umpolung. Die Erde wäre dann den Sonnenwinden stärker ausgesetzt.

Zusammenhänge zwischen dem Erdmagnetfeld und dem menschlichen Verhalten bekannt. Glücklicherweise sind wir Menschen in der Lage, mit verstärkt auftretenden Phänomenen wie Depressionen prinzipiell selber fertig zu werden. Tatsächlich verfügt speziell das menschliche Gehirn über sämtliche Voraussetzungen, diese Herausforderungen zu kompensieren. Voraussetzung dafür ist der Aufbau von entsprechenden körpereigenen Feldern. Dieses geschieht immer dann, wenn wir in einem ausgeglichenen Zustand sind.

Neurophysikalisch ausgedrückt bedeutet das, dass jedes Neuron in unserem Gehirn ein entsprechendes Feld aufbaut. Wenn sich mehrere

VERBUNDEN DURCH DEN ÄTHER –
KOSMISCH BEDINGTE EVOLUTION

Neuronen zusammenschließen und im Gleichtakt schwingen, ist das gesamte Feld entsprechend größer. Ab einer bestimmten Intensität des Feldes dient der körpereigene Wassergehalt – die Gliazellen – als aktiver, also zugänglicher Datenspeicher. Das kommt einer gesicherten Erinnerung gleich.

Im allgemeinen Tagesbewusstsein befinden wir uns meistens leider nicht in diesem Zustand. Unsere Neuronen feuern chaotisch umher und erzeugen dabei kein ausreichendes Feld. Fehlt nun zusätzlich die Ankopplung an die Erdfestplatte, werden wir mit psychischen Problemen unterschiedlichster Art konfrontiert. Die gegenwärtige Abnahme des Erdmagnetfeldes erinnert mich an den Prozess der Abnabelung. Im Falle der totalen Abkopplung von der Erdfestplatte ist uns zusätzlich eine Möglichkeit gegeben, die nicht bloß rettend, sondern bahnbrechend ist: die Ankopplung an die kosmische Festplatte! Welch ein Quantensprung in der Evolutionsgeschichte der Menschheit!

Die Alternative würde einem totalen Erinnerungsverlust gleichkommen. Sämtliches individuelles Informationsgut wäre dem »Eigentümer« nicht mehr zugänglich. Möglicherweise tritt dieses Negativ-Szenario nicht ein, und wir werden – wie mein Freund Ananda es sagt – vom interkosmischen Kindergarten in die erste Klasse versetzt.

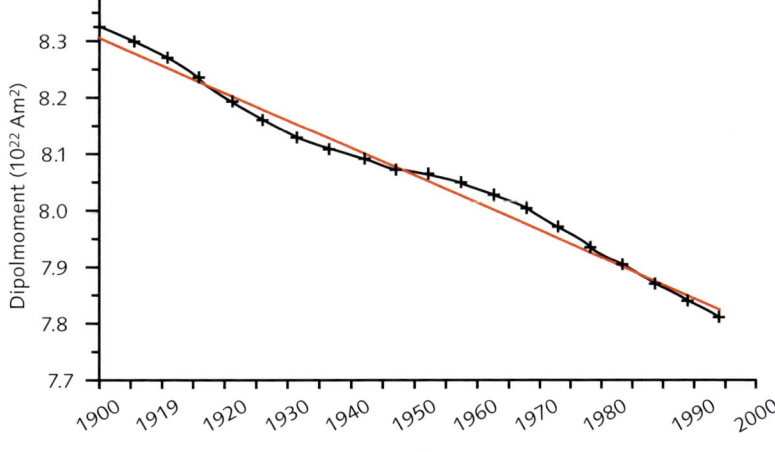

Die Kraft des irdischen Magnetfeldes schwindet. Die Grafik dokumentiert die stetige Abnahme des Dipolmoments in den letzten 100 Jahren. Dieses Phänomen hat notgedrungen Einflüsse auf die menschliche Zivilisation.

Der Zugang zu transzendenten Erfahrungen

Über eine Empfindlichkeit des Pinealorgans in unserem Gehirn gegenüber Erdmagnetfeldern wurde seit 1980 wiederholt in Fachzeitschriften berichtet. Sie ist letztlich auf Magnetfeldveränderungen zurückzuführen, wie in zahlreichen Experimenten gezeigt werden konnte. Das Pinealorgan mag den meisten Lesern als Zirbeldrüse oder Epiphyse bekannt sein. In der Epiphyse wird der Grundwirkstoff produziert, der für

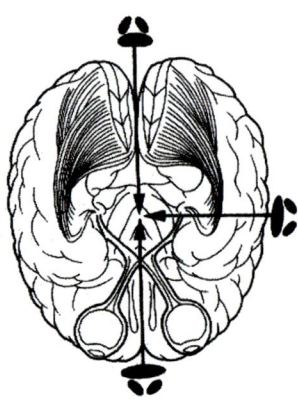

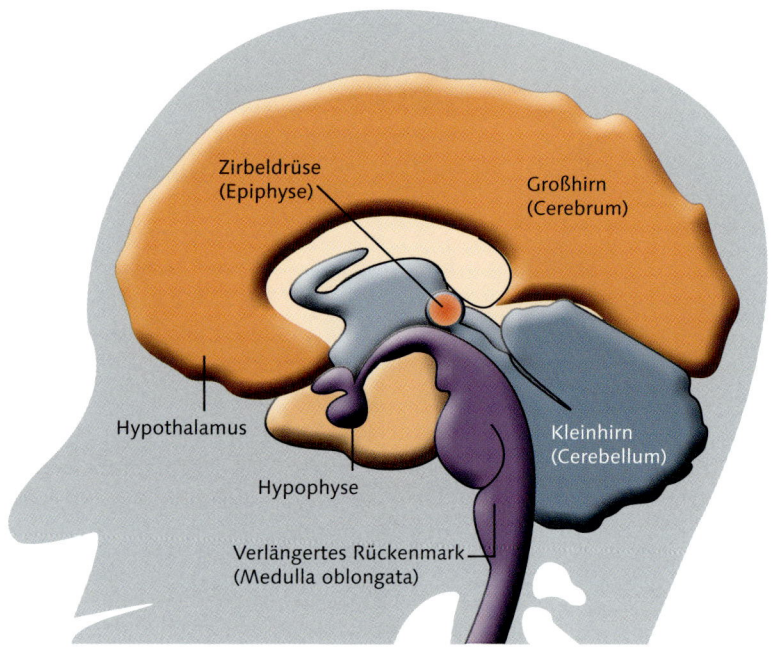

Zirbeldrüse
(Epiphyse)

Großhirn
(Cerebrum)

Hypothalamus

Kleinhirn
(Cerebellum)

Hypophyse

Verlängertes Rückenmark
(Medulla oblongata)

Oben und rechts: Der menschliche Kompass sitzt mitten im Gehirn: die Zirbeldrüse, auch Epiphyse genannt. Kleinste Kristalle in ihr reagieren auf die Veränderungen des Erdmagnetfeldes. Sie schüttet daraufhin bestimmte Hormone aus und ist damit Taktgeber für das gesamte Gehirn. Die Zirbeldrüse entscheidet so über Stimmungen und Bewusstseinslagen. **Unten:** Das Melatonin steuert nicht nur den Tag- und Nachtrhythmus. Es wandelt sich auch zu den psychoaktiven Tryptaminen um **(ganz unten),** dessen Struktur eine Ankopplung an den Hyperraum – über die Transdimensionen – ermöglicht.

die höheren Bewusstseinszustände benötigt wird. Dieser Grundwirkstoff heißt Melatonin. In den Tiefschlafphasen in unseren Träumen wandelt sich Melatonin zu einem Tryptamin, welches wir Pinolin nennen. Pinolin zählt zu den psychoaktiven Wirkstoffen, die uns in psychedelische Zustände führen. Er induziert höchste spirituelle Wahrnehmungen. Bedauerlicherweise erinnern wir uns an diese besonderen Zustände kaum. Wir verschlafen unsere wertvollsten Botschaften. Da diese heiligen Zustände naturgemäß in den frühen Morgenstunden auftreten, finden die wirkungsvollsten Meditationen vor Sonnenaufgang statt. Einzig aus diesem Grunde führen Mönche seit jeher ihre Meditationen zu dieser Zeit durch. Die Epiphyse fungiert zusätzlich als zentraler Hauptrhythmusgeber, als eine Art Dirigent aller anderen Gehirnareale. Sie steht in einer direkten Wechselwirkung mit anderen elektromagnetischen und magnetischen Feldern und speziell mit dem Magnetfeld der Erde. Das bedeutet, dass damit auch auf bestimmte Bewusstseinszustände Einfluss ausgeübt wird. Tatsächlich ist unsere Psyche beziehungsweise unser Bewusstsein an das Erdmagnetfeld in elementarer Weise gekoppelt. Astronauten gleichen im Weltall die fehlenden Erdfelder durch spezielle Generatoren und ein Bewusstseinstraining aus. Der NASA-Mitarbeiter und Neurologe Michael Persinger veröffentlichte eine Arbeit, aus der hervorging, dass Menschen ihre Orientierung an Raum und Zeit verlieren und psychisch auffällig werden, sobald sie vom Erdmagnetfeld abgeschirmt werden.

Vor über 40 Jahren sind EEG-Messungen an Yogis während der Meditation vorgenommen und die Korrelation zwischen Gedanken, EEG-Feldern und Biochemie des Körpers festgestellt worden. Die topografische Zuordnung einer spirituellen Erfahrung im Gehirn gelang im Jahr 2003 dem Radiologen Andrew Newberg von der University of Pennsylvania. In seinem Institut wurden die Gehirne buddhistischer Mönche und Franziskanernonnen untersucht. Im Zustand der Meditation wurden die dabei arbeitenden Hirnregionen durch einen SPECT-Computertomografen entdeckt. Es zeigte sich »eine ungewöhnliche Aktivität in einem kleinen Klumpen grauer Materie im oberen hinteren Abschnitt des Gehirns«, berichtete der leitende Radiologe. Dieser sogenannte obere Scheitellappen ist vor allem für die räumliche Orientierung zuständig – die verloren geht beim Ausbleiben des Erdmagnetfeldes.

Während der spirituellen Erlebnisse wurde hier bei sämtlichen Probanden eine neuronal erzeugte Reizblockade gemessen. Die Folgerung liegt für Andrew Newberg auf der Hand: »Mystische Erfahrung ist biologisch real und naturwissenschaftlich wahrnehmbar.« Durch religiöse Versenkung können wir die Aufnahme von Sinnesreizen so massiv unterbinden, dass der obere Scheitellappen die Grenze von Körper und Selbst nicht mehr findet und wir eine komplette Raumlosigkeit erleben – eine Transzendenzerfahrung, die in den verschiedenen Religionen als Nirwana, Tao oder Unio mystica bezeichnet wird.

Hier noch einmal eine Zusammenstellung von vier Diagrammen, wie man sie täglich und aktualisiert im Internet bei der NASA abrufen kann. Protonen-Flux, Elektronen-Flux sowie die Darstellung der Erdmagnetfeld-Abweichung geben Auskunft über kosmische und geomagnetische Einflüsse auf die Erde und unseren Alltag. Von diesen Einflüssen hängt in starkem Maße unsere Gesamtkonstitution ab.

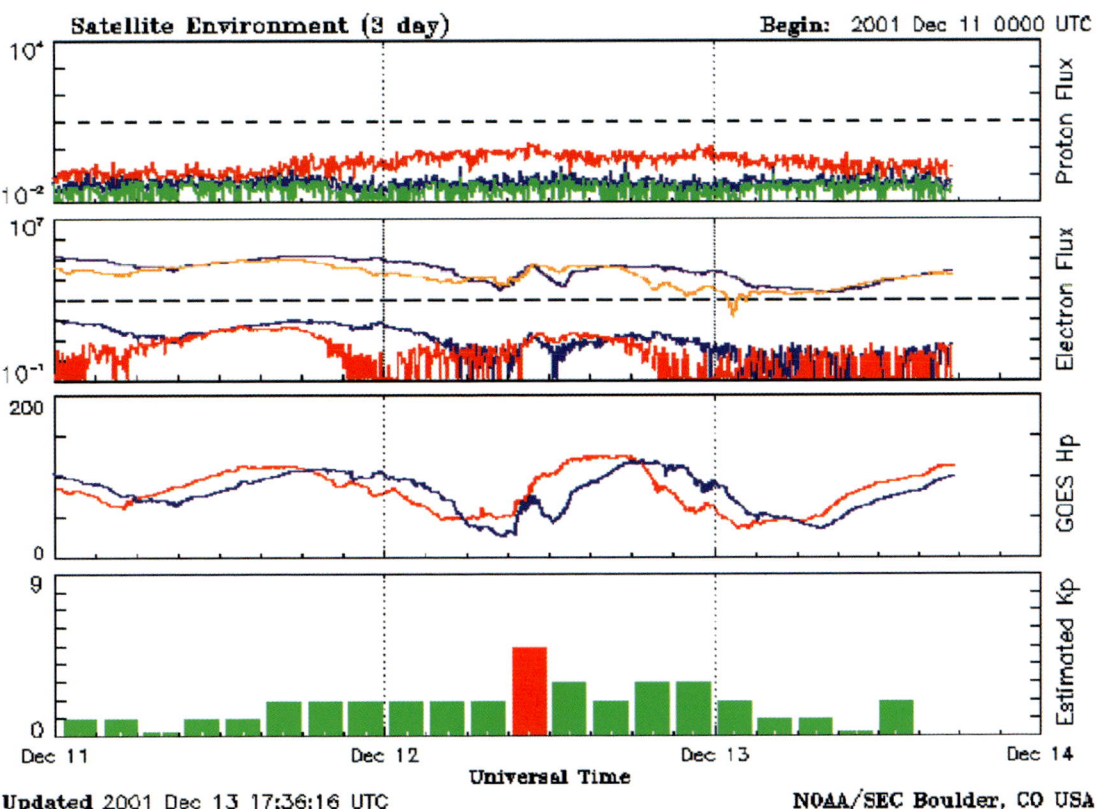

Der Neurologe Michael Persinger konstruierte an der Laurentian University einen Helm, der ein stimuliertes elektromagnetisches Feld erzeugt. Mehr als 80 Prozent der Versuchspersonen, die den Magnethelm aufsetzten, nahmen daraufhin eine höhere Wirklichkeit wahr. Die Atheisten sprachen von einer Verbundenheit mit dem Universum, die

Topografische Darstellung der örtlichen Magnetfelder auf der Erde (links) sowie der örtlichen Neuronenaktivität im menschlichen Gehirn (rechts). Die Farben kennzeichnen die Schwankungen und Intensitäten und von magnetischen beziehungsweise elektromagnetischen Feldern von schwach (blau) bis stark (rot). Würde man kontinuierliche Messungen durchführen, würden Veränderungen der Felder auf Globus und im Gehirn höchstwahrscheinlich miteinander korrespondieren.

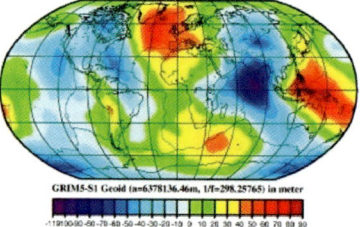 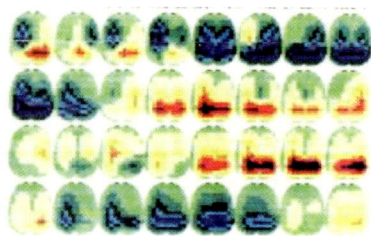

Gläubigen von der Gegenwart Gottes. Persinger selbst hält diese Erfahrungen allerdings nur für epileptische Mikro-Anfälle, die durch das Magnetfeld ausgelöst wurden. Religiöse Erlebnisse bezeichnet er als eine selbstinduzierte, kontrollierte Form solcher Anfälle.

Ganz anders bewertet Andrew Newberg seine weiterführenden Versuchsergebnisse. »Fotografien Gottes« sollen die Gehirnscans von in einem Tomografen betenden Nonnen und meditierenden Buddhistenmönchen sein, die er mit seinem Kollegen Eugene D'Aquili an der University of Philadelphia produzierte. Wenn sie sich eins mit Gott fühlten oder im Nirwana angekommen waren, wurde der Blutfluss im Gehirn aufgezeichnet. Im Hinterkopf trat dann Funkstille ein. Dort entstehen im sogenannten Orientierungsfeld gewöhnlich die räumliche Orientierung und das Körpergefühl. Die Stilllegung dieser Region sorgt, so Newberg, für den »entscheidenden Kick« bei der religiösen Ekstase.

Wie solche psychedelischen Gotteserfahrungen ins Gehirn kommen, interessiert die Wissenschaft schon seit der Antike. Seit Hippokrates gilt die Epilepsie als die »heilige Krankheit«. Man glaubte damals, dass nur Götter Menschen aus dem Stand zu Boden schleudern und zu Zuckungen veranlassen können. In den Augen der nüchternen Wissenschaft haftete der Religion etwas Unseriöses an. So waren auch meist Kranke die Studienobjekte. Viele Mystiker und besonders Gläubige – von Paulus und dem Propheten Mohammed über Johanna von Orleans bis zu Dostojewski – erhielten posthum die Diagnose »epileptisch«. Auch heutige Neurotheologen halten sich mit ihren Experimenten häufig an Epileptiker. So fand der amerikanische Hirnforscher Vilayanur S. Ramachandran heraus, dass Patienten mit der sogenannten Schläfenlappen-Epilepsie mehr auf religiöse Bilder als auf sexuelle oder gewalttätige Aufnahmen reagieren, die normalerweise für höchste Erregung sorgen. Tatsächlich sind Zusammenhänge zwischen den bestimmten elektrischen, magnetischen und elektromagnetischen Feldern der Erde und dem Auftreten der Epilepsie bekannt.

VERBUNDEN DURCH DEN ÄTHER –
KOSMISCH BEDINGTE EVOLUTION

Naturwissenschaftlern sei hierzu kurz erklärt: Aus der Meteorotropie des Nervensystems kann am Beispiel der Epilepsie aufgezeigt werden, dass eine stark individuell geprägte Feldabhängigkeit (elektrisch und magnetisch) im Zusammenhang mit Wetterlagen wie dem Fön besteht. An der Meteorotropie des Nervensystems haben die Gliazellen einen entscheidenden Anteil. Sie haben die herausragende Aufgabe, den elektrostatischen Grundtonus der extrazellulären Flüssigkeit konstant zu halten, sodass die Neuronen immer von dem gleichen funktionserhaltenden Ionen-Milieu umgeben sind. Neuronen, die Aktionspotenziale erzeugen, liefern positiv geladene Kaliumionen in den extrazellulären Spalt, wo sie sich in der Spaltflüssigkeit ansammeln und hier eine Veränderung des elektrostatischen Grundtonus verursachen. In der Folge ändert sich das Potenzial der den Spalt bildenden Glia-Membranen. So können die überschüssigen Kaliumionen in die Glia abwandern. Dadurch entwickeln sich dort langsame Potenzialschwankungen, die der Aktivität der benachbarten Neuronen wie Schatten folgen. Durch diese dem neuronalen Niveau nachfolgende Aktivität der Gliazellen entsteht eine unmittelbare elektrische Kommunikation zwischen den Neuronen und der Glia.

Durch natürlich vorkommende Feldeinflüsse werden also spirituell ausgeprägte Wahrnehmungen erzeugt! Diese Schlussfolgerung ist aus naturwissenschaftlicher Sicht zulässig. Dass gegenwärtig auf globaler Ebene etwas Derartiges in erhöhtem Maß passiert, kann ebenfalls beobachtet werden, wobei dieser Prozess sich zunehmend zu verstärken scheint. Darüber uninformierte Personen können diesen Einfluss zunächst als pathologisch bedenklich einstufen und zu psychisch auffälligen Patienten werden. Doch diese Irritationen tragen dazu bei, uns letztlich zu unserem göttlichen Erbe zu führen.

Dieses so eingehend untersuchte, zentral gelegene Hirnareal, die Epiphyse, wird dem Sitz des Bewusstseins zugesprochen. Einer der herausragendsten Neurologen, Stuart R. Hameroff, fasst es am deutlichsten zusammen: »Ich denke, deshalb habe ich die Zirbeldrüse als den Sitz des Bewusstseins gewählt.«

Offenbar verbindet sich unser Erdmagnetfeld mit der höheren Evolutionsanordnung über die geophysikalischen Raumzeitkrümmungsöffnungen. Im größeren Maßstab lässt die elektromagnetische Nullzone, durch die unser Planet gerade wandert, eine neue genetische Programmierung zu. Das Doppelhelixmodell unserer DNS würde sich in ein angepasstes neues Modell umwandeln, sodass wir in der Lage sind, die höheren Informationskanäle zu empfangen. Da die menschliche DNS als Empfänger und Sender für Informationen fungiert und die interne Verschaltung der Kohlenstoffatome (Proteine) für die Art und Qualität der Frequenzkanäle und deren Sende- und Empfangsleistung verantwortlich ist, wird einem das Ausmaß dieser Botschaft langsam bewusst.

Dauerfeuer aus dem All und die konkreten Auswirkungen im Alltag

Pathologische Effekte auf das menschliche Nervensystem

Wie bereits erklärt, durchläuft die Sonne verschiedene, unterschiedlich lange Zyklen. Der interessanteste und am unmittelbarsten messbare ist der 11-Jahres-Zyklus, in dem die Sonne einen sinuskurvenartigen Lauf von minimaler bis zu maximaler Aktivität unternimmt. Bisher sind 23 dieser 11-Jahres-Rhythmen registriert und analysiert worden. Der 23. Rhythmus verläuft allerdings absolut untypisch. Zu dem Zeitpunkt, wo sich die Maximalaktivität zu einem Minimum verändern sollte, steigerte sich die Aktivität in nie zuvor registrierter Weise. Laut der wissenschaftlichen Prognosen hätte das Minimum bereits 2006 erreicht sein sollen. Tatsächlich ist das Gegenteil eingetreten. Die Sonnenaktivität hat ihre Steigerungsperiode aus dem Jahr 2000 nicht verlassen. Erst 2008 und 2009 ging unser Stern wieder in den Ruhemodus. Aber auch diese Phase verlief untypisch, denn sie dauerte ebenfalls viel länger, ehe die Aktivität wieder zunahm. Auf Spurensuche nach den Ursachen der veränderten Sonnenaktivität begeben wir uns später.

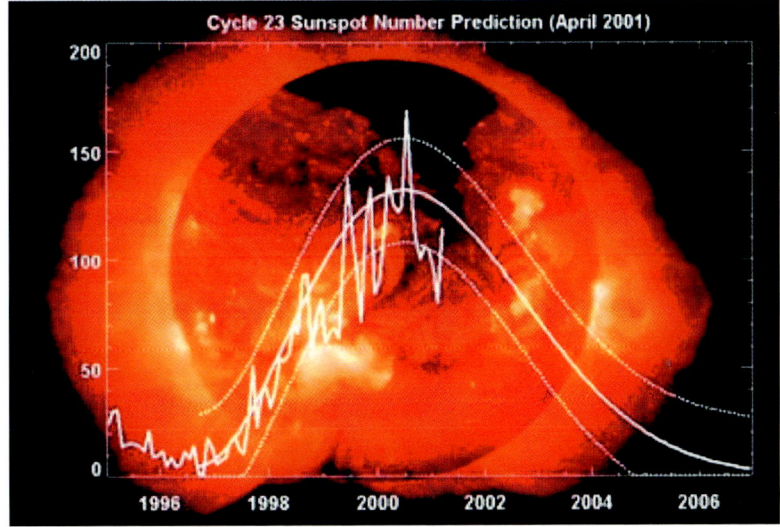

Darstellung des 23. Sonnenfleckenzyklus, der 2001 auf dem Maximum war. Nach einer Ruhephase, die länger dauerte als vermutet, können die Astronomen nun wieder eine ansteigende Zahl dunkler Sonnenflecken registrieren. Um das Jahr 2012 herum dürfte das nächste Maximum zu erwarten sein.

Die auf die Erde treffenden Sonnenwinde bestehen aus Elektronen und Protonen und erreichen Geschwindigkeiten von bis zu 5,6 Millionen Kilometer pro Stunde. Hier verursachen sie unter anderem drastische Veränderungen des Erdmagnetfeldes. Das Erdmagnetfeld wiederum ist eine wesentliche Einflussgröße in Bezug auf das menschliche Psycho-Endokrinum. Nur wenigen dürfte in diesem Zusammenhang bekannt sein, dass die vorhin erwähnte Zirbeldrüse im menschlichen Gehirn sehr sensibel auf veränderte Magnetfelder reagiert, besteht sie doch aus winzig kleinen Magnetkristallen. In der Folge der magnetischen Umstrukturierung dieser Kristalle werden extreme Emotionen

Wetterlagen und durch sie verursachte elektromagnetische Felder begünstigen unterschiedliche Krankheitsbilder. Die in der Tabelle ausgewiesenen Sferics sind kurze elektromagnetische Impulse, die von Luftmassenverschiebungen und von Gewitterblitzen verursacht werden. Die Wissenschaft geht inzwischen davon aus, dass wetterfühlige Menschen nicht bloß auf Veränderungen des Luftdrucks, sondern auch auf die Felder der Sferics reagieren. Die hellen Kreise bezeichnen eine schwache, die dunklen Kreise eine hohe Signifikanz.

LUFTMASSEN	WARM					GEM.		KALT		
SFERICS in kHz	10 28	10	10 28	10 ++	10 +++			28 +++	28 ++	28 10
Wetterprozesse	⬇		↗	⤴	Wf	⤴	Oc	Kf	↱	↷
Psychische Störungen	●									
Reizbarkeit		●			○					
Schizophrenie		●	○	●						
Depressionen				○	○	●				
Hypotonie		○			●					
Neurosen				○	●	○				
Suizide		○		○						
Erkältungen	○				○					
Entzündungen					●	○				
Pneumonien				○						
Bronchitis		○								
Blutungen		●		○	●					
Thrombosen				●	○					
Glaucome					●			○		
Unfallmaximum				●	○	●			○	
Beschwerden allgemein		●			○					○
Herzinfarkt		○		○	●	●	○	○		
Embolien				●	●	●	○	○		
Schlafstörungen		●			●	●		○		
Spasmen		●			○			●		
Migräne				○						
Kopfschmerzen allgemein		○		○	○	○		○		
Schmerzmaximum					●	●		●		
Reaktionszeit					●		●	○		
Herztod					●			●		
Frühgeburten										
Herzbeschwerden						○	○	●		
Magenperforationen					○	○	○	●		
Diabetes								●		
Rheuma/Arthritis								○	○	
Schlaganfallmaximum								●	○	
Epilepsie								○		
Koliken								○	●	
Angina pectoris								●	●	

und Stimmungslagen wie Depressionen, Aggressionen, Suizidgedanken oder Euphorie hervorgerufen. Sogar unser Bewusstsein kann sich im Zuge der Sonnenanomalien verändern.

Das Nervensystem ist eng mit dem Herz-Kreislauf-System verbunden. Jeder Mediziner weiß, welche bedeutende Rolle das Nervensystem bei der Regulierung und Steuerung aller Prozesse spielt, die im Organismus des Menschen und höherer Tiere vor sich gehen. Demzufolge ist es nicht erstaunlich, dass sich der Sonneneinfluss gleichzeitig sowohl auf die Nerven als auch auf das Herz des Menschen auswirkt.

DAUERFEUER AUS DEM ALL UND DIE
KONKRETEN AUSWIRKUNGEN IM ALLTAG

An den aktiven Sonnentagen erscheinen in den Krankenhäusern wesentlich häufiger als gewöhnlich Hilfesuchende mit neuralgischen Beschwerden, mit Stenokardieanfällen (Herzkrämpfen) und Migräne. Bereits 1925 zeigte Prof. Tschishewski auf der Grundlage einer umfassenden Erhebung (45 000 Beobachtungen), dass sich in fast 40 Prozent aller Fälle das Nervensystem synchron mit der Aktivität der Sonne gereizt zeigt. Später wurde dies durch zahlreiche Arbeiten aus der ehemaligen Sowjetunion, Russland, den USA und anderen Ländern bestätigt. Inzwischen besteht kein Zweifel mehr daran, dass auf Sonneneinflüsse vor allem das Nervensystem – also der auf äußere Einwirkungen am empfindlichsten antwortende Teil des menschlichen Organismus – reagiert.

Zur kurzen Erklärung: Das Zentralnervensystem wird bei den Menschen und bei Wirbeltieren durch das Rückenmark und das Gehirn gebildet. Die Zellkörper der für die Motorik und unsere Organe zuständigen Neurone liegen darin. Daneben existiert das periphere Nervensystem, zu dem alle Nervenbildungen zählen, die außerhalb des Zentralnervensystems liegen. Dazu gehören die Zellkörper der für unsere Empfindungen zuständigen sensiblen Neurone. Zentrales und peripheres Nervensystem sind gewissermaßen die materielle Basis der Psyche des Menschen. Ist ein Mensch psychisch krank, weist das auf ein verletztes oder nicht voll funktionsfähiges Nervensystem hin.

Anhand von Beispielen werde ich auf den folgenden Seiten zeigen, wie sehr die Sonne auf die Nerven wirkt. Hierbei werden unter anderem bemerkenswerte psychische Veränderungen beobachtet, die medizinisch als »auffällig« klassifiziert werden.

Empfangsorgan Haut

Wenden wir uns zuerst unserer Haut zu, dem Empfangsorgan für die Schwingungen aus dem All. Unser Tastvermögen verbindet uns mit der äußeren Welt. Es beruht vor allem auf der Empfindlichkeit der Haut, die insbesondere dadurch gegeben ist, dass in der Oberhaut des Menschen eine Vielzahl von Nervenenden konzentriert ist. Außerordentlich sensibel antworten diese sogar auf geringfügige Energieveränderungen der Umwelt. Mit Hilfe des gesamten Nervensystems überführen sie die Energie der äußeren Reize in das Bewusstsein. Die Haut ist eng mit jedem der inneren Organe verbunden.

Den Physiologen ist bekannt, dass an der Oberfläche der Haut elektrische Ladungen existieren. Besonders jene Nervenzellen, die an der Hautoberfläche konzentriert sind, sind für die Aufrechterhaltung der elektrischen und magnetischen Felder von Mensch und Tier verantwortlich. Wie in einem elektrostatischen Generator baut sich dort eine elektrische Ladung auf. Was zur Folge hat, dass jeder Punkt der Haut ein statisches elektrisches Potenzial (STEP), also ein bestimmtes Niveau elektrischer Energie, aufweist.

Der vorangegangenen Abbildung entsprechend weisen diese Kurven Zusammenhänge zwischen Sferics und vor allem psychischen Symptomen beim Menschen auf. Die Statistik bezieht sich auf in Bayern registrierte Krankheitsverläufe und beschreibt die statistische Relevanz. Interessant ist, dass den Ereignissen Effekte vorausgehen.

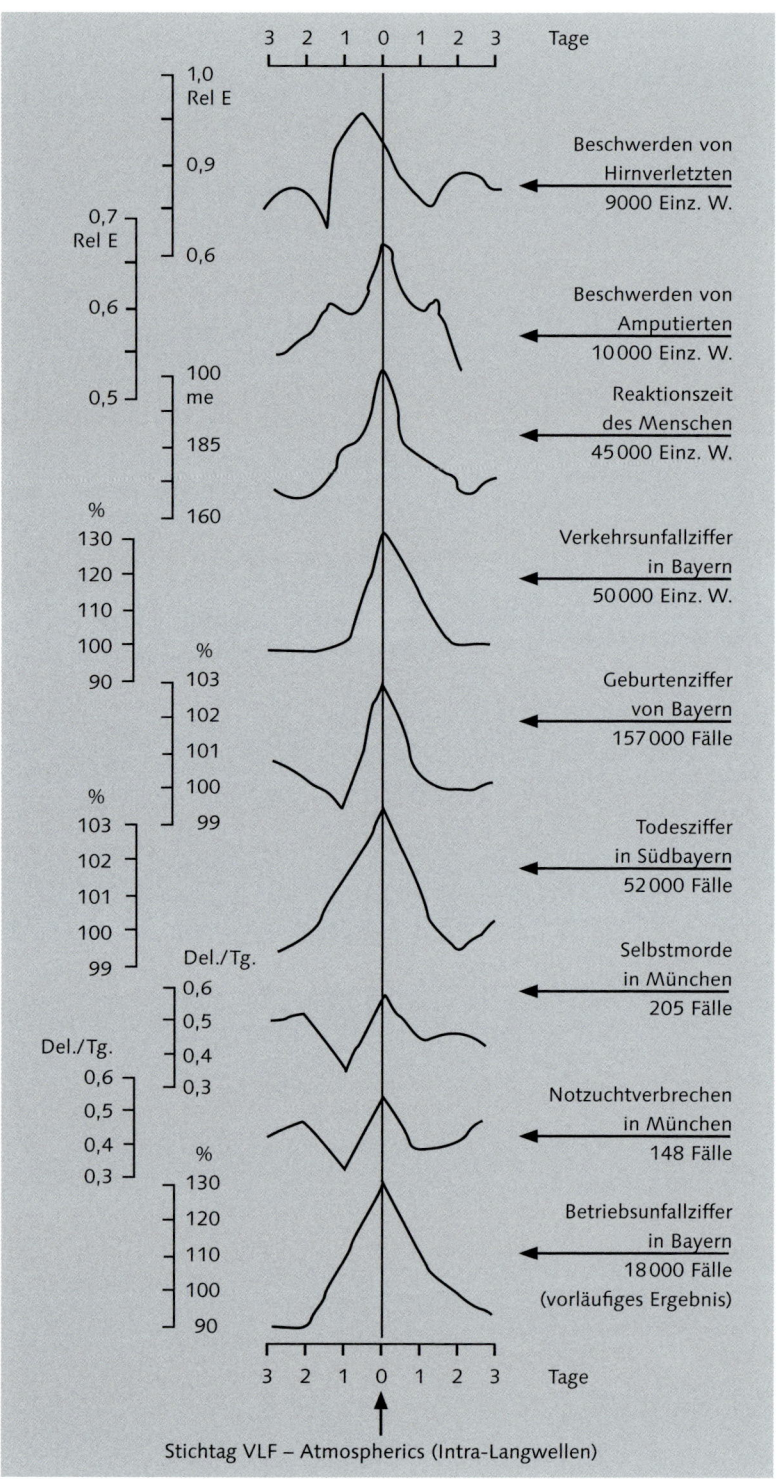

Stichtag VLF – Atmospherics (Intra-Langwellen)

DAUERFEUER AUS DEM ALL UND DIE
KONKRETEN AUSWIRKUNGEN IM ALLTAG

Der ukrainische Wissenschaftler Anatoli Kusmitsch Podschibjakin gilt als Spezialist für die Erforschung der STEPs. Schon 1950 zeigte er, dass an den Punkten der Haut, an denen sich die Nervenenden konzentrieren, die Größe des STEP vom Gesundheitszustand des Menschen abhängt. Entsteht eine ernsthafte Krankheit, verändert sich sofort das STEP. Und zwar nur an den Stellen, die für die jeweilige Krankheit charakteristisch sind. So wurden bei Herzerkrankungen Veränderungen des STEP nur im zweiten und fünften Rippenzwischenraum sowie an bestimmten Stellen des Schulterblattes festgestellt. Patienten mit Bluthochdruck weisen einen unnatürlichen STEP der Haut an der Schläfe auf. In einigen Fällen gelang sogar die Diagnose einer Lungenentzündung anhand der STEP-Messung – vier Tage bevor sie durch andere Symptome oder auf der Röntgenaufnahme in Erscheinung trat.

Erst ein kurioser Zufall führte die Forscher zu unserem Thema. Dr. Podschibjakin bereitete gerade die Veröffentlichung über Diagnosemöglichkeiten durch STEP-Messungen vor, als unvorhergesehene und unverständliche Phänomene seine Arbeit irritierten: Die Größe des Statischen Elektrischen Potenzials untersuchter Hautregionen veränderte sich von Jahr zu Jahr. Zeitweise konnten starke Schwankungen des STEP beobachtet werden, die in keinem Zusammenhang mit einer Erkrankung standen. 1963 stieß der Arzt dann auf das Buch *Die Prognosen der Sonnenaktivität* von J. Witinski. Darin wurde eine Verbindung hergestellt zwischen den bekannten Aktivitätsrhythmen der Sonne (berechnet in der Wolf'schen Relativzahl) und den Schwankungen der STEP.

Podschibjakin und Witinski sind allerdings nicht die ersten, die sich mit den beeindruckenden Korrelationen beschäftigten. Der russische Heliobiologe Alexander L. Tschischewski, der sein Hauptwerk *Die epigenetischen Katastrophen und die periodische Tätigkeit der Sonne* 1930 veröffentlichte, führte bereits in den 1920er Jahren mit Hilfe seiner Kollegen A. P. Lasarew und A. W. Leontowitsch rund 3000 Messungen des STEP durch. Schon damals stellte Tschischewski die STEP-Schwankungen in Relation zu den Schwankungen der Sonnenaktivität fest – und bemerkte ihre völlige Parallelität. Die Sonne, genauer: die Zahl der Sonnenflecken, galt erstmals als eindeutige Ursache für die Veränderungen.

In den 1980er Jahren konnte Prof. Podschibjakin nun sogar nachweisen, dass die menschliche Haut frühzeitig auf eine bevorstehende Erhöhung der Sonnenaktivität reagiert. Bei jenen, die besonders sensibel gegenüber Sonneneinwirkungen sind, beginnt das Potenzial der Haut drei bis vier Tage vor dem jeweiligen Magnetsturm zu wachsen. Bei normal konstituierten Menschen halbiert sich die »Vorwarnzeit«. Man könnte die Haut also als eine Art Sensor bezeichnen, der es ermöglicht, zwischen zwei und vier Tagen in die Zukunft zu schauen.

Der Einfluss der Sonne auf das Nervensystem

Das STEP-Phänomen muss logischerweise Auswirkungen auf das menschliche Nervensystem und damit auf Psyche und Emotionen haben. Prof. Tschishewski ordnete die Zahl der Sonnenflecken nach ihrer chronologischen Abfolge und verglich sie mit den Verhaltensauffälligkeiten seiner Probanden. Die Vermehrung der Flecken stand in eindeutiger Korrelation zu der erhöhten nervlichen Erregung und den daraus resultierenden starken Emotionen. Es konnte sogar ein vierwöchiger Zyklus – er kommt der Sonnenrotationsdauer um ihre eigene Achse nahe – festgestellt werden.

Das Ergebnis bestätigte später eine Kooperation mit dem Mediziner Dr. A. S. Solowjew, den Tschishewski gebeten hatte, das Verhalten einer Gruppe geistig behinderter Kinder zu beobachten. Auch in diesem Fall stimmten die Phasen zunehmender Sonnenflecken mit den Zeiten überein, zu denen sich die Kinder prügelten oder zumindest ausrasteten.

Von vergleichbaren Übereinstimmungen berichtete der Gerichtsmediziner Professor Wladimir Pawlowitsch Dessjatow aus Tomsk, der gewisse Gesetzmäßigkeiten bemerkte. »An bestimmten Tagen und in einigen Perioden war das Leichenschauhaus überfüllt, an anderen war es normal belegt, und manchmal war es durchweg leer,« wird er von Tschishewski zitiert. Die überdurchschnittlichen Einlieferungen entsprachen dem Auftreten starker Sonnenausbrüche sowie der erhöhten Aufladung der Ionosphäre, die ebenso zu Radiostörungen führt.

Dessjatow nahm sich vor, die genauen Todesursachen der Personen zu eruieren, die in den Phasen starker Sonnenaktivität eingeliefert wurden. Die Gründe waren höchst unterschiedlich, viele fanden allerdings bei Unfällen den Tod. In der genaueren Analyse wollte der Mediziner herausfinden, welchem Charaktertyp die Verstorbenen zuzuordnen waren. Hatte er es mit den sterblichen Überresten eines lebenslustigen Sanguinikers, eines drögen Phlegmatikers, eines leicht reizbaren Cholerikers oder eines trübsinnigen Melancholikers zu tun? Durch Befragungen der Hinterbliebenen konnte Dessjatow die Toten kategorisieren. Seine Erkenntnis: Die eindeutige Mehrheit der bei »Überfüllung« des Leichenschauhauses Eingelieferten war den gemütsmäßig labilen und generell nervlich stark überlasteten Cholerikern und Melancholikern zuzuordnen.

Diese Auswertung Dessjatows bestätigte auch der britische Mediziner Morrel, der auf einem Kongress in Dublin über den Einfluss der Sonnenstürme auf Morde, Epilepsien und Selbstmorde referierte. Alle drei Aspekte, so Morrel, hätten eine gemeinsame Ursache: die solarbedingte Veränderung des nerval-psychischen Apparats des Menschen.

Der Russe Tschishewski legte weitere Fakten vor in seiner Arbeit *Über die Beziehung von periodischer Sonnenaktivität und Kriminalität*. Darin bezieht er sich abermals auf den Gerichtsmediziner Dessjatow,

Nordlicht mit Schneesturm – Naturschauspiel in Tromsö. So schön, so schlimm. Mit bloßem Auge können in Norwegen regelmäßig die Einflüsse des Kosmos auf die Erde beobachtet werden. Möglicherweise hängt die hohe Selbstmordrate in dem skandinavischen Land nicht nur mit der längeren Dunkelheit zusammen, sondern zusätzlich mit den spezifischen Feldbedingungen, die in diesen Regionen vorherrschen.

DAUERFEUER AUS DEM ALL UND DIE
KONKRETEN AUSWIRKUNGEN IM ALLTAG

der herausgefunden hatte, dass sich Menschen mit einem schwachen Nervensystem, aber auch chronische Alkoholiker nach einem Sonnenausbruch äußerst niedergeschlagen fühlen. Das Ergebnis ist eine Steigerung der Selbstmordrate um das Vier- bis Fünffache in den ersten 48 Stunden nach der Sonneneruption – im Vergleich zu den ruhigen

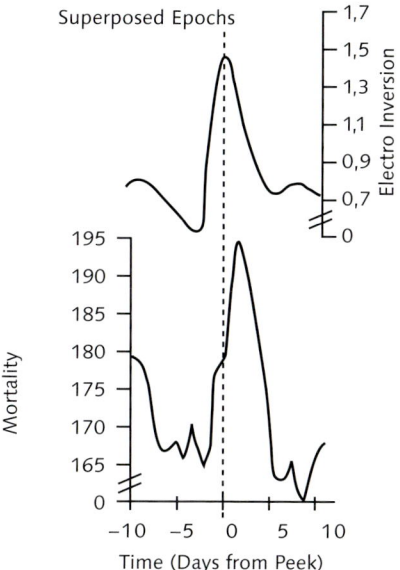

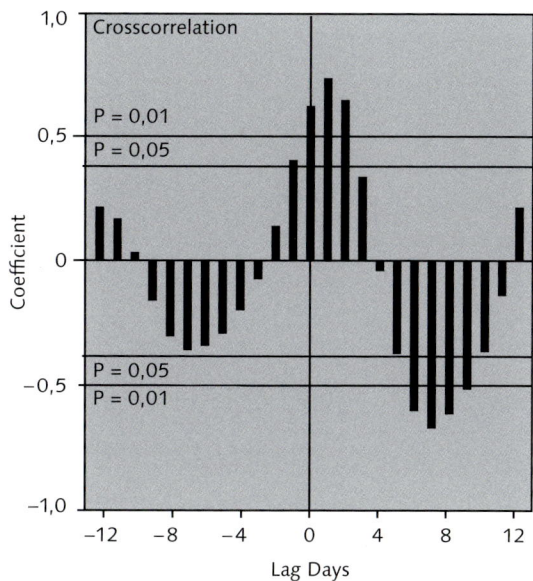

Die Diagramme zeigen Kreuzkorrelationen zwischen solaren Magnetstürmen und irdischer Mortalitätshäufigkeit. Die zugrunde liegenden Daten erhoben die Forscher Düll und Düll in den 1930er Jahren. Sie wurden 2001 von dem amerikanischen Chronobiologen Franz Halberg mit modernen Analyseverfahren bearbeitet.

Sonnentagen. Probleme des Alltags, die an diesen ruhigen Tagen als unwesentlich angesehen wurden, erwiesen sich an den Tagen hoher Sonnenaktivität als nicht zu bewältigen.

Die direkte Beziehung von Selbstmordraten und solaren Ausbrüchen stellte auch der Forscher T. Düll her. Er verwendete nicht die Zahl der Sonnenflecken als Maßstab, sondern die aus der Sonne aufsteigenden Kalziumflocken. Bei über 45 000 Fällen konnte er eine signifikante Erhöhung der Selbstmorde während erhöhter Sonnenaktivität nachweisen.

Dessjatow ermittelte auch einen Effekt auf Autounfälle. Deren Anzahl war am zweiten Tag nach einem Sonnenausbruch um das Vierfache größer als an Tagen einer ruhigen Sonne. Dieses Ergebnis konnten die deutschen Wissenschaftler K. Werner aus Hamburg und R. Reiter aus München bestätigen. Reiter stellte 1954 und 1955 seine Nachforschungen an und sah, dass sich die Reaktionsfähigkeit der Menschen auf Signale um das Vierfache verlangsamte, sobald die Hauptmenge der solaren Ladungsträger die Erde zwei Tage nach der Sonneneruption in einem Magnetsturm erreichte. Besonders deutlich spiegelte sich diese Ursache in der Statistik bei den schweren Autounfällen wieder. Bemerkenswert war, dass bei Glatteis und Nebel die Zahl der Verkehrsunfälle fast nicht anwuchs. Es ist davon auszugehen, dass an diesen

Tagen die Autolenker sowieso besonders vorsichtig und konzentriert unterwegs gewesen waren.

Nicht nur Autobahnen, Krankenhäuser und Leichenhallen können als Beweisträger des Sonneneinflusses auf den Menschen dienen. Auch die Nervenheilanstalten zeugen von der Kraft der Sonne auf die Psyche.

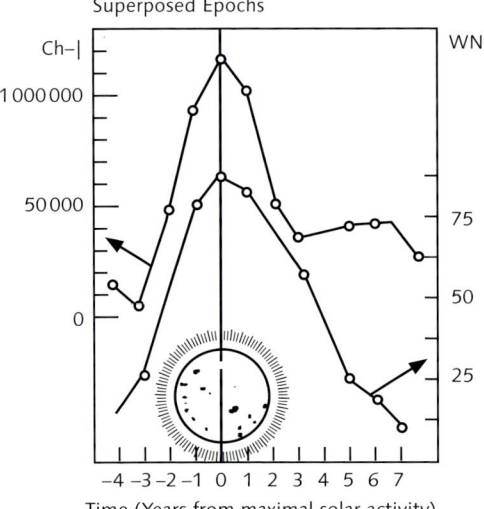

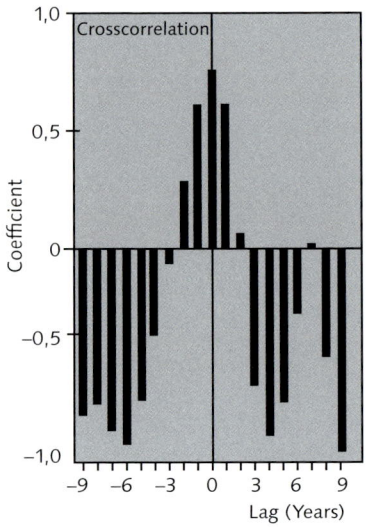

Auch diese Daten wurden von dem NASA-Wissenschaftler Franz Halberg bearbeitet. Sie basieren auf Erhebungen des russischen Forschers Tschischewski in den 1940er Jahren und dokumentieren Kreuzrelationen zwischen von der Sonne ausgehenden Magnetstürmen und der Cholera-Häufigkeit in Moskau im Zeitraum 1823 bis 1923.

In einer 1994 im *British Journal of Psychiatry* veröffentlichten Studie heißt es, zwei Wochen nach einem geomagnetischen Sonnensturm würden bis zu 45 Prozent mehr manisch-depressive Patienten in Nervenkliniken eingeliefert als sonst. Die Forscher führten diesen Zusammenhang auf komplexe Interaktionen zwischen der Zirbeldrüse und Magnetfeldern zurück.

Eine von den Ärzten Howard Friedman, Robert Becker und Charles Bachman initiierte Untersuchung von 28 642 Einlieferungen in acht große psychiatrische Kliniken in New York City zwischen 1957 und 1961 hatte zum Ergebnis, dass die Patientenzahlen im Nachklang magnetischer Stürme aus dem All merklich anstiegen.

In der weiteren Vergangenheit allerdings wurde nicht an diese Korrelationen gedacht. Erst in der Nachbetrachtung können wir uns einige Auffälligkeiten in der medizinischen Historie erklären. Viele Jahrhunderte galten Menschen mit psychischen Auffälligkeiten als vom Teufel oder von Dämonen Besessene, die es auszugrenzen oder zu eliminieren galt. Diese Vorurteile hemmten die Entwicklung einer Psychiatrie als Wissenschaft. So wurde beispielsweise nicht erkannt, dass psychische Zerrüttungen auch auf der Basis von Infektionskrankheiten wie der Grippe, der Cholera oder der Ruhr entstehen. Epidemien dieser Infektionskrankheiten wurden manchmal von Massenpsychosen, also psychischen Epidemien, begleitet. Beispiele aus den Zeiträumen von 1830 bis 1832 sowie 1892 bis 1893 zeigen, wie jene psychischen Epidemien

DAUERFEUER AUS DEM ALL UND DIE
KONKRETEN AUSWIRKUNGEN IM ALLTAG

parallel zu den Phasen großer Sonnenaktivität verliefen. Sogenannte Cholerarebellionen ergriffen damals Russland und andere Staaten wie Ungarn und England. Als die Cholera wütete, machten in Russland Gerüchte die Runde, dass die Regierung die Gesunden vergiften würde. Es kam zu Ausschreitungen, schier irrsinnige Menschen drangen nachts in Krankenhäuser ein, verprügelten Ärzte und versuchten, die Kranken zurück nach Hause zu bringen. In England gingen die Rebellionen sogar so weit, dass Friedhöfe gestürmt und Tote ausgegraben wurden, da es hieß, man habe noch Lebende bestattet. Ähnliche Szenen spielten sich in Spanien und Italien ab. In Sizilien kam es infolge der Cholarabellion zu wahren Blutbädern. All dies – wie auch zahlreiche vergleichbare Peststürme – geschah in den Jahren maximaler Sonnenaktivität.

Effekte auf kulturelle und künstlerische Prozesse

Prof. Tschishewski wollte wissen, ob möglicherweise auch andere psychische Epidemien existieren, die nicht mit massenweisen Infektionskrankheiten verbunden sind, aber im Zusammenhang mit entsprechenden Sonnenaktivitäten stehen. Anhand geschichtlichen Materials von frühesten Zeiten bis in unsere Tage zeigte er, dass ungefähr 72 Prozent aller Fälle epidemisch verbreiteter Massenpsychosen in den Jahren des Maximums der Sonnenaktivität auftraten. Um sich der Tragweite bewusst zu werden, möchte ich hierzu einige Beispiele aufführen:

Tarantella ist den meisten als populärer neapolitanischer Tanz bekannt. Aber nicht allen dürfte bekannt sein, dass der Name des Tanzes mit psychischen Massenepidemien verbunden ist, die Italien gegen Ende des 15. Jahrhunderts erschütterten. Wieder fing alles mit einem Gerücht an. Es hieß, dass Menschen durch den Biss der Tarantel, einer in den Mittelmeergebieten verbreiteten, rund drei Zentimeter großen Spinne, einen »Muskelwahnsinn« bekämen. Vor starken Schmerzen müssten sie sich in Krämpfen krümmen. Das einzige Heilmittel sei der rasende Tanz zu den Klängen der Geigen, Flöten und Gitarren. Entsprechend verbreiteten sich diese wilden Tänze über ganz Italien, und auch die große Mehrheit der gar nicht von der bösartigen Spinne Gebissenen wurde von der Raserei des Tanzes erfasst. Der Anblick der Tarantella-Tanzenden erwies sich als starke psychische Stimulanz auf große Teile des Volkes. Besonders in den Jahren erhöhter Sonnenaktivität verstärkte sich dieser Effekt.

Wilde Tänze psychisch kranker Menschen lassen sich im Verlauf der Geschichtsschreibung nachweisen, beginnend mit den Tänzen zu Ehren des Bacchus und anderer Götter. Diese »Erkrankungen« – in psychologischen Lehrbüchern auch »Veitstänze« genannt – nahmen teilweise völlig entartete Formen an. 1418 verfiel ganz Paris in den Taumel eines geradezu irrsinnigen Tanzes. Die Menschen wirbelten bis zur völligen Erschöpfung auf Straßen und Plätzen, auf Dächern, Balkonen und Friedhöfen. Im 16. Jahrhundert erfassten ähnliche Phänomene Lissabon.

Wer hätte gedacht, dass die Popularität des hier dargestellten italienischen Tarantella-Tanzes zusammenhängt mit kosmischen Ereignissen. Die psychisch stimulierenden Effekte der körperlichen Raserei verstärkten sich in den Phasen starker Sonnenaktivität.

N.° 71 – Tarantella Sorrentina   E. Ragozino Edit.

Weitere psychische Epidemien standen häufig unter dem Einfluss religiöser Prophezeiungen. So durchlebten Menschen, die das Ende der Welt kommen sahen, nachweislich vom Mittelalter bis ins 20. Jahrhundert Massenhalluzinationen wie Massenhysterien und begingen kollektiven Selbstmord. Als 1910 der Halleysche Komet nahte, stellten sich psychische Massenepidemien ein, Menschen gruben ihre Gräber, um sich rechtzeitig hineinzulegen.

Erwähnt seien auch die Fallsuchtepidemien, die vor allem im religiösen Kontext während Gottesdiensten auftraten, also epileptische Anfälle begleitet von hysterischen Schreien. Charakteristisch scheint, dass fast alle der Wissenschaft bekannten Fallsuchtepidemien in den Jahren einer erregten Sonne zu verzeichnen waren. Dasselbe gilt für das Auftreten massenhafter Schizophrenien sowie der Selbstmordepidemien, die beispielsweise Frankreich im Jahre 1836 und Österreich im Jahre 1860 heimsuchten.

Man könnte meinen, dass die Sonne ausschließlich negative Auswirkungen auf die Menschheit hat. Dem ist aber eindeutig nicht so. Die Sonne beeinflusst ebenso die Kreativität auf dem Planeten Erde.

Von elementarer Bedeutung ist der Sonnenwind, der einen Schutzschirm bildet, ohne den die Entwicklung und Aufrechterhaltung von Leben nicht möglich wäre. Welche Strahlungsformen der Sonne für den Menschen existenziell wichtig sind, wird wohl erst die zukünftige Forschung in vollem Umfang erkennen. Die umfangreichen Ergebnisse aber, die sich aus den zahlreichen Korrelationen ergeben, lassen den berechtigten Schluss zu, dass die Aktivität der Sonne als Auslöser kosmischer Kreativität angesehen werden kann.

Kreativität und Sonneneinfluss

Die Einheit von Masse, Energie und Information, die das kosmische Entwicklungspotenzial repräsentiert, spricht dafür, dass der Informationsfluss – vom galaktischen Zentrum über die Sonne bis zu Erde – durch besondere Strukturen der Sonnenaktivität qualitativen Einfluss auf die menschliche Kreativität nimmt. Dies ist im Sinne des Naturwissenschaftlers Tomaschek zu verstehen, der sagte, dass es überall dort Entwicklungsanstöße geben würde, »wo die Entwicklungssituation günstig für die Aufnahme eines Entwicklungskeims ist, ganz gleich, ob es sich um die Psyche eines Künstlers oder die eines Wissenschaftlers handelt, der auf der Schwelle zu neuen Einsichten oder Erkenntnissen steht.«

Ist es nicht bemerkenswert, dass immer wieder ähnliche Entwicklungstendenzen gleichzeitig in den verschiedensten Lebensbereichen auftauchen und manchmal sogar zu identischen Ergebnissen führen? Der direkte Nachweis solcher Zusammenhänge erweist sich als schwierig. Merkmale der Kreativität, die Arthur Koestler in seinem Werk *Der göttliche Funke* gegeben hat, sind zeitlich schwer zu fixieren und werden in der Literatur, soweit sie überhaupt existiert, nicht anhand von Daten zitiert.

Natürlich gibt es Glücksfälle. So schrieb Descartes am 10. November 1619 die Grundrisse der modernen wissenschaftlichen Methodik in sein Tagebuch, oder Carl Friedrich Gauß löste nachvollziehbar am 30. März 1796 die Problematik des regelmäßigen Siebzehnecks, nur fehlt es für diese Tage an detaillierten und zuverlässigen Daten zur Sonnenaktivität. Die liegen erst seit 1825 vor. Im Übrigen kommt es bei solar-terrestrischen Einflüssen auf einzelne energetische Sonneneruptionen an, die fortlaufend erst seit Anfang der 1930er Jahre beobachtet werden können. Berichte über Protonenflares liegen erst seit 1942 vor, und die Beobachtung von Röntgenstrahlungsausbrüchen läuft erst seit 1970. Es gibt zahlreiche Berichte prominenter Zeitzeugen, die an ganz bestimmten Tagen erweckungsgleiche Erlebnisse hatten. Sie spürten Impulse undefinierbarer Herkunft, die große Erkenntnisse oder tiefgreifende Wandlungen auslösten.

In seinem Buch *Biologische Basis der Glaubenserfahrung* berichtet Carl Friedrich von Weizsäcker vom indischen Yogi Gopi Krishna, der während einer Kundalini-Yoga-Einheit eine überwältigende Erfahrung machte – und zwar Weihnachten 1937. Aus vorhin erläuterten Gründen liegen für dieses Datum keine gesicherten täglichen Zahlen vor. Was jedoch bekannt ist, ist die intensive Sonnenaktivität, die 1937 wieder einmal eines ihrer Elf-Jahres-Hochs erreichte. Auch 1905 wurde nachweislich von einem Sonnenmaximum bestimmt. Es ist das Jahr, in dem Albert Einstein seine Spezielle Relativitätstheorie in der Fachzeitschrift *Annalen der Physik* einreichte. Ähnliches bei Werner Heisenberg. Er schilderte in seiner Autobiografie *Der Teil und das Ganze*, wie ihm am 8. Juni 1925, einer Phase hoher Sonnenaktivität, der Durchbruch zum Grundkonzept der Quantenmechanik gelang. Er schrieb: »Im ersten Augenblick war ich zutiefst erschrocken. Ich hatte das Gefühl, durch die Oberfläche der atomaren Erscheinungen hindurch auf einen tief darunter liegenden Grund von merkwürdiger Schönheit zu schauen, und es wurde mir fast schwindelig bei dem Gedanken, dass ich nun dieser Fülle von mathematischen Strukturen nachgehen sollte, die die Natur dort unten vor mir ausgebreitet hatte. Ich war so erregt, dass ich an Schlaf nicht denken konnte. So verließ ich in der schon beginnenden Morgendämmerung das Haus und ging an die Südspitze des Oberlandes, wo ein allein stehender, ins Meer vorspringender Felsturm mir schon immer die Lust zu Kletterversuchen geweckt hatte. Es gelang mir ohne größere Schwierigkeit, den Turm zu besteigen, und ich erwartete auf seiner Spitze den Sonnenaufgang.«

Natürlich erscheinen die letzten Positivbeispiele nicht sonderlich repräsentativ, um hieraus eine seriöse Ableitung vornehmen zu können. Bedenken wir jedoch, dass Ereignisse nicht weniger real sind, nur weil uns ein direkter Nachweis hierfür schwer zugänglich ist.

Die gesicherten Nachweise über den Einfluss der Sonne – durch elektromagnetische Felder – auf unterschiedliche Stimmungs- und Bewusstseinslagen haben eines gemeinsam: Sie verändern die entsprechenden Neurotransmitter und unseren Hormonhaushalt. Der gleiche Mechanismus vollzieht sich ebenso während der bewusstseinserweiternden Zustände. In diesen Fällen werden die psychoaktiven Transmitter wie 5meoDMT oder Dimethyltryptamin angesprochen. Bekanntermaßen werden in der Zirbeldrüse unter anderem die Grundwirkstoffe produziert, die für die höheren Bewusstseinszustände benötigt werden. Auch dass unsere Zirbeldrüse sensibel an das Erdmagnetfeld gekoppelt ist, konnten wir bereits erkennen. Der hauptsächliche Anteil dieser elektro-chemischen Umwandlungsprozesse wird unmittelbar hinter unserer Stirn vollzogen. Dieses Empfangsorgan, auch drittes Auge genannt, ist ebenfalls maßgeblich an unseren Träumen beteiligt. Bei Yogis und Heilern konnte beispielsweise festgestellt werden, dass in ihren aktiven Zuständen – der Trance beziehungsweise der Heilung – die Zirbeldrüse in auffälliger Weise aktiv ist und entsprechende Transmitter produziert.

Mit sehr hoher Wahrscheinlichkeit finden Inspirationen ebenso häufig statt wie die Erscheinungen, die wir als negativ klassifizieren. Die Schwierigkeit liegt lediglich in unserer direkten Wahrnehmung dieser Einflüsse. Das Hindernis ist die Selektion zwischen den »normal ablaufenden« und den »übergeordneten« Einflüssen. Es erscheint nur allzu logisch, dass wir weitaus öfter mit Inspirationen gefüttert werden, als wir es uns eingestehen wollen.

Von Physiknobelpreisträger Werner Heisenberg stammt der wunderbare Satz: »Der erste Schluck aus dem Becher der Wissenschaft bringt den Atheismus. Doch auf dem Boden wartet Gott.« Seine dahin gehenden Erkenntnisse hatte er nachweislich in einem Jahr hoher Sonnenaktivität, im Sommer 1925.

DAUERFEUER AUS DEM ALL UND DIE
KONKRETEN AUSWIRKUNGEN IM ALLTAG

Auf der Suche nach dem freien Willen und dem Allschöpfer

Alles in der Natur verläuft nach geordneten Gesetzmäßigkeiten. Der Zufall beziehungsweise das Chaos dient lediglich als Grundlage für Veränderungsprozesse, die sich zu hoch geordneten Systemen ausprägen. Naturgemäßes Erschaffen ist durch das Wechselspiel von Chaos und Ordnung geprägt. Lebewesen müssen, um sich neu zu ordnen, phasenweise ins Chaos zurückkehren. Damit die Ätherkräfte in der Materie wirksam werden können, muss diese einen relativ formlosen, chaotischen Zustand annehmen, um zur empfänglichen Matrix zu werden. Die entsprechenden Erscheinungen auf Gewebe- und Zellebene sind Biologen wohlbekannt. Der russische Chemiker Ilya Prigogine erhielt den Nobelpreis für seine Entdeckung, dass chaotische Systeme im Zustand ihrer höchsten Unordnung in ein hoch geordnetes System umschalten. Ganz offenbar liegt diesen Prozessen ein übergeordneter Regel- und Steuerbereich zugrunde, wobei deren Örtlichkeit aus der uns bekannten Raumzeit herausfällt.

Natürliche Prozesse entwickeln sich vom Chaos zur Ordnung. 1889 gilt als Geburtsjahr der Chaosforschung, doch erst Computer konnten die komplexen Gleichungen berechnen. In den 1960ern entdeckte Mathematiker und Meteorologe Edward Norton Lorenz den Schmetterlingseffekt, in den 1980ern Mathematik-Professor Mario Markus die hier dargestellte visuelle Ästhetik im Chaos.

Mit anderen Worten: Die Natur erfüllt einen sinnbehafteten Zweck, welcher aus der Perspektive seiner Bestandteile allein nicht beobachtet werden kann. Dieser sinnbehaftete Zweck bedient sich offenbar der Materie. Dies würde erklären, weshalb sich materielle Systeme wie von unsichtbarer Hand gelenkt nach festgelegten Strukturen zu richten scheinen. Elementarteilchen formieren sich so zu hochkomplexen atomaren, molekularen und biologischen Systemen. Möglicherweise wäre dies auch die Begründung für menschliche Entscheidungen, die nicht unserem freien Willen entsprechen. »Alles Verhalten und unsere sämtlichen Entscheidungen,« sagt der Direktor des Max-Planck-Instituts für Hirnforschung in Frankfurt, Prof. Wolf Singer, »sind den neuronalen Vorgängen nachgängig.«

Was denkt für uns?

Ist dem so, stellt sich natürlich die Frage, wer oder was für uns denkt. Der Neurologe Benjamin Libet gilt als Galionsfigur des Determinimus. Seine Forschungen beschäftigen sich hauptsächlich mit der menschlichen Willensfreiheit. Die herausragenden Ergebnisse seiner Experimente: Das Gehirn beginnt unbewusst bereits bis zu 1,5 Sekunden vor einer willkürlichen Handlung einer Versuchsperson entsprechende Wellen auszusenden. Die Absicht zu handeln entsteht also aus einer Aktivität, die nicht Teil unserer bewussten Wahrnehmung ist. Das Bewusstwerden beginnt erst zwei Zehntel Sekunden vor Beginn der Bewegung. Nur in dieser extrem kurzen Zeit des Bewusstwerdens kann der Handlungsimpuls noch gestoppt werden. Diese von vielen anderen Forschern bestätigte Erkenntnis erscheint grotesk und vernichtend zugleich. Sind wir dazu verdammt, in einem deterministischen System als Funktionseinheiten unser Leben zu fristen? Wunderbarerweise scheint das nicht grundsätzlich der Fall zu sein. Wenn wohl auch der überwiegende Teil unseres bisherigen Lebens durch deterministische Systeme geprägt und damit fremdbestimmt wurde, so existieren doch auch Momente, in denen wir selber Herr unserer Entscheidungen, Gedanken und Emotionen sind. Aus der Ebene des ultimativen Beobachters gesehen, welche dem Zustand des Superbewusstseins entspricht, handeln wir durchaus innerhalb unseres freien Willens.

Roger Penrose übernimmt die von Libet in seiner In-Time-Theorie geäußerte Vermutung, dass lediglich die Dauer der Nervenaktivität bestimmen könnte, was bewusst wird. Libet kam zu etwa einer drittel bis einer halben Sekunde notwendiger Vorlaufzeit der unbewussten Nervenaktivität in Form eines Bereitschaftspotenzials, das heißt einer langsam ansteigenden negativen Spannungsverschiebung eines elektrostatischen Feldes, die untrüglich auf eine gleich einsetzende Tätigkeit hinweist. Penrose setzt dann die Dauer der Kohärenz der Mikrotubuli im Gehirn mit der halben Sekunde unbewusster Nerventätigkeit gleich. Damit bringt er den Übergang unbewusster Vorgänge zu bewussten Vorgängen mit den Vorgängen in den Mikrotubuli in Einklang.

Was jedoch denkt durch unser Gehirn? Was ist das Geistige, welches sich über die Programme aus den Hyperräumen hinwegsetzt? Dieses Geistige wirkt nicht nur im Mikrobereich einzelner Teilchen. Auch die makroskopischen dissipativen Strukturen sind eine Möglichkeit, implizite Ordnung in raumzeitliche Manifestation zu transformieren, wie Prof. Karl Pribram von der Stanford University meint. Er erweiterte David Bohms holografische Theorie auf die Gehirnforschung. Im kohärenten Verhalten, in das die Materie bei den Nichtgleichgewichts-Phasenübergängen überwechselt, manifestiert sich ein geistiges, bewusstseinsähnliches Prinzip wie in der Unschärferelation. Tatsächlich ist davon auszugehen, dass man es bei den dissipativen Strukturen im Grunde mit makroskopischen Quantenphänomenen zu tun hat. Dahinter steht wohl letztlich Quantenlogik der Bose-Kondensation.

Gelenkte Intelligenz

Wie erreiche ich nun den Zustand, meine wahrhaft eigenen Entscheidungen zu treffen? Unser Gehirn verdanken wir einem evolutionären Prozess. Hinsichtlich der Basisfunktionen hat sich seit Anbeginn der Entwicklung von Nervensystemen so gut wie nichts geändert. Die Nervenzellen, die in der Großhirnrinde des Menschen vorkommen, sind auf molekularer Ebene identisch mit denen der Meeresschnecken. Auch die Funktionsweise der Nervenzellen ist nahezu unverändert erhalten geblieben. Lediglich der Differenziertheitsgrad und die Komplexität der Nervennetze haben sich verändert. Zwischen der Ratte und dem Menschen ist die Volumenvermehrung der Großhirnrinde (Neuronen) zu erkennen.

Die aus der Evolution entstandenen und ausgeprägten Neuronen stellen die elementare »Hardware« für unsere Denk- und Wahrnehmungsprozesse dar. Dass die Naturgesetze an dieser Stelle besonders konservativ vorgegangen sind, hat sicherlich einen guten Grund. Wenn nun die Neurobiologen aus ihren Forschungsergebnissen ableiten, dass kein mentales Agens existiert, dann wird uns jedoch erstaunen, wie sie zu diesem Schluss gekommen sind. Ihr Kernargument hierfür lautet, dass Wechselwirkungen nur aufgrundlage von Energieaustausch möglich sind. Professor Wolf Singer sagt dazu: »Wenn Wechselwirkungen mit etwas Materiellem zustande kommen sollen, dann auch der Wechselwirker, mit dem er Energie austauschen muss. Und etwas Mentales hat keine Energie, denn wenn es Energie hätte, dann wäre es wieder etwas Materielles.«

Offenbar wollen die Neurobiologen uns glaubhaft machen, dass unsere geistigen Aspekte ausschließlich durch elektrische und elektrochemische Prozesse gesteuert werden. Tatsächlich wurde bei derart mechanistischen Interpretationsmethoden lediglich die klassische Physik eingebracht. Wenn argumentiert wird, dass Mentales nicht existiert, weil es keine Energie hierfür zu finden gäbe, so sollten wir der Wiederauferstehung des Mentalen doch recht nahe sein. Wenn also eine Wechselwirkung ohne Energieaustausch möglich sein sollte, so wäre hierdurch das Hauptargument der Neurobiologen, »es existiere kein mentales Agens«, das unsere Entscheidungen trifft, entkräftet.

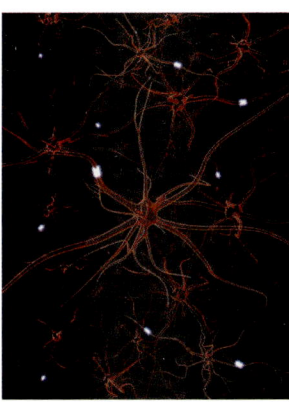

Rund 100 Milliarden Neuronen und 100 Billionen Synapsenverbindungen stecken allein in unserem Gehirn. Die hier hell dargestellten Punkte sind Aktionspotentiale, vorübergehende Veränderungen der Membranspannung. Man kann sie als Informationsfluss bezeichnen.

Wir werden nicht um die Frage herumkommen, ob eine Gemein-samkeit zwischen den zahlreichen Effekten auf atomarer, molekularer und zellularer Ebene besteht, ein Modell, welches uns die tatsächli-chen bio-physikalischen Zusammenhänge beschreibt. Sollten wir dieser Frage ernsthaft nachgehen wollen, müssen wir uns darüber im Klaren sein, dass wir uns hierbei auf ein großes Thema einlassen, handelt es sich doch um nichts Geringeres als die Gralsfrage der Naturwissen-schaft. Es ist die Frage nach der Schnittstelle zwischen Physis und Bios, der Interaktion zwischen Materie und Geist. Im Grunde stellt sich die Frage nach dem Phänomen des Lebens. Bereits bei einer oberfläch-lichen Betrachtung werden wir diese Frage erweitern müssen. Woher kommt die Intelligenz, welche die Elementarteilchen befähigt, das zu tun, was sie in die Lage versetzt, am aktiven Evolutionsprozess des kosmischen Seins teilzuhaben? Welche Örtlichkeit ordnen wir den Elementarteilchen zu? Als die Vertreter des Kleinsten bleiben lediglich zwei Verstecke übrig: in ihrem eigenen Innern oder in ihrem Umge-bungsmedium, dem Raum.

Wenn Chaos sich über den Weg der Evolution zu Ordnung entwi-ckelt, sich Elektronengemeinschaften zu komplexen Molekülen verbin-den, die sich in beabsichtigter Folge zu dem erweitern, das wir als or-ganisch bezeichnen, können wir eine gelenkte Intelligenz nicht länger leugnen. Eine solche Intelligenz zeichnet sich durch Information und Selektion aus. Wodurch sich diese Intelligenz zum Ausdruck bringt, welches Medium sie einsetzt, ist weitestgehend bekannt. Das, was Physiker als Wechselwirkung beschreiben, kennzeichnet die Aus-drucksform dieser Intelligenz. Die elektromagnetischen Wechselwir-kungen sind die elementarsten Kopplungen, die in Lebewesen vor-kommen. Wenn wir etwas fühlen, indem wir beispielsweise die Finger auf eine Flasche klopfen, dann empfinden wir zweifellos die Wechsel-wirkungen zwischen den Elektronenwolken unserer Fingerkuppen und den Elektronenwolken der Flasche. Die Elektronenwolken kommuni-zieren mit Hilfe von Photonen. Wir fühlen also die elektromagnetische Wechselwirkung von Photonen.

Der Physik-Nobelpreisträger Richard Feynman beschrieb bereits in den 1940er Jahren die elektrostatische Wechselwirkung durch den Austausch sogenannter virtueller Photonen zwischen zwei Elektronen. Feynman nannte diese Photonen virtuell, weil sie im Außenraum zwi-schen den beiden wechselwirkenden Elektronen experimentell nicht beobachtet werden können. Aus diesem Grund konnten beispielsweise unsere Hirnforscher auch keine schlüssigen Modelle auf ihrer Suche nach dem mentalen Agens finden, obwohl der Nobelpreisträger John Eccles der Lösung sehr nahe war.

Die komplexe Relativitätstheorie des französischen Atomphysikers Jean E. Charon erlaubt nun ein noch viel tiefergehendes und weitaus komplexeres Verständnis des Mechanismus der elektrostatischen

DAUERFEUER AUS DEM ALL UND DIE
KONKRETEN AUSWIRKUNGEN IM ALLTAG

Wechselwirkung. Die physikalische Eigenschaft der elektrischen Ladung von Elektronen und Positronen wird gerade dadurch verursacht, dass Elektronen und Positronen eine innere Raumzeit-Struktur mit Photonen beziehungsweise Antiphotonen besitzen. Diese innere Raumzeit können wir bereits dem Hyperraum zuordnen. Damit gelangen wir zu einem fundamentalen Verständnis der Entstehung elektrischer Ladungen einerseits und der daraus resultierenden elektromagnetischen Wechselwirkung andererseits. In diesem Wissen liegt der Schlüssel zur Wiederauferstehung des Geistes in der Materie verborgen. Wer sich eingehender mit diesem elementaren Thema beschäftigt, dem erschließt sich eine Quantenwelt, in der Geist und Materie ein und dasselbe sind und Materie als verfestigter Gedanke gilt. Die Quantenphysik widerspricht an keiner Stelle den Erhaltungssätzen, daher ist eine Kritik von dieser Seite recht unplausibel. John Eccles verwendet allerdings die Quantenphysik, um eine mit ihr nicht mehr gültige Ursache-Wirkungs-Hypothese zu untermauern. Eine Aussage wie »der Geist steuert sein Gehirn« bringt uns erkenntnistheoretisch nicht mehr weiter.

Das Diagramm der Dimensionen

Wenn es darum geht, das ganzheitliche Sein zu begreifen, bietet uns das Bild des Zwölfdimensionalen Hyperraums des begnadeten Physikers Burkhard Heim weitaus mehr. Authentischen Suchern möchte ich seine Veröffentlichungen sehr nahe legen. In seinem Diagramm der Dimensionen beschreiben die Folgen X_1 bis X_{12} die Anzahl der Dimensionen. Der Raum R_3 und die Zeit X_4 bilden die Raumzeit R_4. Die Raumzeit R_4 und der Strukturraum S_2 bilden den materiell-energetischen Raum R_6. Der zeitlose Überraum G_4 kann nur durch mathematische Strukturen extrem hoher Symmetrie als Funktionsraum beschrieben werden. Im G_4 und im Informationsraum I_2 sind Materie und Energie nicht definiert. Projektionen zeitloser Strukturen des G_4 in den Raum R_3 – also in unsere Welt – werden im ersten Glied einer Abbildungskette in den Informationsraum I_2 ermöglicht. Von dort gelangen sie zwangsläufig in den Strukturraum S_2 und über die Zeit X_4 in den Raum R_3. Auf diese Weise steuern die Wahrscheinlichkeitsfelder aus dem »geistigen« Überraum G_4 ohne energetischen Aufwand die in der Raumzeit vorhandenen materiell-energetischen Strukturen. Wie auch immer die G_4-Funktionen geartet sind, bei ihrer Abbildung in die Raumzeit über die physische Zeitstruktur erscheinen sie stets als superpositions- und interferenzfähige Wahrscheinlichkeitsamplituden in einer Raumzeit dieser Abbildungen. Als Mensch stellt man primär die Raumzeit der Physis – also materielle und energetische Strukturen – in den Vordergrund, die jedoch ebenso wenig real ist wie die Raumzeit dieser Abbildungen. Die reale Raumzeit ist stets eine Verschränkung der physischen Raumzeit mit der Raumzeit solcher Wahrscheinlich-

Die genialen Wissenschaftler Jean Charon (französischer Physiker und Philosoph), Richard Feynman (US-Physiker) und Burkhard Heim (deutscher Physiker) modernisierten die althergebrachte Newton'sche Physik von Grund auf und konnten über ihre Quantenphysik schlüssige Vorstellungen davon vermitteln, was die Welt wirklich zusammenhält.

keitsfelder, ein Sachverhalt, aus dem sogar die gesamte Quantentheorie herleitbar ist. Das 12. dimensionale Seins-Modell von B. Heim hat einen wesentlich höheren Informations- und Aufklärungswert als die Quantentheorie, die auf keinen Fall fundamentaler Natur ist – wie allgemein angenommen wird.

Die klassische Physik beschreibt alle Prozesse so, als ob sie faktisch wären. Wogegen die Quantentheorie insbesondere in ihrer herleitbaren Form eben eine Physik des Möglichen ist. Der Indeterminismus könnte hier durch die unbekannten Formen der abgebildeten G_4-Funktionen und ihren Zugriff auf das vieldeutige Zeitareal der Raumzeit verstanden werden.

Mit Sicherheit kann der Begriff der Psyche nicht mit den Kategorien raumzeitlicher Physis erfasst werden. Auf jeden Fall ist festzustellen, dass alle materiellen Strukturen je nach Organisationsgrad ihre Komponenten auch in den organisatorischen Dimensionen X_5 und X_6, also im Unterraum S_2, haben. Es scheint jedoch so zu sein, dass im Fall der extremen Komplexität eines lebenden Körpers diese Komponenten entsprechend stark ausgebildet sind. In diesem Transbereich setzt das einen holistischen Faktor als Strukturelement voraus, der die vielfältigen Mechanismen im raumzeitlichen Soma im Sinne eines Holomorphismus zu einer relativ stabilen Einheit koordiniert. Die G_4-Steuerung kann nun über I_2 direkt an diesem Faktor ansetzen, wodurch es im Soma zu einem System kommt, dass die Lebensantriebe des Organismus durch eindeutige Instinkte gesteuert werden. Wenn hingegen – wie dies beim Menschen der Fall ist – die Orientierungen sämtlicher Lebensantriebe wie auch die Leitidee des individuellen Lebens frei wählbar sind, dann liegt der Fall des freien Willens vor. Der jedoch bedingt die Aufhebung der eindeutigen Steuerung aus dem G_4-Hintergrund der Welt.

Die Voraussetzung einer solchen Vielschichtigkeit kann aber nur die Entität eines Persönlichkeitskerns eines Körperlosen sein. Dieser Kern ist als geschlossenes System von Steuerungspotenzen und ihrer Funktionen – also G_4-Strukturen – aufzufassen und definiert als Entität ein Hyperraumvolumen. Dabei wäre zu bemerken, dass der Volumenbegriff auch im nicht-materiellen Bereich der Welt existiert. Der religiöse Begriff hierfür wäre Seele. Wird sozusagen die Biopsyche des erwähnten Holomorphismus im Sinne einer Inkarnation okkupiert, dann erfolgt die mehrdeutige Steuerung und die Äußerung des freien Willens im Wesentlichen aus der Entität dieses Persönlichkeitskerns, der sich als primärer Faktor während der Inkarnationszeit im Körper raumzeitlich darstellt.

Der Bewusstseinsprozess ist ein Geschehen, das weder physisch noch psychisch normal ist. Vielmehr müssen diese Vorgänge als Wechselbeziehung zwischen dem qualitativen psychischen Innenraum und dem quantitativen somatischen Bereich aufgefasst werden. Auf diese

DAUERFEUER AUS DEM ALL UND DIE
KONKRETEN AUSWIRKUNGEN IM ALLTAG

Weise können alle Erscheinungen der Psychosomatik, aber auch alle Phänomene des Animismus, verstanden werden. Offensichtlich verkörpert der Persönlichkeitskern als Entität die eigentliche ich-bewusste und abstraktionsfähige Persönlichkeit eines Menschen. Andererseits ist dieser Persönlichkeitskern als Struktur des nicht-materiellen Bereiches der Welt zeitlos, während die komplementäre Somastruktur zeitlich begrenzt ist.

Dem aufmerksamen Leser dürfte die revolutionäre Bedeutung dieser zugegebenermaßen komplexen zwölfdimensionalen Beschreibung nicht entgangen sein. Indem dieses Modell in logischer Weise unsere dreidimensionale Raumzeit auf eine zwölfdimensionale erweitert, ist hierdurch eine Vereinheitlichung zwischen Geist und Materie gegeben. Das geschieht nebenbei auch mit sämtlichen Naturgesetzen. Physikalische Gesetze treten als Sekundäreffekt in Erscheinung – als Folge entsprechend ausgeprägter Geistesstrukturen. Das heißt, dass sich physikalische Gesetze den Gedanken anpassen.

Die Befreiung des freien Willens

Stellen wir uns dem Postulat, es würde kein mentales Agens existieren, das unsere Entscheidungen trifft, so sind wir nun sicherlich mit einigen handfesten Argumenten ausgestattet, diese Schlussfolgerung außer Kraft zu setzen. Was jedoch offen geblieben ist, sind die unbequem erscheinenden Ergebnisse aus der Neurophysiologie, die uns Menschen einen eigenen freien Willen abspenstig machen wollen.

Wie jedoch gerade dargelegt, existieren Situationen, in denen wir uns durchaus innerhalb unseres eigenen Willens befinden. Unabhängig von den Konditionierungen und genetischen Veranlagungen, die einen Großteil unseres Verhaltens bestimmen, sind zusätzlich neurologische Prozesse am Wirken, die das, was wir als freien Willen beschreiben, erheblich einschränken. Hiervon wird sich jedoch zu lösen sein, indem wir aus dem Zustand innerhalb unseres freien Willens die manipulativen Strukturen durchschauen und durchbrechen. Dass diese naturgemäße Qualität – unser kosmisches Erbe – auch tatsächlich von uns genutzt werden kann, verdanken wir möglicherweise den aktuellen Sonnenanomalien.

Unser gesamter Körper besteht aus Elektronen, die das Alter der gesamten kosmischen Zeit haben. Über Umwandlungsprozesse – wie sie beispielsweise im Innern der Sonne geschehen – werden Elektronen quasi formatiert beziehungsweise in-formiert. Wir können davon ausgehen, dass nahezu alle Elektronen unseres Körpers aus diesen in-formierten Elektronen bestehen. Alle Elektronen, die heute existieren, uns aufbauen und funktionieren lassen, sind in Bruchteilen einer Sekunde nach dem vermutlichen Anfang des materiellen Seins – also bei der Geburt des Kosmos – entstanden. Kein Elektron ist bis heute prinzipiell dazugekommen oder verloren gegangen. Obwohl sich Elektro-

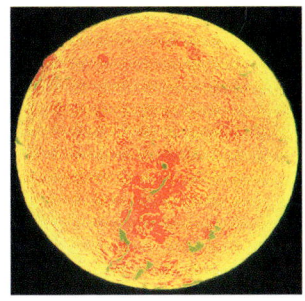

Versetzt uns die Sonne in nächster Zeit in die Lage, unseren freien Willen zu praktizieren? Zu diesem hoffnungsvollen Szenario passen die Hinterlassenschaften der Maya. Die sagten mit Ablauf ihres Tzolkin einen kosmisch induzierten Evolutionssprung voraus, der die Menschheit in die fünfte Dimension befördert.

nen gerne für eine gewisse kurze Zeit in andere Quantenteilchen verwandeln, behalten sie doch ihre Identität. Sie sind absolut unsterblich. Die Wechselwirkung der Elektronen untereinander durch die virtuellen Neutrinos und die realen Photonen sowie ihre Wechselwirkung mit der elektromagnetischen, vom Vakuum getragenen und von unserem Be-

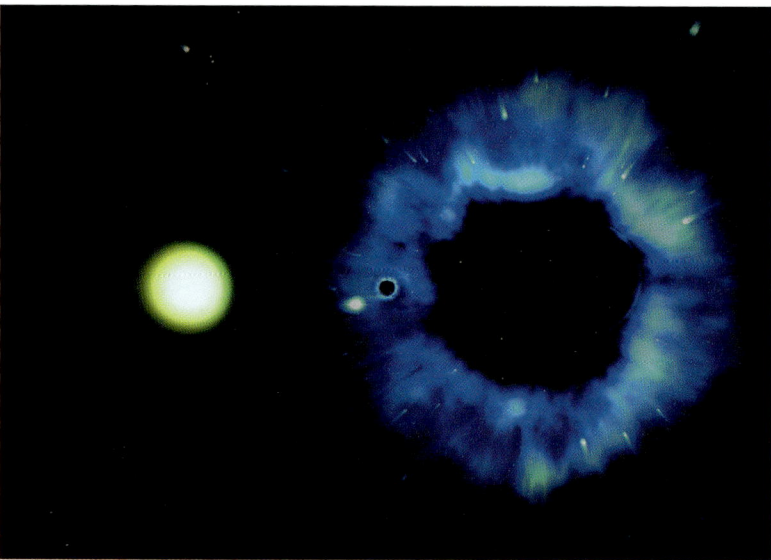

Das Alter unseres Universums konnte durch Messungen des Hubble-Weltraumteleskops inzwischen relativ genau bestimmt werden: 13,75 Milliarden Jahre. Während des sogenannten Urknalls wurden alle Teilchen geboren, die auch heute noch aktiv sind und immer wieder umformatiert werden – wie bei dieser Supernova, dem letzten, gigantischen Aufflackern eines Sterns.

wusstsein modulierten Strahlung bestimmen nahezu alle Ereignisse auf der Welt. Beobachtungen sind keine neutralen Feststellungen eines gegebenen Verhältnisses, sondern aktiv wirksam in der Formung der Wirklichkeit, die beobachtet wird. Das bedeutet jedoch: Beobachtung und Resonanz sind identisch in ihrer Wirkung zur Realitätsbildung.

Man kann sich die Elektronen und Positronen daher als vierdimensionale Kugeln vorstellen, die auf einer vierdimensionalen Fläche, der äußeren Raumzeit, dahinkullern. Die Berührungspunkte dieser Kugeln mit der Fläche sind genau die Orte, an denen sich die jeweiligen Teilchen in der äußeren Raumzeit aufhalten und experimentell beobachtbar sind. Elektronen und Positronen sind also mit Licht beziehungsweise Neutrinos gefüllte innere Schwarzlochstrukturen mit einer vom Außenraum beobachtbaren eigenen Raumzeit.

Mit der Komplexen Relativitätstheorie von Jean E. Charon lassen sich auch geistige Phänomene in fundamentaler Weise in ein physikalisches Modell integrieren. Die speziellen Ableitungen aus Charons Theorie decken sich offenbar mit den Berechnungen der Einheitlichen Massenformel von Burkhard Heim.

Sämtliche Elementarteilchen, die unseren Kosmos aufbauen, enthalten die Dimensionen X_5 und X_6. Es handelt sich also um eine Wechselwirkung von Materie mit immateriellen Signalen, was sicher-

DAUERFEUER AUS DEM ALL UND DIE
KONKRETEN AUSWIRKUNGEN IM ALLTAG

lich ein Grund für die bisherige erfolglose Suche der Hirnforscher nach dem mentalen Agens war.

Ordnen wir also unserem rehabilitierten mentalen Agens den geistigen Aspekten zu, die uns als das »wir selbst« erscheinen. In tätiger Interaktion zu unserer Realität, der »Bühne des Lebens«, spielt die Rolle des Beobachters die Hauptrolle. Tatsächlich wirkt der Beobachter in uns aktiv auf unsere Realität ein. Unabhängig davon, ob wir innerhalb oder außerhalb unseres freien Willens agieren, üben wir einen schöpferischen Einfluss auf unsere Realität aus. Der fundamentale Unterschied jedoch liegt in der Erschaffungsqualität. Ein erwachter Geist bringt wesentlich mehr Wirkanteile in die Realität als ein Geist, der aus festgefahrenen Strukturen wie Routinen und Gewohnheiten agiert.

Über welche Eigenschaften sollte nun ein Beobachter verfügen, um die Beobachtereffekte auszulösen? Die Umschaltung von virtueller auf reale Information und Energie geschieht immer erst lokal durch Beobachtung, Messung, Aufzeichnung, Resonanz und das Zuweisen von Sinn und Bedeutung. Die Quantenphysik entwirft ein Bild von der Wirklichkeit, in der Beobachter und Beobachtetes untrennbar miteinander verbunden sind. Die Auswirkungen der Beobachtung sind für die zum Vorschein gebrachte Realität fundamental und können weder reduziert noch kontrolliert werden. Eine Quantum-Superposition, die von der Umgebung isoliert ist, bleibt in diesem Stadium, bis ein bewusster Beobachter auftritt.

Experimente haben erstaunlicherweise ergeben: Misst eine Maschine Quantensysteme, bleiben die Ergebnisse solange in einer Superposition, bis ein bewusster intelligenter Mensch die Messung der Maschine beobachtet. Es ist also nicht nur das Bewusstsein für das Zusammenbrechen der Wellenfunktion verantwortlich. Sogar Intelligenz ist ein wesentlicher Bestandteil des Schalters. Ungestörte Phänomene sind nur die, die unbeobachtet bleiben. Das unbeobachtete Universum kann daher nicht so verstanden werden, als hätte es eine vom Nachweis völlig unabhängige Existenz.

Der Begriff der Verschränkung

Aus den Berechungen von Quantenphysikern geht hervor, dass zwei Teilchen, die einmal miteinander in Wechselwirkung gestanden haben, offenbar zu Bestandteilen eines unteilbaren Systems werden. Der Nobelpreisträger Erwin Schrödinger hat dafür den Begriff der Verschränkung geprägt. Dieses zunächst hypothetische Konzept ist inzwischen durch zahlreiche Forschungsarbeiten bestätigt worden«. An der École Nationale Supérieure in Paris konnte eine Gruppe um Serge Haroche nachweisen, dass es nicht nur verschränkte Photonen, sondern auch verschränkte Atome gibt. Der Gruppe des Quantenphysikers Anton Zeilinger in Wien gelang es sogar, vier Lichtteilchen miteinander zu verschränken. Eines der spannendsten Experimente, die auf der Verschränkung von Teilchen beruhen, ist die Teleportation von Quanten-zuständen. Grundsätzlich gilt: Unter Verschränkung versteht man, dass Teilchen, die einmal in Wechselwirkung gestanden haben, sich nicht mehr als getrennte Objekte betrachten lassen, selbst wenn sie räumlich weit voneinander entfernt sind. Die atomare Wirklichkeit besteht

Einmal ein Paar, immer ein Paar. Experimente bestätigten die Vermutungen Albert Einsteins: In ein und demselben Prozess erschaffene Lichtquanten weisen stets die gleichen Eigenschaften auf – egal wie weit voneinander entfernt sie sind. Richtung und Polarisation sind ihr Leben lang identisch. Die Quantenphysik spricht vom Verschränkungseffekt.

demnach aus ausgedehnten Quantenobjekten, die nur als Ganzheit beschrieben werden können.

Physikern gelang vor kurzem die Produktion von sogenannten verschränkten Teilchen. Auch hier handelt es sich um einen Quanteneffekt, den sich Albert Einstein mit ein paar Kollegen 1935 zunächst als bloßes Gedankenexperiment ausgedacht hatte. Werden zum Beispiel zwei Lichtquanten gleichzeitig im selben Prozess erzeugt, dann bleiben ihre Eigenschaften, etwa die Richtung ihrer Polarisation, aneinander gekoppelt, auch wenn sich die beiden Quanten mit Lichtgeschwindigkeit voneinander entfernen. Verändert man das eine Quant, dann fühlt das Zwillingsquant dieses sofort und verändert sich auch – so weit es auch entfernt sein mag. Der Effekt, der nach seinen Erfindern Einstein-Podolsky-Rosen-Paradoxon genannt wird, bringt die Physiker ins Schwärmen. Man könnte damit, so glauben sie, die simultane Kopplung von Daten in unterschiedlichen Speichern bewerkstelligen, unabhängig von äußeren Einflüssen – sozusagen in Form von Telepathie zwischen den Quanten. Dass dies keine reine Fantasterei ist, belegen erste Experimente. Konkrete Hoffnungen auf einen funktionierenden Quantencomputer sind also inzwischen berechtigt. Immerhin wurde das physikalische Grundprinzip schon bewiesen, und erste Ansätze von Software sind ebenfalls im Entstehen. Bedenkt man, wie primitiv 1947 der erste Transistor aussah und was bis heute daraus geworden ist, kann man, zumindest was die technische Seite betrifft, durchaus sehr optimistisch sein.

DAUERFEUER AUS DEM ALL UND DIE
KONKRETEN AUSWIRKUNGEN IM ALLTAG

Wenn es also so etwas wie telepathische Zwillinge gibt, die sich gegenseitig beeinflussen können durch einen unterschiedlichen Informierungsgrad, stellen wir uns doch kurz die Frage, was Information eigentlich ist. Es gibt derzeit in den Wissenschaften keine einheitliche Definition dieses grundlegenden Begriffes. Der Begründer der Informationstheorie, Claude Shannon, brachte ihn 1948 in einen Zusammenhang mit der Entropie, dem Maß für Unordnung. Eine Zunahme an Information bedeutet demnach eine Abnahme an Entropie. Heute geht man dazu über, Information als zusätzliche Dimension neben der Energie zu verstehen – als Ordnungszustand, Struktur oder Muster. Der Physiker und Philosoph Carl Friedrich von Weizsäcker definiert in seinem Werk *Aufbau der Physik* von 1985 die Information als – wir erinnern uns – »Maß einer Menge von Form, Maß und Gestaltungsfülle.«

Die Ausrichtung des Spin

Die fundamentalste Ebene der Informationsverwaltung, -verarbeitung und -speicherung vollzieht sich über den Austausch von virtuellen Neutrinos, welche vom Innern der Elektronen ausgehen. Das geschieht beispielsweise dann, wenn zwei Elektronen so nebeneinander positioniert sind, dass ihre Spinachsen parallel, aber in entgegengesetzter Richtung verlaufen. In diesem Falle bilden die Elektronen das, was die Physiker ein Spin-0-System nennen. Jean E. Charon berechnet, dass eine Informationsübertragung auf subatomarer Ebene nur möglich ist, wenn mindestens zwei Elektronen sich in gleicher Richtung bewegen beziehungsweise rotieren. Hier findet eine elementare Vereinigung von zwei oder mehr als zwei Elektronen statt, wobei dieses immer paarweise geschieht. Charon nennt diesen Vorgang den Austausch von Gedächtnisinhalten. Tatsächlich finden diese Ereignisse überwiegend in unserer DNS statt. Das bedeutet, dass durch diese Eigenschaft der gesamte Bauplan des kosmischen Seins über unsere DNS abgerufen werden kann.

Um jedoch diesen Zustand hervorzurufen, ist es erforderlich, dass mindestens zwei Elektronen einem Magnetfeld ausgesetzt sind, das die Elektronen in eine parallele beziehungsweise antiparallele Drehrichtung (Spin) zwingen. Der Spin zwingt die Elektronen, sich wie ein winziger Magnet zu verhalten, dessen Nord- und Südpol an den beiden Enden der Spin-Achse liegen. Der Spin, der klassisch als Eigendrehimpuls des Teilchens erscheint, kann sich in einem äußeren Magnetfeld parallel oder antiparallel zu den Feldlinien orientieren. Ist das Elektronenpaar abgesättigt, weist es nach außen kein magnetisches Moment auf und kann folglich von einem Magnetfeld nicht mehr beeinflusst werden. Man spricht von einem Singulett-Zustand, weil die Energie im Magnetfeld nicht aufspaltet. Dagegen gibt es drei energetisch ver-

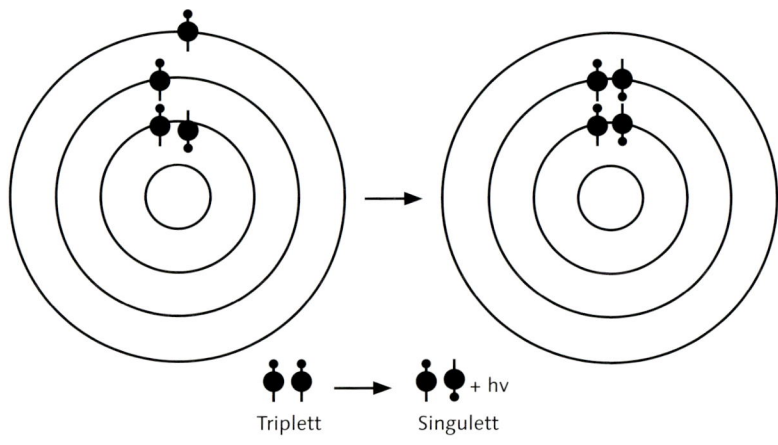

Triplett → Singulett + hv

Oben: Normalerweise paaren sich in gleichen Orbitalen Elektronen mit entgegengesetztem Eigendrehimpuls (Spin). Kommt es beim Elektronenübergang in ein anderes Orbital zur Umkehr der Drehrichtung (Spinflip), so handelt es sich um »verbotene Übergänge«, die im Vergleich zu den Anregungen unter Beibehaltung der Spinrichtung äußerst selten sind. **Unten:** Die Parallelstellung der Elektronenspins führt zu drei energetisch unterschiedlichen Relativpositionen gegenüber einem äußeren Magnetfeld. Man spricht von einem Triplett. Bei »verbotenen Anregungen« handelt es sich meist um Singulett-Triplett-Übergänge.

Magnetfeldrichtung

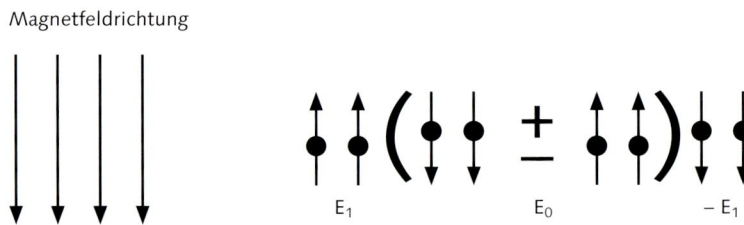

E_1 E_0 $-E_1$

schiedene Relativorientierungen des Gesamtspins zum Magnetfeld, sobald das Elektronenpaar die Spins parallel zueinander ausrichtet. Hier spricht man deshalb vom Triplett-Zustand, der wegen seines nicht verschwindenden magnetischen Moments eine paramagnetische Substanzeigenschaft anzeigt. Nach dem Pauli-Prinzip können zwei Elektronen niemals im gleichen Quantenzustand – gekennzeichnet durch Energie, Drehimpuls, Ort und so weiter – sein. Deshalb ordnen sich energetisch gleiche Elektronen auf der gleichen Bahn stets paarweise mit entgegengesetztem Spin zueinander. Das Pauli-Prinzip lässt nicht wenige Ausnahmen von dieser Regel zu. Beispielsweise dann, wenn bei eng benachbarten Elektronen die Bahndrehimpulse verschiedene Quantenzahlen aufweisen. Dann können die Spinquantenzahlen übereinstimmen. In diesem Fall ist es in der Regel energetisch sogar günstiger, wenn mindestens ein Elektronenpaar seine Spinrichtung parallel zueinander orientiert. Davon betroffen sind vor allem Radikalreaktionen, also chemische Umsetzungen jener Moleküle, die ebenfalls mindestens ein spinparalleles Elektronenpaar aufweisen. Häufig treten diese Radikale aber erst in bestimmten Anregungszuständen der Atome und Moleküle auf. Sie sind überdies »verbotene« Zustände, da der zum Umklappen des Spins (Flip) notwendige Drehimpuls normalerweise vom anregenden Photon nicht geliefert werden kann. Hat man umgekehrt ein Radikal erst einmal angeregt, so ist es ähnlich schwer, es wieder zu deaktivieren.

»Aktuelle Informationen« sind nach Prof. Fritz A. Popp die bekannten energetischen Wirkungen, die mit unseren Sinnesorganen und Instrumenten registrierbar und gerade wegen ihrer starken Lokalisierung deutlich wahrnehmbar sind. Die Welt der Biochemie und überhaupt des konventionellen mechanistischen Weltbildes beruht auf diesen inkohärenten, nicht weit reichenden und sehr kurzlebigen Wechselwirkungen.

»Potenzielle Informationen« hingegen, die kohärenten Wirkungen mit langer Reichweite und Kopplungen mit langer Lebensdauer – also die Welt der Möglichkeiten – sind das zweite Gesicht der Information, bei dem auch niedrige Intensitäten einen hohen Informationsgehalt haben können. Die potenzielle Information kann viele Moleküle, Zellen, Zellverbände, ja schließlich sogar ganze Organismen und selbst Gruppen von Organismen einschließen und dazu bringen, als Ganzheit zu agieren.

Dieser Bereich wurde bisher von der Wissenschaft praktisch nicht berücksichtigt und wird sich für die Biologie und generell für die Wissenschaft der Zukunft als bedeutsam erweisen. Nachdem die gründliche Erforschung der Stoffwechselfunktionen, des Austauschs von Energie und Materie, »nur« zu einem immensen Wissen über tausend isolierte Einzelheiten des biologischen Geschehens geführt hat, wird erst die Untersuchung der Übertragung von Information, der eigentlichen biologischen Kommunikation und Regulation, ein wahres Verständnis der Funktionsweise von Lebewesen bringen.

Veränderungen im Innen und Außen –
Die Abläufe in der Wendezeit

Kosmischer Schutz durch den Photonenring und die Hilfe der Sirianer

Wir alle kennen inzwischen das Phänomen der Channelings. Wissenschaftlich schwer zu verifizieren, erreichen uns immer mehr dieser göttlichen Eingaben. Erinnern wir uns, wie oft in der Menschheitsgeschichte fantastisch Klingendes wahr geworden ist. Könnte es nicht auch in diesem Fall so sein? Sind Kontakte mit der geistigen Führungsebene in 50 Jahren vielleicht Normalität? Wie arrogant müsste man sein, sich über Tausende von klugen und frommen Menschen hinwegzusetzen, die diese höheren Eingaben zunehmend erhalten?

Ich möchte das berühmte Channeling von Virginia Essene und Sheldan Nidle aus dem Jahre 1994 heranziehen, um ein Gefühl dafür zu vermitteln, was in den Wendejahren auf uns zukommen könnte. In ihrem Buch *Der Photonenring* werden ausführlich Ablauf und Hintergründe des kosmischen Schauspiels beleuchtet. Zwar sind einige zeitliche Ankündigungen bereits verstrichen – bis zum Jahre 1996 hätten wir bereits in den Photonenring eintauchen sollen. Jedoch hielte ich es für fatal, aus diesem Grund den ganzen Inhalt anzuzweifeln. Möglicherweise ist dieses Eintauchen bereits erfolgt. Könnte uns das Ereignis nicht nur »zeitversetzt« mittels eines Hologramms in die Realität eingespielt werden?

Auf der anderen Seite lagen sehr viele Prognosen aus den unterschiedlichsten Quellen mit ihren Angaben daneben. Plötzlich schien sich alles um das Jahr 2003 zu drehen. Was tatsächlich in diesem Jahr passierte, werden wir sicherlich niemals vollständig aufklären können. Meiner Einschätzung nach war 2003 eines der bedeutendsten in der Geschichte. Unsere Sinne, ebenso wie unsere Messinstrumente, sind bei weitem nicht in der Lage zu erfassen oder darzustellen, was in diesem Jahr tatsächlich mit der Sonne passierte.

Der Photonenring

Verarbeiten wir die Informationen aus der Enoch-Offenbarung, die zum Photonenring und unsere wissenschaftlichen Ergebnisse hierzu, so werden wir möglicherweise einen deutlichen Eindruck gewinnen können. In Analogie zum Enoch-Schlüssel 114 betrachten wir nun den Photonenring etwas ausführlicher.

Virginia Essene und Sheldan Nidle kündigten in den Prophezeiungen an, die sie von extraterrestrischen Mitgliedern des Sirianischen Konzils bekamen, dass diese hier seien,

»um euch die Tatsache mitzuteilen, dass euer Sonnensystem im Begriff ist, in eine weit ausgedehnte Lichtregion einzutauchen, genannt Photonenring, und zwar irgendwann zwischen März 1995 und Dezember 1996.«

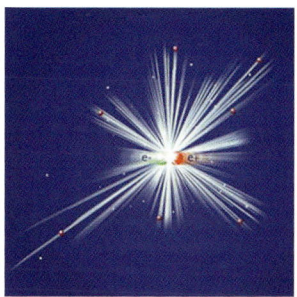

Antimaterie gehört zu den Grundbausteinen des Universums. 1932 wurde sie auch von den Menschen entdeckt. Laut des Channelings von Essene und Nidle soll sie eine große Rolle spielen bei der Erzeugung einer Lichtblase, die angeblich während des bevorstehenden Transformationsprozesses schützend auf die Erde einwirkt.

Sirius ist der hellste Stern am Nachthimmel und nur 8,6 Lichtjahre von uns entfernt. Er liegt im Sternbild Großer Hund und ist eigentlich ein Doppelsternsystem. Sirius A wird von dem kleineren, nicht mit bloßem Auge sichtbaren Sirius B begleitet (rechts unten eine Aufnahme der beiden vom Hubble-Teleskop geschossen). Diese stellare Partnerschaft wurde von den Astronomen der Neuzeit erst 1844 entdeckt. Das Sternensystem soll der »Wohnort« der Existenzen sein, mit denen Virginia Essene und Sheldon Nidle per Channeling in Kontakt standen.

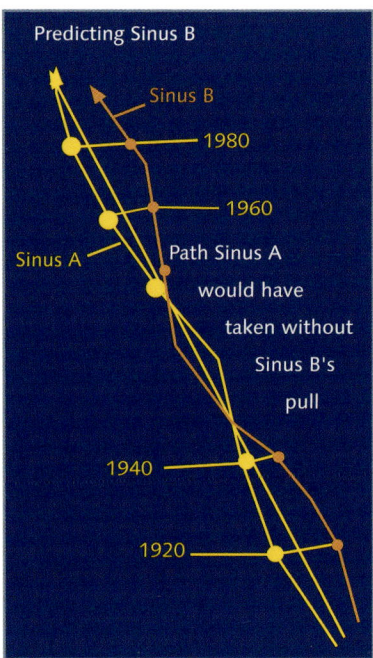

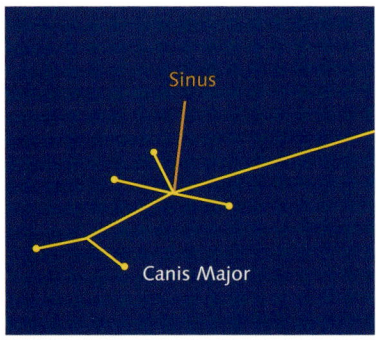

Interessant ist, dass genau in diesem Zeitraum der SOHO-Satellit der NASA ins All geschossen und in Betrieb genommen wurde, um offiziell die Sonne zu beobachten.

Weiter sagen Essene und Nidle, dass jener Photonenring – eine riesige Lichtmasse – eine Art Vehikel sein würde, um das menschliche Bewusstsein wiederherzustellen und Erbgut wie Chakrensystem vollständig zu transformieren.

»Diese unglaublichen Veränderungen werden nicht nur euch, sondern auch euren Planeten und euer Sonnensystem für immer verwandeln. Der Photonengürtel wird nämlich euer Sonnensystem in eine höhere Dimension überführen, sodass sich euer Planet innerhalb des Sonnensystems zu einer neuen Position im Raum bewegen kann, die näher am Sternensystem des Sirius liegt.«

Auch auf die Frage zur Beschaffenheit des Photonenring erhielten Essene und Nidle eine Antwort:

»Es handelt sich um Lichtpartikel, welche durch den Zusammenstoß von Elektronen und Antielektronen (Positronen) entstehen. Dieser Zusammenstoß führt dazu, dass sich jeweils immer zwei Teilchen gegenseitig zerstören. Die daraus resultierende Masse wird vollkommen in Energie verwandelt, die man als Photonen oder Lichtpartikel bezeichnet. Im ersten Viertel des vergangenen Jahrhunderts stellte der englische

VERÄNDERUNGEN IM INNEN UND AUSSEN –
DIE ABLÄUFE IN DER WENDEZEIT

Physiker Paul Dirac die Theorie auf, dass es für jedes Teilchen ein ent- sprechendes Antiteilchen geben müsse. 1932 entdeckte der Nobelpreis- träger Dr. Carl David Anderson das erste dieser Antiteilchen. Bis 1950 haben eure Wissenschaftler sowohl das Antiproton wie das Antineutron entdeckt.«

Laut der gechannelten Botschaften der Sirianer kommt der Erde eine inter- dimensionale Rettungsblase zur Hilfe. Sie soll den Planeten heil durch den Photonenring begleiten und ihn nach der Transformation in größerer Nähe zu Sirius entlassen. Nach den Vorhersagen erreicht die Rettungsblase die Erde um das Jahr 2012 herum. Wussten das die Maya bereits?

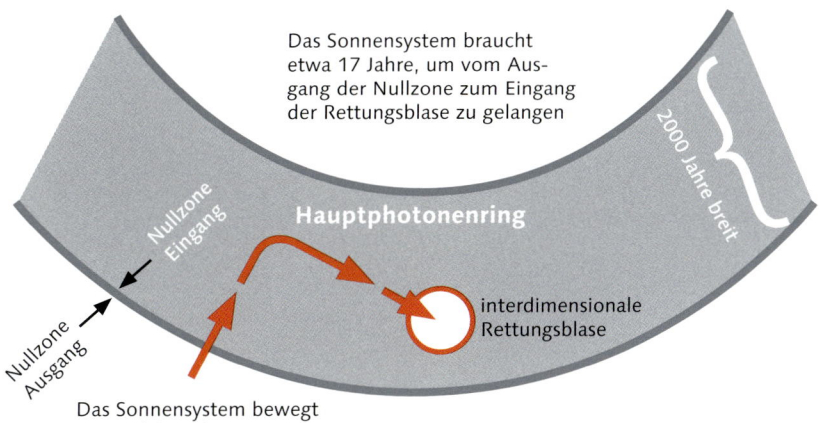

Das Sonnensystem braucht etwa 17 Jahre, um vom Aus- gang der Nullzone zum Eingang der Rettungsblase zu gelangen

2000 Jahre breit

Nullzone Eingang

Hauptphotonenring

interdimensionale Rettungsblase

Nullzone Ausgang

Das Sonnensystem bewegt sich auf den Photonenring zu

Tatsächlich stieß der Experimentalphysiker Anderson per Zufall auf das erste Dirac'sche Antiteilchen in der kosmischen Strahlung. Das positiv geladene Positron war das Gegenstück zum negativ geladenen Elekt- ron. Anderson hatte dabei nichts von Diracs fantastischen Vorstellun- gen gewusst. Die Voraussage und die anschließende Entdeckung eines Antiteilchens gehören zu den größten Triumphen der theoretischen Physik im 20. Jahrhundert. Zu Recht erhielten beide Physiker dafür den Nobelpreis. Eine moderne Interpretation nach R. Feynman besagt, dass das Positron auch als ein Elektron angesehen werden kann, das in der Zeit rückwärts reist.

Der Photonenring wurde zum ersten Mal von dem englischen Ast- ronomen Sir Edmond Halley entdeckt. Ein Jahrhundert später wurde die Entdeckung von Friedrich Wilhelm Bessel bestätigt. Der bemerkte, dass sich alle Sterne der Plejaden mit ungefähr 5,5 Bogensekunden pro Jahrhundert bewegen. Paul Otto Hesse entdeckte im absoluten rech- ten Winkel zur Bewegung der Plejaden einen Photonenring mit einem Durchmesser von ungefähr 2000 Sonnenjahren oder 1 223 381 Milliar- den Kilometern. Stimmen die Ergebnisse der Beobachtungen von Bes- sel und Hesse über die Plejaden, beendet die Erde jetzt mit diesem Photonenring einen Zyklus von 24 000 bis 26 000 Jahren.

»Ihr müsst wissen, was es für die menschliche Zivilisation bedeutet, dass die Erde jetzt in diesen Photonenring eintauchen wird«, werden Essene und Nidle in ihrem Channeling sensibilisiert. *»Die Erdastrologen sagen,*

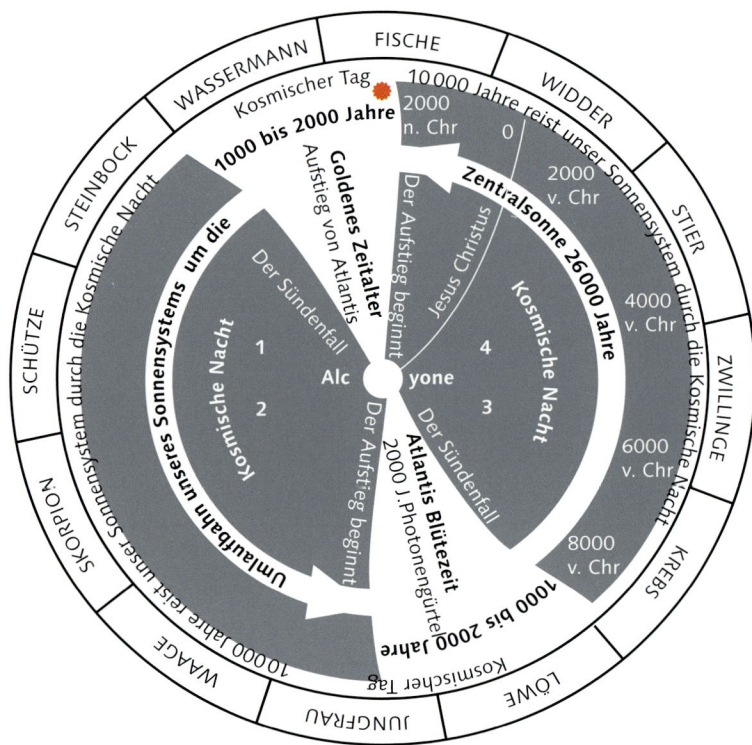

Reisezyklus um die Zentralsonne Alcyone. Unsere Sonne befindet sich auf Höhe des roten Punktes und soll bereits jetzt im Photonenring sein. Die Erde wird das – laut der Prophezeiungen – im Jahr 2012 schaffen, dem Abschluss des Transformationsprozesses.

Innerhalb der Grafik:

FISCHE
WASSERMANN
WIDDER
STEINBOCK
STIER
SCHÜTZE
ZWILLINGE
SKORPION
KREBS
WAAGE
LÖWE
JUNGFRAU

Kosmischer Tag
1000 bis 2000 Jahre
10 000 Jahre reist unser Sonnensystem durch die Kosmische Nacht
2000 n. Chr
0
2000 v. Chr
4000 v. Chr
6000 v. Chr
8000 v. Chr
Zentralsonne 26 000 Jahre
Goldenes Zeitalter
Aufstieg von Atlantis
Der Aufstieg beginnt
Jesus Christus
Kosmische Nacht
Der Sündenfall
1
2
3
4
Alc yone
Kosmische Nacht
Umlaufbahn unseres Sonnensystems um die
Der Aufstieg beginnt
Atlantis Blütezeit
2000 J. Photonengürtel
Der Sündenfall
10 000 Jahre reist unser Sonnensystem durch die Kosmische Nacht
1000 bis 2000 Jahre
Kosmischer Tag

dass nun das Wassermannzeitalter anbreche, eine Zeit ungeheurer Veränderungen der Wissenschaft, der Technologie und des Bewusstseins. Für eure Naturwissenschaftler und Historiker ist es ein Zeitalter enormer Schwierigkeiten, mit denen eure Zivilisation aufgrund ihrer gesellschaftlichen und politischen Strukturen möglicherweise nicht fertig wird. Auf jeden Fall scheint es sich entweder um den Auftakt zu einem neuen, wunderbaren Zeitalter zu handeln oder um eure Auslöschung. Die Frage bleibt, welche Rolle der sich nähernde Photonenring in diesen Szenarien spielt.«

Laut des Channelings wird das Durchwandern des Photonenrings in drei Phasen unterteilt, wobei der Schwerpunkt – in Analogie zum Enoch-Vermächtnis – die Nullzone darstellt, durch die wir uns bewegen werden. Dieser Prozess wird etwa fünf bis sechs Tage in Anspruch nehmen. Dazu gehören drei Tage völliger Finsternis.

»Daraufhin werdet ihr in den Hauptteil des Gürtels eintreten und ständig Tageslicht haben. Diese Reise dauert normalerweise 2000 Jahre und ist beendet, wenn euer Sonnensystem wieder am anderen Ende des Gürtels in einer Periode von fünf bis sechs Tagen durch die Nullzone austritt. In diesem Zyklus hat die höchste Schöpferkraft (Gott) jedoch bestimmt,

VERÄNDERUNGEN IM INNEN UND AUSSEN –
DIE ABLÄUFE IN DER WENDEZEIT

dass euer Sonnensystem mit Hilfe einer interdimensionalen Rettungsblase aus dem Photonenring über die fünfte Dimension hinausbefördert und in eine Position gebracht wird, die ungefähr drei Lichtjahre vom Sternensystem Sirius entfernt ist.«

Diese Vorgang scheint identisch mit dem Schlüssel 28/29 des Enoch zu sein. In *Die Schlüssel des Enoch* heißt es,

»dieser Übergang wird durch negative Gravitationen vorbereitet, die das Loch in der Matrix füllen, sodass die höhere Evolution die Hüllen für die Gravitationsverdichtung eingrenzen kann. Jedoch handelt die Lichtsäule wie eine Lichtdecke, die die Bewusstseinsform (die weiter bestehen soll) während des Übergangs vor einer Auflösung bewahrt. Ohne dieses Lichtgewand würde die Bildnisfrequenz hinter dem genetischen Code zerstört.«

Die zitierte Rettungsblase scheint der zitierten Lichtdecke zu entsprechen. Weiter wird berichtet, dass diese Rettungsblase uns 2012 bis 2013 erreichen wird. Bei der Nullzone handelt es sich um eine Region extremer Energiekompression. Die magnetischen Felder sind dort dermaßen dicht, dass es für ein magnetisches Feld der dritten Dimension unmöglich ist, ohne Veränderungen hindurchzugehen. Das bedeutet, dass das magnetische Feld der Erde und der Sonne in eine neue Art von interdimensionalem Magnetismus transformiert werden muss. Folglich können wir eine Veränderung der elektrischen, der magnetischen und der Schwerkraft-Felder der Erde erwarten. Eine solche Veränderung soll bereits vor sich gehen. In der Tat hat die Stärke des Erdmagnetfelds während der letzten Jahre drastisch abgenommen. Diese Veränderung ist ein Nebenprodukt des Drucks, den der Photonenring auf unser Sonnensystem ausübt. So soll – sobald der Photonenring voll manifestiert ist – überhaupt kein elektrisches Gerät mehr funktionieren. Das heißt, dass weder Kraftwerke und Motoren, noch Batterien und elektrische Schaltkreise ihren üblichen Dienst tun werden.
   Die Autoren Essene und Nidle berichten im Zuge des Channelings der Sirianer von folgendem Ratschlag:

»Deswegen müsst ihr beginnen, euch auf diese einschneidende Veränderung in eurem Leben vorzubereiten, durch die neue Schwerkraft- und Elektrizitätsfelder etabliert werden. Was zunächst wie ein Verlust erscheint, wird in Wirklichkeit wie ein Gewinn sein, der dazu führen wird, dass Photonenenergiefelder auf der subatomaren Ebene verändert und zum entscheidenden Energielieferanten eures Sonnensystems werden.«

Interessanterweise wurden die extremen Wetter- und Klimaanomalien bereits in Essenes Buch *Der Photonenring* angekündigt.

»... wenn ihr euch der Nullzone nähert, wird es zu einer Druckerhöhung auf Atmosphäre und Erdoberfläche kommen. Diese Entwicklung hat auch schon eingesetzt, wie man an der erhöhten seismischen Aktivität von den 1960er Jahren bis heute ablesen kann. Das gleiche kann für die Vulkane gesagt werden. Es hat auch eine dramatische Veränderung in den plane-

Die Sirianer sagen verstärkte seismische Aktivität voraus, die die Erde im Zuge der Transformation ereilt. Die aktuellen Katastrophen – wie zuletzt in Chile – sowie die generelle Zunahme von Beben weltweit über die vergangenen Jahrzehnte könnte für diese Aussagen sprechen.

taren Wetterverhältnissen gegeben, was wiederum den Wasserzyklus unter Druck bringt. Daher die Dürreperioden in Kalifornien, in der Sahelzone in Afrika, im Süden von Zentralindien und in Nordchile. Zusätzlich weist das Ozonloch, das Ende der 1970er Jahre, Anfang der 1980er Jahre aufgerissen ist, auf eine kritische Veränderung hin, die zum Teil durch den herannahenden Photonenring entstanden ist. Dieses kommende Ereignis beeinflusst euer Sonnensystem auch dadurch, indem es tiefgreifende Veränderungen im Zyklus der Sonnenflecken und sogar der Durchschnittstemperatur auf der Sonnenoberfläche bedingt.«

Nach dem Channeling heißt es weiter, dass 1987 und 1988 die Sirianer die Polarität der feinstofflichen Körper der Sonne verändert haben, sodass der Photonenring keinerlei negative Auswirkungen auf unser Sonnensystem haben kann.

»Wir taten das, indem wir die feinstofflichen Körper der Sonne mit den neuen Gittern in Übereinstimmung brachten, welche die Herren der Zeit geschaffen haben (jene Überwachungsmacht Gottes, die mit der ständigen Erschaffung des physischen Universums betraut ist). Das wird der Erde einen sicheren Eintritt in den Photonenring erlauben. Zweitens ver-

VERÄNDERUNGEN IM INNEN UND AUSSEN –
DIE ABLÄUFE IN DER WENDEZEIT

änderten die Wissenschaftler unserer Galaktischen Föderation den Sonnenflecken-Zyklus, damit sich die Sonne leichter an die neue Ausrichtung ihrer feinstofflichen Körper anpassen kann.«

In dem Bemühen der Sirianer, solare Harmonie herzustellen, reagierte die Sonne mit einer Zunahme der solaren Aktivität und mit einer allgemeinen stellaren Abkühlung. Zwei Darstellungen, die im Übrigen von NASA-Wissenschaftlern bestätigt wurden. Ohne diese Veränderungen, so heißt es weiter in dem legendären Channeling, wäre die Sonne durch die Nullzone des Photonenrings zerstört worden und die Erde wäre verdampft.

»Ihr dürft aber – kurz vor dem Eintritt der Erde in den Photonenring – beruhigt sein: Die Sonne wurde so verändert, dass sie diesen Durchgang erfolgreich überstehen kann.«

Offenbar gab es zwei Gründe, warum diese Anpassungen auf der Sonne vorgenommen wurden: Erstens sei der Photonenring ein interdimensionales Ereignis, bei dem die Sonnenaktivität in der richtigen Phase sein muss. Die Sonne muss auf einer ziemlich niedrigen Aktivitätsebene sein, sodass sie sich leicht an die rasanten Veränderungen anpassen kann, die der Eintritt in den Photonenring mit sich bringen wird.

Zweitens müsse die Erde überwacht und Verfahrensweisen etabliert werden, die die interdimensionalen Energiekörper der Erde dem rapiden Wandel anpassen, der vor und direkt nach dem Eintritt in die Nullzone vonstatten gehen wird. Die dazu notwendigen Eingriffe wären bereits durch die Anwendung eines interdimensionalen Hologramms vorgenommen worden.

Die Transformation des Menschen

Aber wie werden wir Menschen uns laut des Channelings der Sirianer und der Schlüssel des Enoch verändern in der Phase der Transformation? Alle Atome und Moleküle würden umstrukturiert, heißt es in Hurtaks Werk. Dadurch »werdet ihr Erdenmenschen in eurer Natur grundlegend verwandelt. Ihr werdet zu etwas ganz Anderem – und zwar weit Besserem – als ihr gegenwärtig seid.« Die Quantenveränderung würde jede Intelligenzebene auf dem Planeten Erde berühren. »Hierdurch besteht dann die Möglichkeit, in einem anderen Körper die uns ursprünglich zugedachte Rolle, die des Adam Kadmon, zu übernehmen.«

Adam Kadmon wird auch als Urbild des Menschen verstanden, eine uns zugedachte Erscheinungsform, die wir bisher jedoch nicht in Anspruch nehmen durften. Dieses göttliche und dem Menschen zugedachte Erbe gilt es nun offenbar anzutreten.

Buchcover von *Die Schlüssel des Enoch*. Das inzwischen legendäre Werk des amerikanischen Geisteswissenschaftlers James J. Hurtak – geschrieben mit dem Wissen, das er nach einem mystischen Ereignis erhielt – gleicht in vielen seiner Prophezeiungen den Ankündigungen der Sirianer.

Die nun folgende Beschreibung widmet sich den Phänomenen, die nach den Autoren Essene und Nidle schon in den 1990er Jahren hätten eintreten sollen. Vertan oder verschoben?

Mit dem Eintritt der Erde in die Phase der Dunkelheit sollen laut des Channelings große Umwälzungen geschehen:

»Euer Planet wird in ein großes Feld der Finsternis eintauchen, wenn sich euer Sonnensystem der Nullzone nähert und in sie eintritt. Nach einer Phase von Zwielicht wird plötzlich völlige Finsternis eintreten, so als wäre der gesamte Planet in eine Kammer geworfen und die Tür hinter ihm geschlossen worden.« Der genaue Ablauf wird folgendermaßen beschrieben: *»Die Sonne wird außer Sichtweite sein, und ihr werdet im tiefschwarzen Himmel keine Sterne erblicken. Der Tag wird sich plötzlich in Nacht verwandeln, da keine Kompression des stellaren und solaren Lichts in der Nullzone die Sonne und sogar die Sterne auslöschen wird. Die vollständige Finsternis wird für euch das Zeichen sein, dass ihr in der Nullzone eingetreten seid und dass der Transformationsprozess begonnen hat.«*

Im Anschluss wird von den Ausfällen sämtlicher elektrischer Geräte berichtet, ein Ereignis, welches durch die Einflüsse des Photonenrings und der Rettungsblase ausgelöst wird.

VERÄNDERUNGEN IM INNEN UND AUSSEN –
DIE ABLÄUFE IN DER WENDEZEIT

»Wenn die elektrischen und magnetischen Felder des Planeten zusammenbrechen, hat das zur Folge, dass alle Atome auf der Erde verändert werden. Die Atome in eurem Körper werden modifiziert, sodass sich ein neuer Körper bildet – ein halbätherischer Körper –, und der Schleier vor dem Bewusstsein wird entfernt. Ihr werdet nicht mehr in der begrenzten dreidimensionalen Welt leben. Ihr werdet Menschen sein, die in der Wirklichkeit des galaktischen Lichts leben.«

Die Veränderung, die wir danach spüren sollen, ist die Kälte. Sie entsteht durch das fehlende Sonnenlicht. Vergleiche mit einer kleinen Eiszeit werden hergestellt. Am dritten Tag würden wir eine Art Leuchten am Horizont entdecken, ähnlich einer Morgendämmerung – der Beginn des sogenannten Verjüngungseffekts.

Mit Beginn des fünften Tages würde sich das Klima wieder erwärmen, das Licht wieder zurückkehren. Der Photoneneffekt, der am Ende des dritten Tages einsetze, würde jetzt seine volle Wirkung entfalten. Von diesem Zeitpunkt an würden unsere Geräte durch eine neuartige Technologie funktionieren, die auf Photonenbasis aufbaut. In dieser Phase werden unsere Fähigkeiten neu definiert.

Dann wird von der Rückkehr unserer »Brüder und Schwestern« berichtet:

»Es sind in der Tat eure älteren Brüder und Schwestern, eure Berater und Führer in dieser Übergangsperiode. Die Rückkehr der Raumfamilie bezeichnet eine wichtige Veränderung in der Beziehung der Erde zum Universum. Die Herren der Zeit, die den Eintritt in den Gürtel überwachen, werden auf eurem Planeten eine Veränderung des Bewusstseins und der physischen Existenz in eine höhere Dimension bewirken.«

Sao Paulo und der große Blackout im Jahre 2009. Schenkt man der Prophetie der Sirianer Glauben, ist mit derartigen Ereignissen in den kommenden Monaten häufiger zu rechnen. Während des kosmischen Transformationsprozesses könnte unsere alte, fragile und rückständige Versorgungs- und Informationstechnik vollkommen zerbrechen.

Beobachtungen im All

Der SOHO-Satellit –
Seltsamer Sonnen-Warnmelder der NASA

Seit 1996 sendet der NASA-Satellit SOHO ununterbrochen Messdaten von der Sonne zur Erde. Bereitwillig stellt der Eigentümer des Satelliten einen Teil dieser Daten in Form von Fotos ins Internet. Im 15-Minuten-Takt können wir so mitverfolgen, was sich auf unserem Stern tut, wie aktiv er ist, wie stark die Eruptionen sind. Jeder, der diese Aufnahmen betrachten möchte, kann sich auf der Homepage der NASA einloggen und sich aus dem umfangreichen Archiv die entsprechenden Bilder auswählen. Zur Verfügung stehen nicht nur jeweils eine Aufnahme eines bestimmten Zeitpunkts auf der Sonne, sondern unterschiedlich gefilterte Ansichten.

SOHO ist die Abkürzung für »Solar & Heliospheric Observatory« und eine Gemeinschaftsmission von ESA und NASA. Seit Dezember 1995 ist der Satellit im All. Er sendet seine Signale aus einer Entfernung von 1,5 Millionen Kilometern. An Bord hat er mehrere Kameras, die die Sonne kontinuierlich beobachten. Die Aufnahme rechts wurde vom MDI Continuum geschossen.

Von großer Bedeutung sind bei den Beobachtungen der Sonne die Sonnenflecken. Von diesen Sonnenflecken ist bekannt, dass sie den Zustand von sehr intensiven Magnetfeldern darstellen. Astrophysiker wissen, dass diese Felder Rückschlüsse auf die Explosionen zulassen, die den Sonnenflecken nachfolgen. Diese Explosionen stellen sich optisch in fackelähnlicher Form dar und werden Sunflares genannt.

Diese Sunflares bestehen aus hoch energetischen Ladungsträgern, den Elektronen und Protonen. Diese Elementarteilchen der Materie sind mit Reisegeschwindigkeiten von bis zu mehreren Millionen Kilometer in der Stunde unterwegs. Bei einem solch gigantischen Szenario kann man sich leicht vorstellen, dass diese Partikel – sollten sie auf die Erde treffen – einen nicht unbedeutenden Einfluss auf das Erdmagnetfeld haben. Diese Tatsache ist der Hauptgrund für den milliardenschweren Aufwand der NASA, der jährlich für dieses Projekt aufgewendet werden muss. Diese Investitionen haben ihre Berechtigung.

Geheimnisvolle Sonnenbilder

Diese Sonnenstürme beeinflussen das Erdmagnetfeld in einer solch komplexen Weise, dass die tatsächlichen Hintergründe nur sehr wenigen Eingeweihten zugänglich gemacht werden. Was US-Wissenschaftler hinter dem Begriff »Astrogenetic« oder »Chronobiology in Space« tarnen, nennen die russischen Forscher »Heliobiologie«. Die Gemeinsamkeit dieser beiden Wissenschaftlergruppen: Sie forschen geheim. Es ist durchaus vorstellbar, dass diese Geheimniskrämerei einem edlen Ziel entspringt – soll hier vielleicht eine Beunruhigung oder gar Panik vermieden werden?

Wie auch immer die wahren Hintergründe hierfür aussehen mögen, wir versuchen uns ein eigenes Bild zu machen. Bedienen wir uns zunächst der uns frei zur Verfügung stehenden Daten. Die Sonnenaufnahmen der NASA sind einzusehen unter der Webadresse http://sohowww.nascom.nasa.gov.

Um möglichst viel von den Sonneneruptionen erkennen zu können, wird der hellste Teil der Sonnenscheibe abgedeckt, sodass lediglich die Flares zu erkennen sind. Merkwürdigerweise verwehrt uns die NASA in zunehmendem Maße den Zugriff auf ihre Sonnenaufnahmen. Zwar soll dem laienhaften Beobachter glaubhaft gemacht werden, dass es sich

Die Bilder und Daten SOHOs werden regelmäßig von ESA, NASA und verschiedenen Universitäten ausgewertet. Die Darstellung auf dieser Seite enthält eine Aufnahme der SOHO-Kamera LASCO C2 und gibt Auskunft über Ausbreitungseigenschaften der solaren Ladungsträger. **Rechte Seite:** Beispiele für Aufnahmen, wie sie täglich von NASA und ESA ins Netz gestellt werden. Die Sonneneruptionen allein sind schon beeindruckend (Mitte). Doch immer wieder sind auch Anomalien rund um die Sonne zu beobachten, die einem regelrecht den Atem verschlagen (unten). Hat man Glück, kann man diese Anomalien zeitnah im Netz miterleben. Hat man Pech, sind die mysteriösen Aufnahmen schnell durch alte ersetzt worden oder durch Schriftzüge, die einen vermeintlichen temporären Ausfall der Satellitentechnik erklären.

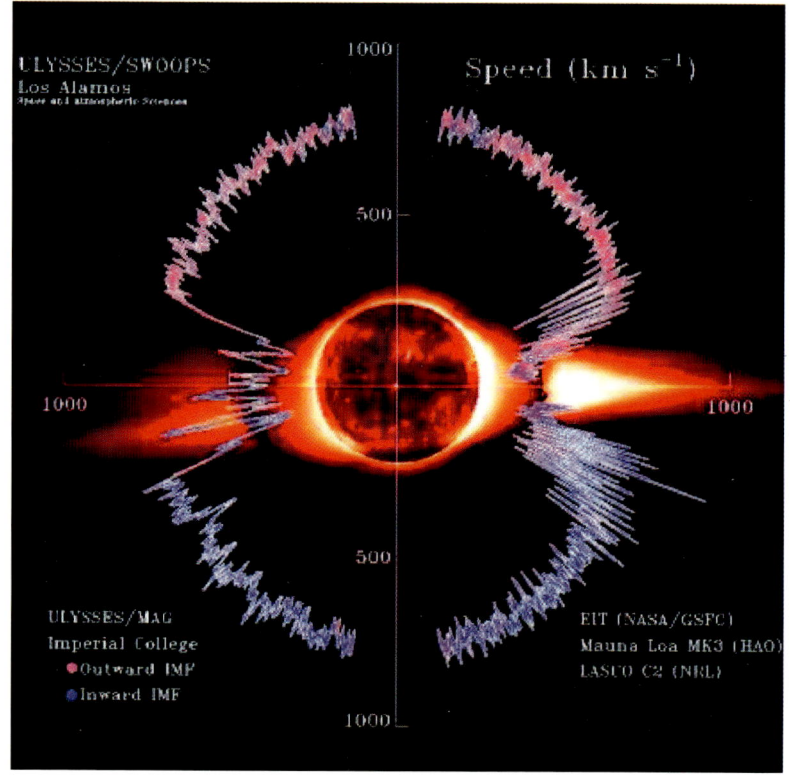

BEOBACHTUNGEN IM ALL

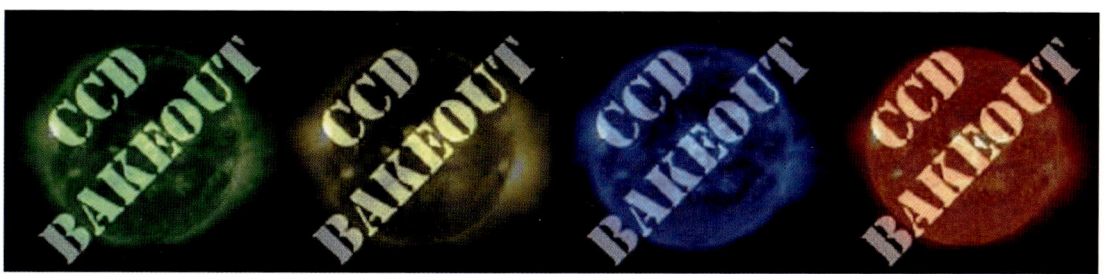

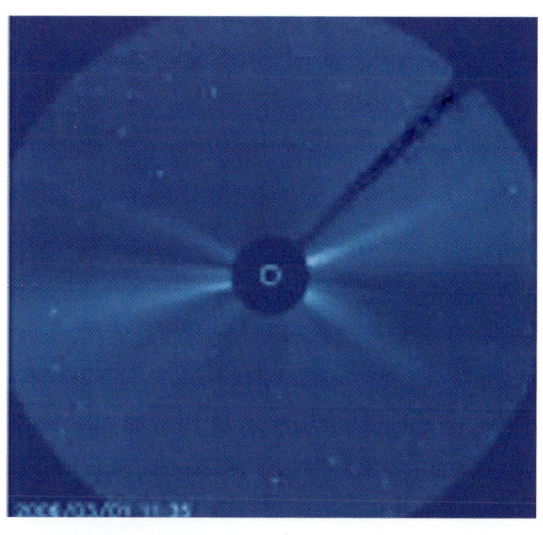

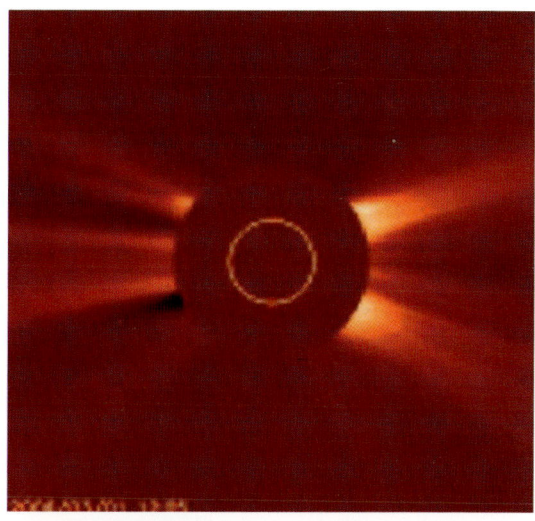

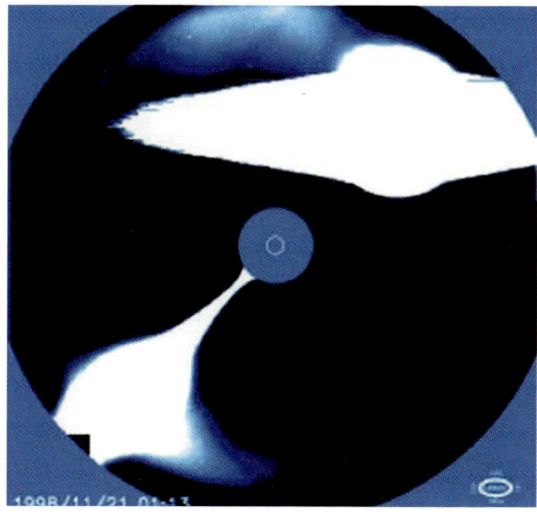

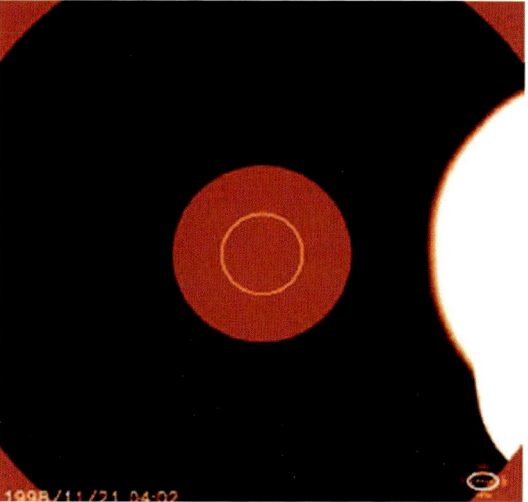

um eine zeitweilige Störung handelt, jedoch dürfte es sich meiner Meinung nach hierbei um eine plumpe Ausrede handeln, denn offenbar ist es einigen Wissenschaftlern gelungen, das Sendesignal von SOHO direkt anzuzapfen. So stellte beispielsweise eine unter dem Pseudonym MK-ULTRA wirkende Arbeitsgruppe aus Portugal die unzensierten Daten des Satelliten ins Netz. Die Bilder, die dabei zu sehen waren, hinterließen bei den meisten Betrachtern den Eindruck eines makaberen Scherzes. Ich zählte auch zu der Gruppe derer, die es kaum fassen konnten.

Rechts: Momentaufnahme der Sonne Ende November 1998. Ungewöhnlich starke Eruptionen sorgen für extreme Magnetfeldanomalien auf der Erde. Achten Sie auf das Objekt in dem weißen Kreis. Es ist kein technisches Artefakt. Im Gegenteil. Heftige Sonneneruptionen werden oft begleitet von der Anwesenheit dieser Körper. **Darunter:** Ausschnitt eines NASA-Fotos von der Sonne. Der obere Ausschnitt zeigt zwei Lichtanomalien, die häufiger im Umfeld unseres Zentralsterns auftauchen. Der Bewegungsablauf dieser Lichterscheinungen verläuft nicht linear wie bei vorbeiziehenden Planeten oder Kometen.

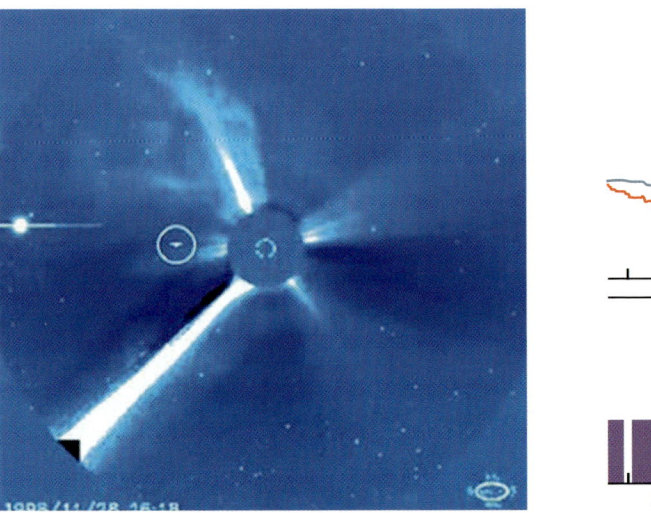

Seit die NASA ihre SOHO-Bilder ins Netz stellt, werte ich sie für meine geophysikalischen Studienzwecke aus. Als Naturwissenschaftler bin ich darin geschult, eine Bewertung nach besonderen, kritischen Maßstäben vorzunehmen. Mir ist klar, dass ein subjektiver Eindruck jeden Beobachtungsgegenstand in ein entsprechendes Licht stellt und der Beobachter damit die Objektivität einbüßt. So befand ich, dass diese portugiesischen Sonnenbilder in überhaupt keine Kategorie einer naturwissenschaftlichen Zuordnung passten und somit nur gefälscht sein konnten. Durch einen Zufall wurde ich jedoch eines Besseren belehrt. Mithilfe meines speziell programmierten Speicherprogramms war ich in der Lage, sämtliche Daten, die von der NASA ins Netz gestellt wurden, automatisch abzuspeichern. So konnte ich im Nachhinein sämtliche Bilder in aller Ruhe genauer ansehen. Dabei fiel mir im November 1997 eine besonders merkwürdige Bildfolge auf. Diese Bilder erinnerten mich sofort an die zuvor verworfenen portugiesischen Aufnahmen. Noch erstaunlicher war für mich, dass es sich hierbei um Bilder handelte, welche die NASA wenige Minuten später aus ihrem Netz entfernte und offenbar gegen ältere austauschte. Heute bin ich mir sicher, dass es genau dieses Ereignis war, welches mich auf die Spur dieses unglaublichen Phänomens brachte. Als ich zunächst versuchte, mir die portugiesischen Daten erneut zu beschaffen – ich hatte alle gelöscht – musste ich feststellen, dass die Seite der Kollegen nicht mehr existierte. Selbst über die Cache-Ebenen der Meta-Suchmaschinen war es mir nicht möglich, die alten Daten wieder aufzurufen.

Zwischenzeitlich konnte ich zu der portugiesischen Arbeitsgruppe Kontakt aufnehmen. Freundlicherweise sendete mir die Gruppe die herausragenden Sonnenaufnahmen der letzten Jahre und hielt mich darüber hinaus auf dem neuesten Stand. Seitdem vergleiche ich die Aufnahmen der NASA mit denen der Arbeitsgruppe aus Portugal. Hätte es sich bei diesen merkwürdigen Sonnenaufnahmen um einen Einzelfall gehandelt, hätte ich diese sicherlich für Artefakte – das heißt künstlich entstandene Veränderungen – gehalten und das ganze Thema vergessen. Fast genau ein Jahr später jedoch sichtete ich eine weitere Serie außergewöhnlicher Sonnenanomalien. Diese zu deuten, schien mir jedoch unmöglich. Zum Zeitpunkt dieses Ereignisses meldete die NASA wieder einen Ausfall des Satellitenempfangs, demzufolge sie keine Bilder ins Netz stellen konnte.

Der portugiesische TV-Sender CNL lud den Ufo-Forscher José Garrido ein und berichtete schon vor einigen Jahren über die im Umfeld der Sonne gesichteten Objekte. Garrido zeigte detaillierte Nahaufnahmen der Flugkörper. Diese außerordentlich beeindruckenden Bilder vermochten es damals nicht, eine größere, globale Debatte über außerirdische Intelligenzen anzustoßen.

Außerirdische Raumfähren auf offiziellen NASA-Bildern

Die portugiesischen Wissenschaftler berechneten aus dem gesamten Datenmaterial dieses Ereignisses, dass es sich bei diesem Objekt um ein »Raumgefährt« handeln könnte, welches möglicherweise aus einer anderen Raumzeit beziehungsweise einem Paralleluniversum stammt. Indirekt sollen extreme gravitative Anomalien aufgetreten sein, die in direktem Zusammenhang mit diesem Objekt standen. Spezielle Auswertungen dieser Aufnahme ergaben die folgenden Bilder.

Atemberaubend, oder?

Die Bilder, die Garrido im Fernsehstudio zeigte. Er stellte sie auch mir zur Verfügung. Der Ufo-Forscher äußerte bei seinem Auftritt erste Vermutungen, dass es sich bei den Objekten um Raumschiffe handeln könnte, die über Wurmlöcher aus anderen Dimensionen auftauchen. Viele durch SOHO dokumentierte Sonnenphänomene der folgenden Jahre deuten ebenso auf diese Hypothese hin. Und auf noch einiges mehr. Halten Sie sich fest: Auf der nächsten Doppelseite wird es abenteuerlich.

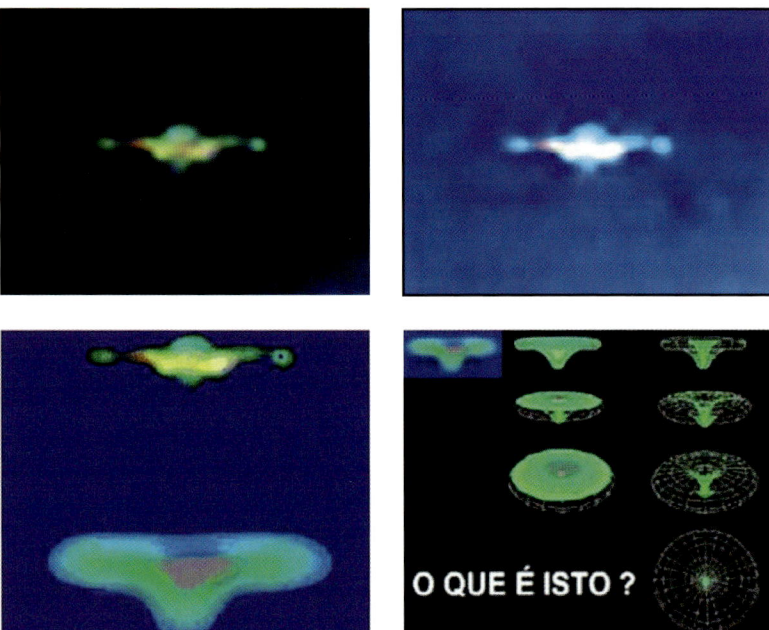

Im befreundeten Kollegenkreis diskutierte ich über die möglichen Hintergründe dieser Merkwürdigkeiten. Ich muss gestehen, dass ein naturwissenschaftlich geschulter Verstand bei diesem Thema an seine Grenzen stößt. Aus einer Art Hilflosigkeit arrangierten wir uns, indem wir beschlossen, »die ganze Sache weiterhin möglichst wertfrei zu beobachten«. Was uns an wissenschaftlichem Erbe blieb, setzten wir ein. Wie? Indem wir die Zeitpunkte, an denen die Anomalien auftraten, mit geophysikalischen Parametern verglichen. Tatsächlich konnten wir Korrelationen zu unterschiedlichen Ereignissen herstellen.

Zwischenzeitlich traf ich mich mit meinem Freund Ananda, der sich, wie er mir berichtete, ebenfalls mit diesem Thema auseinandersetzte. Anandas Wissen basiert auf einer spirituellen Grundlage. Ähnlich wie Drunvalo Melchizedek verbindet Ananda Verstand und Intuition, indem er sich der Sprache der Quantenphysik bedient. In zurückliegenden Begegnungen mit beiden konnte ich mich davon überzeugen, dass sie über ganz herausragende seherische Fähigkeiten verfügen. Ich persönlich bewerte einen Kommentar von ihnen ebenso wie den eines Nobelpreisträgers vom Range eines Ilya Prigogine. So schrieb Ananda hierzu:

»But in January 1998 the expected debris being pushed into the solar system was witnessed by the NASA SOHO probe (Solar Heliocentric Observatory). For sun spot activation, is partially fed by this material as it starts to be pushed into the solar system. Since 1947 the sun has began to become unusually active, and now is more active than at any previous maximum, since the present Solar Cycle 23, is a male sun spot cycle, like the one that brought about so many weather anomalies in 1978, 1979 and 1980.«

Die Quelle, aus der Ananda seine Aufnahmen erhielt, war offenbar eine andere als die mir bekannten. So standen mir nun drei Anbieter zur Verfügung. Diese Quellen – dokumentiert anhand der nebenstehenden Bilder – beschrieben für mich ein völlig neues Szenario. Erst drei Jahre später erreichten mich die vermeintlichen Originalaufnahmen, die von einer ehemaligen Mitarbeiterin des SETI-Projektes – ihr Name ist dem Verlag bekannt – stammten. Diese Aufnahmen zählen nach Ansicht von mir und meinen Kollegen zu den fantastischsten. Was hier zu sehen ist, sprengt jeden Rahmen unserer Vorstellungskraft. Einigkeit bestand bei dem Versuch einer Interpretation dieser Abbildung darin, dass es sich bei der erkennbaren Lichtsäule um einen Sekundäreffekt eines Ereignisses handelt, das einer Hyperraumtechnologie entsprungen sein muss.

Reisende aus anderen Welten?
Etwa zwei Monate später ereigneten sich im Sichtbereich der Sonne Dinge, die den Eindruck eines Starwars-Szenarios erweckten. Wie will man diese Ereignisse sonst interpretieren? Ganz offenbar sendet ein Objekt einen Strahl (einen Laserstrahl?) aus, der ein anderes Objekt zu treffen scheint.

Weitere drei Monate später erkennen wir ein ähnliches Szenario. Von der Zeit zwischen den beiden Bildfolgen stehen keinerlei unzensierte Aufnahmen zur Verfügung. Bedauerlicherweise wurde die portugiesische Arbeitsgruppe an ihren Tätigkeiten gehindert. Auch meine alternative Quelle schien zu dieser Zeit »nicht aktiv« gewesen zu sein. Alle diese Aufnahmen liegen mir in einer hochwertigen Qualität vor, sodass sich die Bilder hervorragend analysieren lassen.

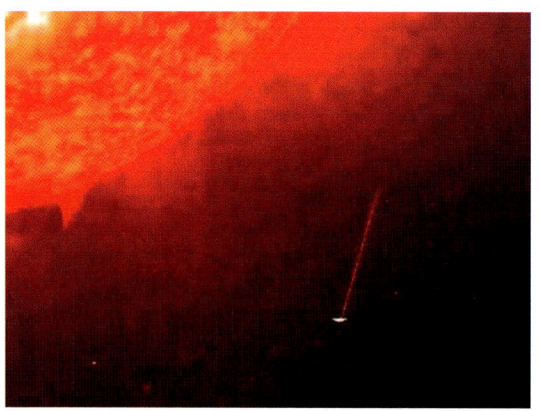
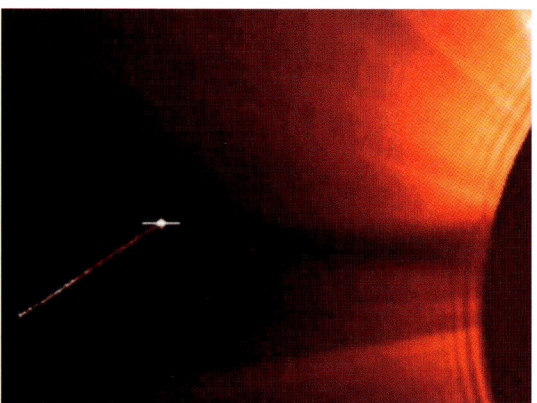
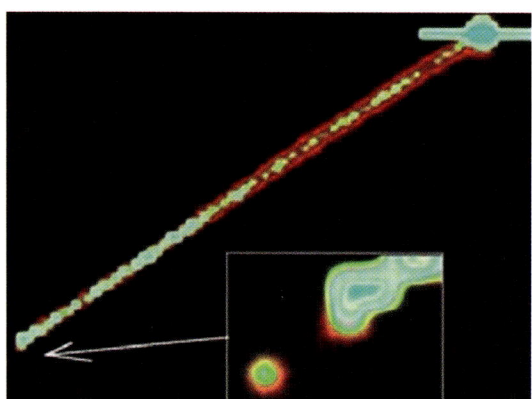
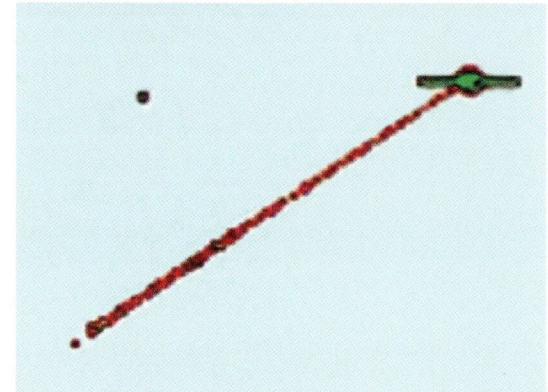

Kein Hollywood-Kino insze-
niert von Steven Spielberg,
sondern – zum Teil vergrößerte
und gefilterte – Aufnahmen der
SOHO-Sonde. In diesem Falle
bewegen sich Flugobjekte
Ende 1999 in Sonnennähe und
senden sogar »Strahlen« aus,
die unter anderem auf andere
Objekte gerichtet sind. Um
welche Art von Vorgängen es
sich hier handelt, kann nur
spekuliert werden. Sind es

Laser, wie wir sie kennen?
Oder sehen wir hier eine uns
völlig unbekannte Technik?
Jedenfalls enthüllen diese
Bilder – und im Übrigen sind
auf der SOHO-Website auch
Bewegtbilder anzuschauen –,
dass wir es bei den Vorkomm-
nissen im All mit intelligenten
Handlungen zu tun haben
und nicht mit natürlichen
Erscheinungen.

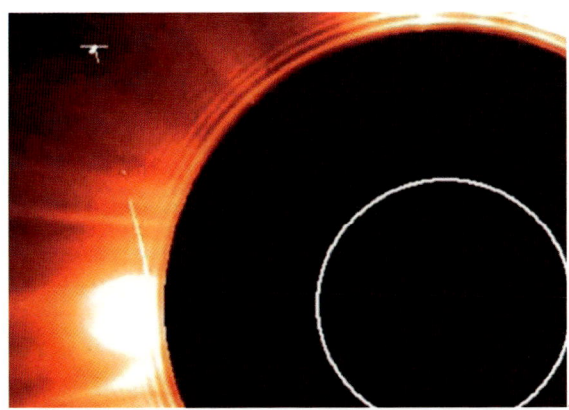

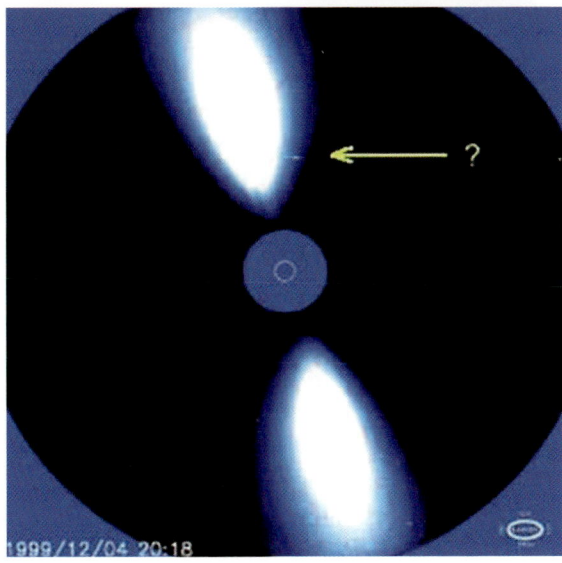

1999/12/04 20:18

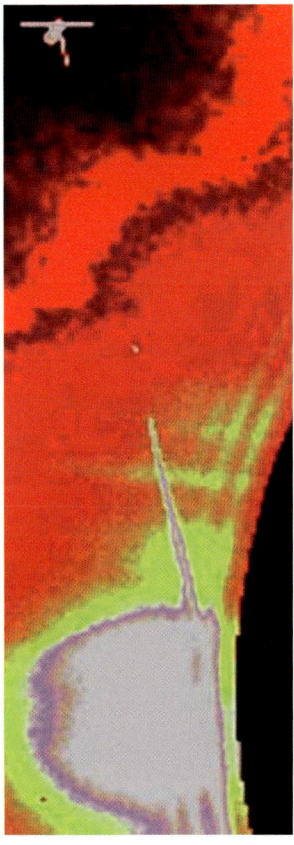

Weitere Aufnahmen von Ende 1999. Oben links: Hier entdecken wir eine neue Art von Handlung. Eines der Flugobjekte gibt einen Strahl ab, der die Sonne trifft. Daraufhin ereignet sich eine gewaltige Eruption. **Oben rechts:** Die Aktion im Zoom. Rufen wir uns in Erinnerung, dass jede größere Eruption auch Einflüsse auf die Erde hat. **Links:** Hochinteressant ist auch dieses Foto, das die SOHO-Kamera LASCO C3 am 5. Dezember 1999 aufnahm. Es zeigt extreme Sonnenanomalien und eines der Flugobjekte. Die Vergrößerungen davon auf der nächsten Seite erinnern tatsächlich an Raumschiff Enterprise.

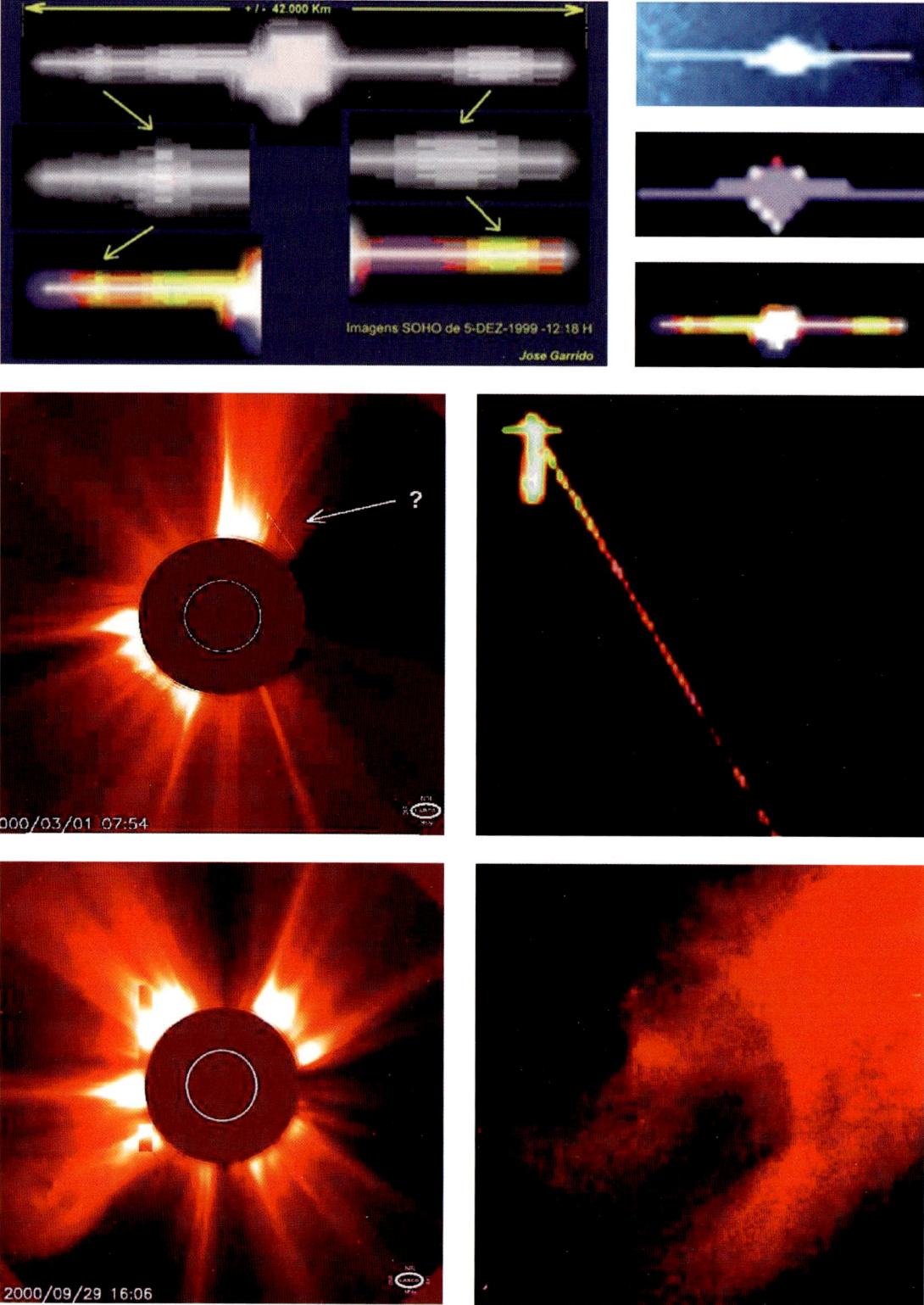

Imagens SOHO de 5-DEZ-1999 -12:18 H

Jose Garrido

BEOBACHTUNGEN IM ALL

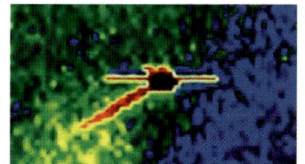

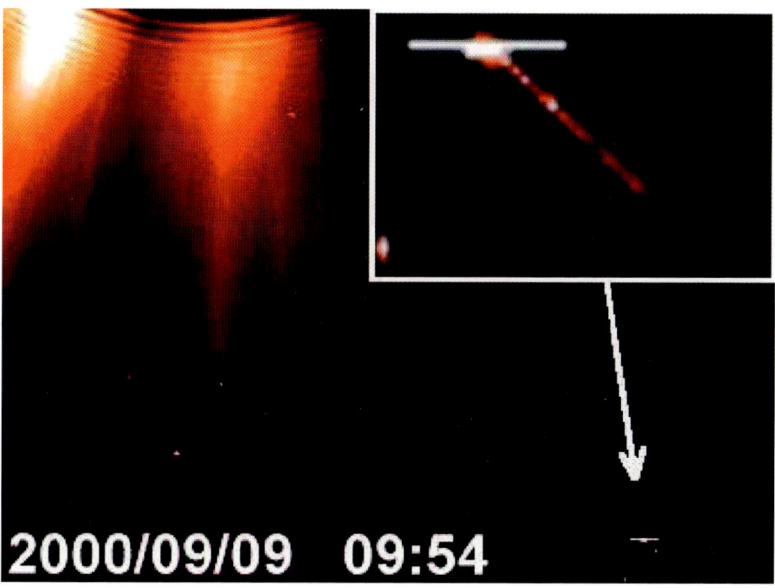

2000/09/09 09:54

Linke Seite oben: In der Nahansicht des »Raumschiffes« vom 5. Dezember 1999 erkennt man Strukturen, die tatsächlich für technische Gebilde sprechen. Die unterschiedlichen Einfärbungen könnten auf verschiedene energetische Zustände hindeuten. Berechnungen von Jose Garrido et al. ergaben, dass sich dieses beobachtete Objekt auf unglaubliche 42000 Kilometer ausdehnt. **Links Mitte und unten:** Aufnahmen aus dem Januar und dem September 2000. Wieder zeigt der Zoom zum einen ein »feuerndes« Objekt, zum anderen einen weitaus größeren Körper, der aus »dem Innern« der Sonne selbst zu kommen scheint. **Diese Seite oben:** Am 9. September 2000 war nicht nur zum wiederholten Male ein Flugobjekt im Umfeld der südlichen Sonnenhemisphäre zu entdecken. Gleichzeitig hielt SOHO auch wellenartige Erscheinungen an der Peripherie der Sonne (unter der virtuellen Scheibe) fest. Auch sie stehen möglicherweise im Zusammenhang mit der Einflussnahme der Raumgefährte. Sind es durch die »Objekte« ausgelöste Gravitationswellen? **Kleines Foto oben links:** Sondiert man regelmäßig die SOHO-Seiten, stößt man inzwischen relativ häufig auf Objekte wie diese. Bedient man sich der richtigen Software, sind große Unterschiede in der Konstruktion der Schiffe zu erkennen.

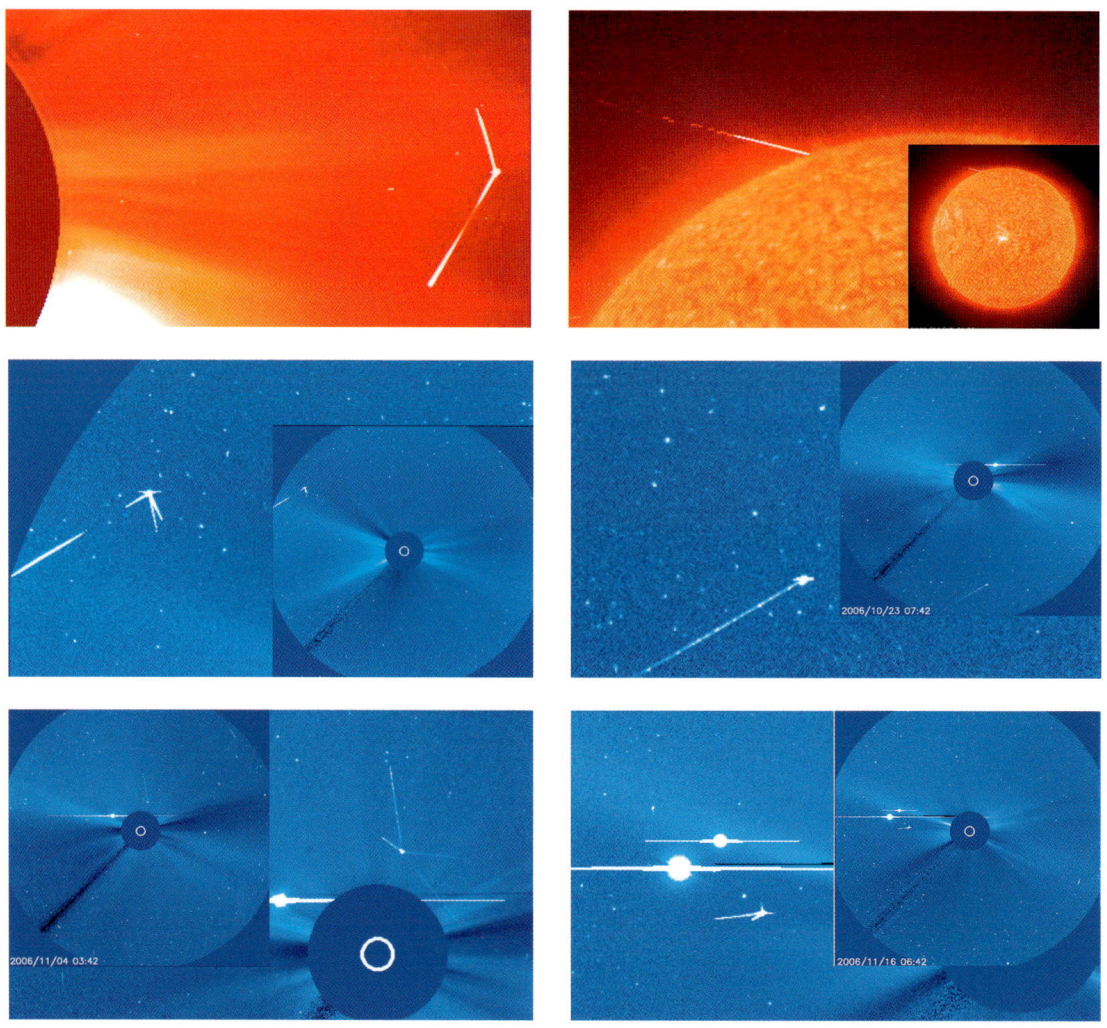

Weitere beeindruckende SOHO-Aufnahmen von der Region um die Sonne. Erst in den jeweiligen Vergrößerungen wird erkennbar, dass offenbar intelligent gelenkte Maschinen unterschiedlicher Größe und Ausformung auftauchen und teilweise gar »Strahlen« aussenden. Damit scheinen sie teilweise sogar die Aktivität der Sonne zu beeinflussen. Es stellt sich die große Frage, warum diese Bilder, derweil für jeden im Netz einsehbar, nicht längst in den Nachrichten- und Wissenschaftssendungen sowie in der Presse ernsthaft diskutiert und hinterfragt werden. Es ist davon auszugehen, dass offizielle Seiten längst des Rätsels Lösung gefunden haben.

Nach weiteren sechs Monaten der womöglich »kriegerischen Austragungen« konnte eine neue Qualität dieses kosmischen Events beobachtet werden. Ende September 2000 zeigte die Sonne Explosionen von unbekannter Intensität. Sie schien quasi im Ganzen zu explodieren. Die oberflächlichsten Auswirkungen hiervon sind uns durch Stromausfälle bekannt geworden, worüber die Medien in nur sehr eingeschränkter Weise berichteten. Die tiefer greifenden Konsequenzen haben wir in den vorigen Kapiteln bereits erfahren.

Bei diesem Ereignis ist jedoch eine weitere Besonderheit zu erkennen. Im unteren linken Bereich der Sonne ist ein rundes Objekt zu erkennen, welches sich aus der Sonne heraus in die Peripherie zu entfernen scheint. Tatsächlich existiert über dieses Ereignis eine fortlaufende Bildsequenz, wodurch ein bedeutend umfangreicheres Gesamtbild entsteht. Aber begnügen wir uns erst einmal mit diesen Aufnahmen. Diesem bedeutsamen Ereignis ging genau 20 Tage zuvor eine »Laseraktion« eines Objektes voraus.

Was dieses Bild so besonders macht, ist eine physikalische Finesse, die am Rande der Sonne zu erkennen ist. Diese Wellen könnten Sekundäreffekte einer gravitativen Erscheinung sein und damit durchaus in Korrelation zu einem Raumzeittransport stehen. Das wäre ein weiterer Indikator für die Vorstellung, dass etwas aus einer anderen Raumzeit, gar einem anderen Universum oder nur aus weit entfernten Räumen des Weltalls zu uns reist.

Mir ist klar, dass sich die Interpretation dieser kosmischen Phänomene anhören wie einem Science-Fiction-Roman entnommen. Möglicherweise erschließt sich das, was ich hier anhand statischer Fotos zu dokumentieren versuche, dem unwissenden Laien erst im Bewegtbild. Aus Angst, den sicheren Boden einzubüßen, wollte es auch mein eigener Verstand lange nicht zulassen, diese Aktivitäten im All anzunehmen. Der Psychologie ist ein solches Phänomen bekannt: So konnten die Einheimischen Amerikas Columbus' Schiffe nicht erkennen, obwohl sie wenige Meter vor dem Strand ankerten. Ihr Gehirn hatte dafür noch keine entsprechende Erfahrung abspeichern können. Erst nachdem sich die Ureinwohner an den Anblick gewöhnt hatten, konnten sie etwas mit diesen fremden Gebilden anfangen.

Von den fremden Gebilden kosmischer Art konnte ich mir im Herbst 2000 fast täglich weitere Sensationsbilder herunterladen. Eines schien für mich nun festzustehen: Diese außergewöhnlichen Objekte waren keine technischen Artefakte. Da die Satelliten leider nur einen sehr engen Bereich um die Sonne aufnahmen, bleibt die Frage offen, ob sich ähnliche Ereignisse auch an anderen Orten abspielen. Die terrestrischen Teleskope, die für ähnliche Aufnahmen in Frage kommen würden, richten ihre Fernrohre entweder nicht auf die Sonne, oder – und auch das kam bereits vor – ihre Betreiber werden angehalten, hierüber Verschwiegenheit zuzusichern.

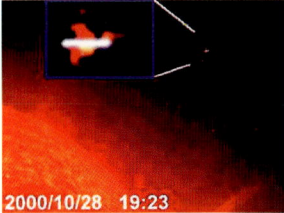

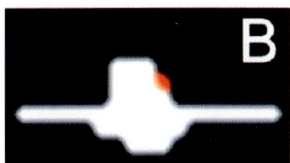

Am 28. Oktober 2000 entdecktes Objekt. Details sind nur mit astronomischer Spezialsoftware herauszufiltern.

Ein derartiger bemerkenswerter Vorfall ereignete sich 2002. Auf einem Dorffest – ich möchte den Ort bewusst nicht nennen – kündigte eine private Arbeitsgruppe für Astronomie die kurz bevorstehende Eröffnung ihrer Sternwarte an. Die Hobbyastronomen hatten über viele Jahre Gelder gespart und eingesammelt, um ihren Traum wahr werden zu lassen. Als ich den Präsidenten dieses eingetragenen Vereins auf seine geplanten Beobachtungsobjekte ansprach, erwähnte er in seiner Antwort die Sonne nicht. Ich fasste vorsichtig nach, ohne auch nur einen Hauch von meinen Beobachtungen zu erwähnen. Als die Sonne von mir ins Spiel gebracht wurde, erinnerte sich der Mann an eine Merkwürdigkeit. Etwa ein Vierteljahr vor der Fertigstellung der Sternwarte wurden bei ihm zwei Militärpersonen in ziviler Kleidung vorstellig. Sie interessierten sich für die Leistungsstärke des Teleskops und ganz besonders für die Beobachtungsziele. Die Sonne käme wohl – wegen der nicht vorhandenen Filter – als eines von vielen möglichen Beobachtungszielen nicht in Frage. Damit gaben sich die Herren zufrieden. Inwieweit diese Geschichte tatsächlich etwas mit den Sonnenanomalien zu tun hat, werde ich sicherlich nicht in Erfahrung bringen können.

Einen Monat später, gegen Ende Oktober 2000, lagen mir nebenstehende Bilder vor. Wieder tauchen Strukturen, die einem Raumschiff ähneln, neben der Sonne auf. Und einen knappen Monat danach ereignete sich etwas Außergewöhnliches, das einem Ereignis aus dem Juni 1998 glich. Die Sonne wurde von zwei torpedoähnlichen Geschossen getroffen, was zu einer ungeheuren Explosion führte. Augenblicklich nach dem Einschlag verwandelte sich das Sonnenbild in ein apokalyptisches Feuerwerk. Bei näherer Betrachtung könnte man die

Im Juni 1998 wie im November 2000 waren zwei ähnliche Ereignisse zu beobachten. Beide Male wurde die Sonne von etwas getroffen, was wie zwei Geschosse erscheint. Obwohl die NASA dieses Ereignis als »Einschlag zweier Kometen« deklariert, spricht vieles gegen diese hilflos erscheinende Verlautbarung. Hier das Bild und die Vergrößerung vom 1. Juni 1998. Unmittelbar nach den Einschlägen kam es auf der Sonnenoberfläche zu heftigen Explosionen.

Frage stellen, ob das Reiseobjekt möglicherweise die frei werdende extreme Energie brauchte? Die Gravitationsphysik könnte immerhin Raumzeitverzerrungen aus höchstenergetischen Ereignissen ableiten. Die Bewegung des Objektes verläuft in unterschiedlichen Richtungen. Von der Sonne weg – und umgekehrt. Die Sonne explodiert, wenn die Objekte sich aus oder von ihr wegbewegen. Laufen die Objekte auf die

BEOBACHTUNGEN IM ALL

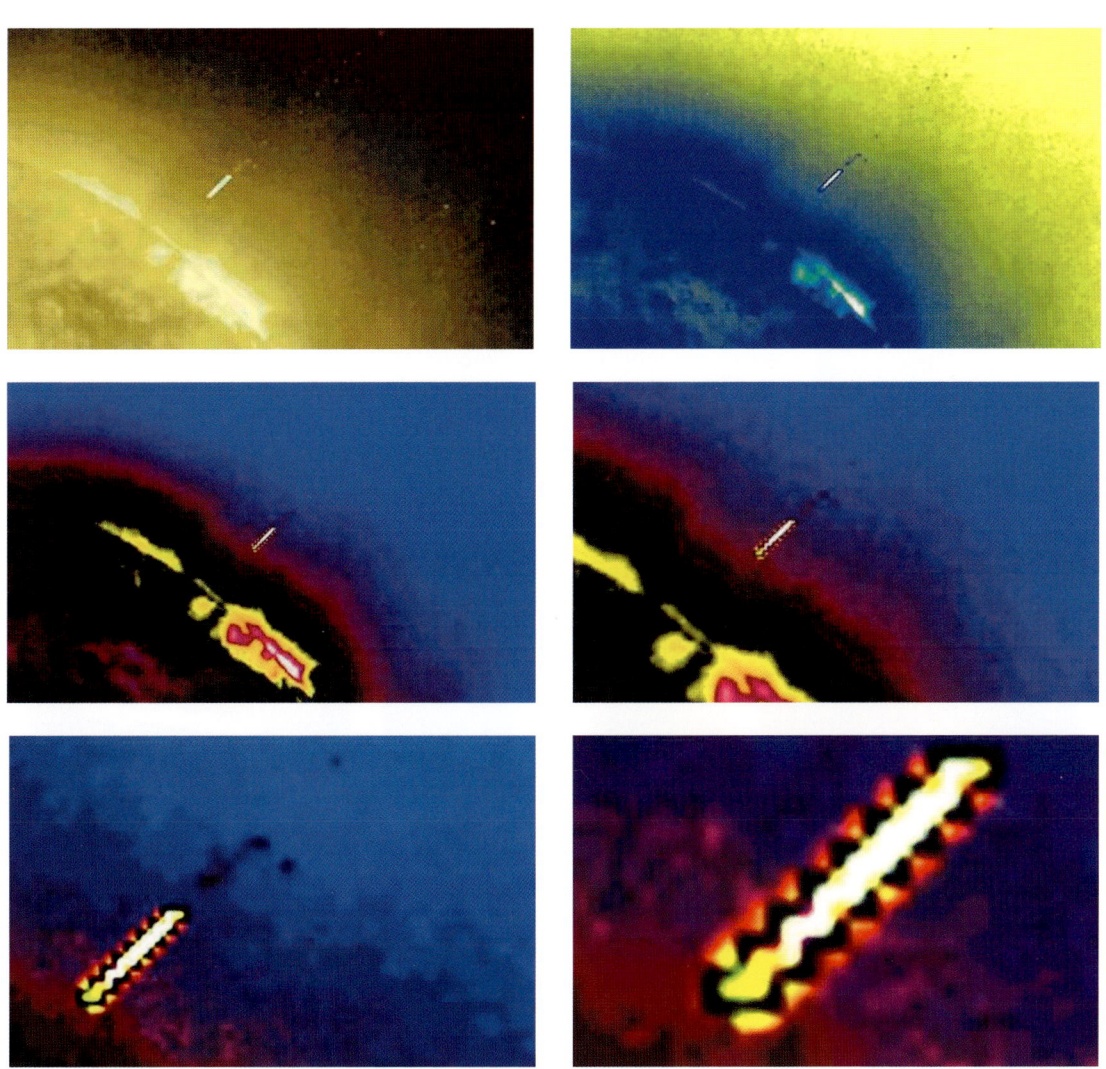

Ein neues, raketenartiges Objekt, fotografiert von der SOHO-Kamera EIT 284. Es weist einen Schweif auf und scheint auf die Sonne zuzusteuern. Filtert man das Bild mehrfach und holt das Objekt näher heran, sind feine Strukturen auszumachen, die auf unterschiedliche energetische Zustände hinweisen.

Sonne zu, erfolgt die Eruption kurz vor dem Eintreffen der Gefährte. Handelt es sich hierbei möglicherweise um Hin- und Rückreise eines Objektes, das hierfür jedes Mal diese fantastische Energiefreisetzung benötigt?

Verteilt über die nächsten Monate und Jahre folgten weitere Phänomene, die an Actionszenen von Hollywoodfilmen erinnerten. Im Dezember 2000 tauchten plötzlich zwei Objekte auf, die sich gegenseitig oder etwas Drittes unter Beschuss nahmen. Im Januar 2002 beobachtete ich eine halbkreisförmige Formation, gebildet von sich ähnelnden Punkten. Im April des gleichen Jahres erschienen sogar drei Flugobjekte vor der Sonne. Ende Juli konnte ich erkennen, wie ein Objekt eine Kurve über der Sonnenoberfläche flog, um dann etwas abzuwerfen. Zwei Tage später erlebte die Sonne eine unvorstellbare Explosionsreihe. Nicht nur die Intensität der Explosionen war außergewöhnlich, auch die Formation und das Erscheinungsbild des Lichtes beeindruckten mich. Ob es sich hierbei um Skalareffekte gehandelt hat? Diese wären ein Indiz für eine Hyperraumtechnologie.

Wertet man die SOHO-Bilder tatsächlich täglich aus, überschlagen sich die Ereignisse. Hier nur ein paar weitere Beispiele. Im September 2002 beobachtete ich ein größeres Objekt, das offensichtlich zwei kleinere beschoss. Außerdem trat im selben Monat eine Flugfähre neuer

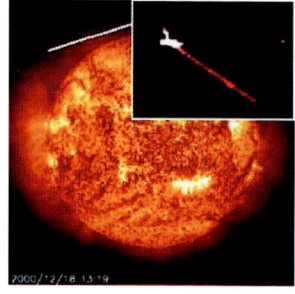

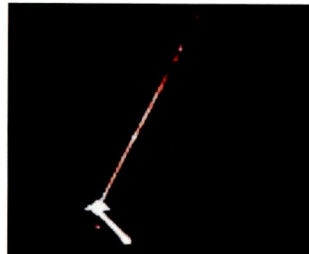
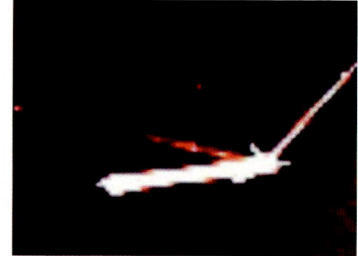

Im Jahre 2002 begannen für mich neue Aktionen raumschiffähnlicher Objekte. Es tauchten mehrere dieser Exemplare »vor« der Sonne auf. Sie schienen eine Formation zu bilden. Es herrschte geradezu Hochbetrieb. Die Sonne reagierte auf diese Formation ganz offenbar mit infernalischer Aktivität. **Unten:** Merken Sie sich die Form des kosmischen Gefährts, das am 19. September 2002 von SOHO geknipst wurde. Wir werden ihr nachher begegnen.

und sehr symmetrischer Bauart in Erscheinung, die ich vorher noch nie gesehen hatte. Im Februar 2003 gingen dann außergewöhnliche wurmlochähnliche Phänomene am Rande der Sonne mit gewaltigen Sonneneruptionen einher. Zwei Tage später zeigte sich an genau der Stelle der merkwürdigen Lichterscheinung, die auf ein Wurmloch hindeuten könnte, wieder etwas, das ich Hyperraumreiseobjekt nennen möchte. Findet hier möglicherweise eine Art Umwandlungsprozess, eine Transformation zwischen virtuellem und realem Objekt, statt? Immer wieder sind neben den Raumgefährten auch kreisrunde Objekte im Bereich der Sonne zu entdecken, die an Planeten erinnern. 2005 konnte ich darüber hinaus spektakuläre Lichtsäulen beobachten, die offenbar gigantische Eruptionen auf der Sonne hervorriefen. Den Verstand sprengt eine Aufnahme aus dem Februar 2006. Sie zeigt ein Objekt von riesenhaften Ausmaßen hinter der Sonne. In den Polregionen

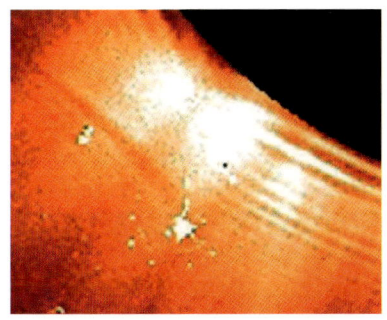

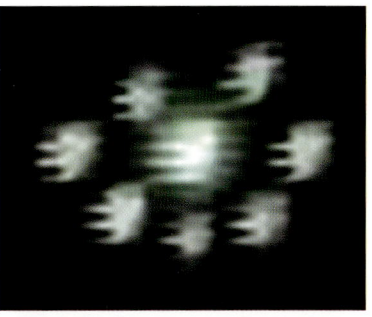

Im Jahre 2002 begannen für mich neue Aktionen der unbekannten Raumschiffe. Es tauchten nicht nur mehrere Exemplare vor der Sonne auf. Sie schienen sogar eine Formation zu bilden. Manche flogen Kurven. Außerdem erzeugten sie gravitative Effekte. Es herrschte geradezu Hochbetrieb. Die Sonne reagierte auf die kollektive Bearbeitung mit heftigster Aktivität.

Unten: Merken Sie sich die Form des kosmischen Gefährts, das am 19. September 2002 von SOHO geknipst wurde. Wir werden ihr nachher in anderem Zusammenhang begegnen.

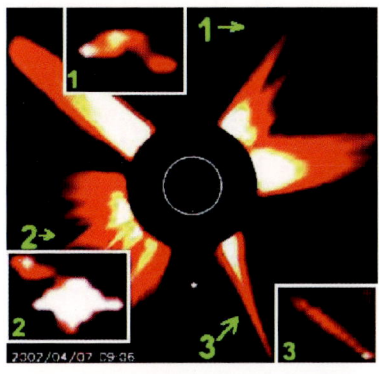

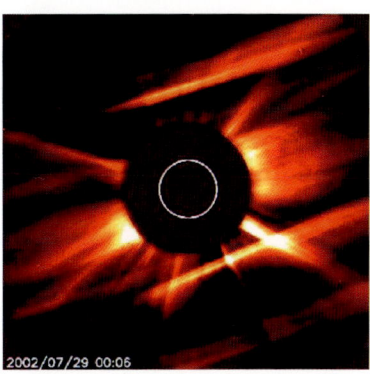

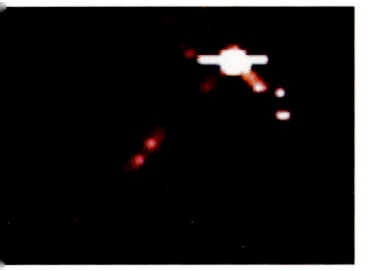

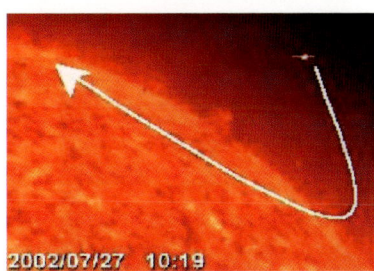

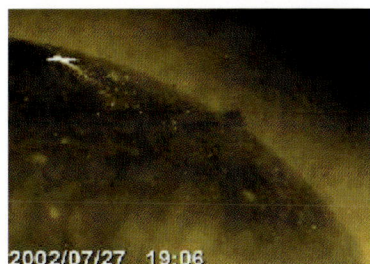

2003 brachte einige Ereignisse, die möglicherweise auf das Phänomen eines Wurmlochs zurückzuführen sind. Trichterförmige wolkenartige Gebilde traten gemeinsam mit starken solaren Eruptionen auf.

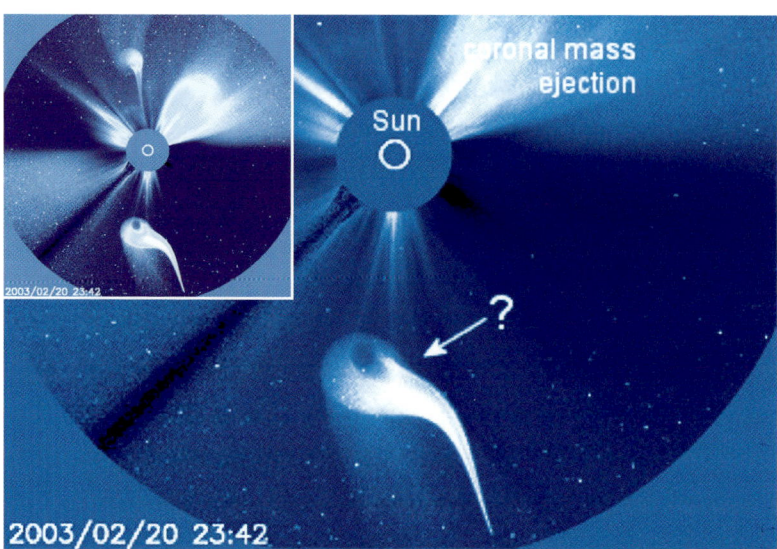

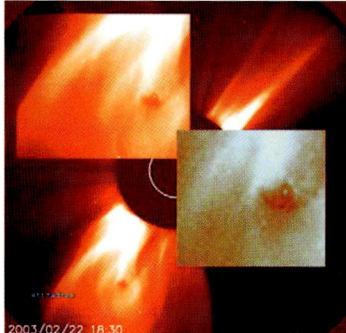

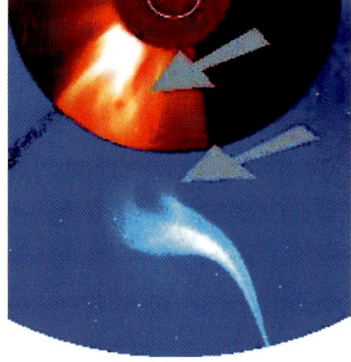

Die »**Wolkenschläuche**« und die Eruptionen waren nicht die einzigen Auffälligkeiten im Februar 2003. Schaut man genauer hin, erkennt man tatsächlich ein kreiselförmiges Objekt inmitten des Geschehens. Ein Hyperraumreiseobjekt, das »von weit her« zu uns kommt? Nach den Überlegungen einiger Quantenphysiker könnte interstellare Mobilität durch Wurmlöcher tatsächlich möglich sein. Aber wer will was in unserem Sonnensystem? Und warum zeigen sich die »Gäste« nicht bei uns? Fragen, auf die ich im Laufe dieses Buches noch eingehen werde.

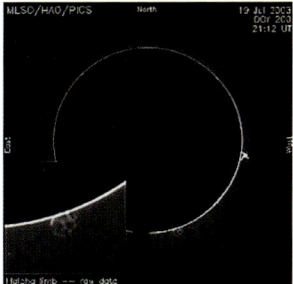

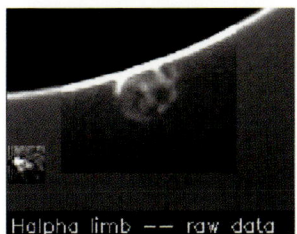

Halpha limb -- raw data

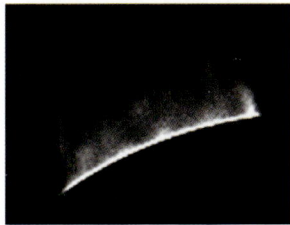

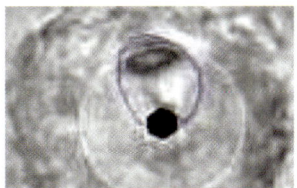

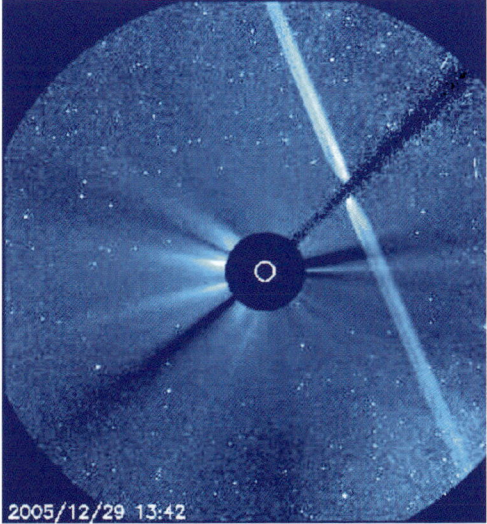

2005/12/29 13:42

2005/02/24 04:54

'02/24 04:54

Oben: Schwarzweiß-Aufnahmen der Sternwarte »Mauna Loa Solar Observatory« in Boulder, Colorado, aus dem Jahre 2003. Sie zeigen neuartige Aktivitäten im Sonnenumfeld: keine Explosionen, sondern ein kreisrundes Objekt, das hinter der Sonne hervorschaut. **Rechts:** 2005 begegneten dem Beobachter erstmalig Lichtsäulen, die in gigantischer Größe neben der Sonne verliefen. Die Ursache dafür liegt ebenso im Dunkeln.

unseres Sterns schauen Teile dieses Objektes hervor. Wie soll man so etwas begreifen? Ein nahezu identisches Sonnenszenario offenbarte sich übrigens kurz vor dem vernichtenden Erdbeben unter Haiti im Januar 2010.

Ich könnte die Reihe der Sichtungen noch lange fortsetzen. Aber die bisher dargestellten und beschrieben Aufnahmen sollten ausreichen, um zu zeigen, dass etwas sehr Eigenartiges in der Nähe unserer Sonne vor sich geht.

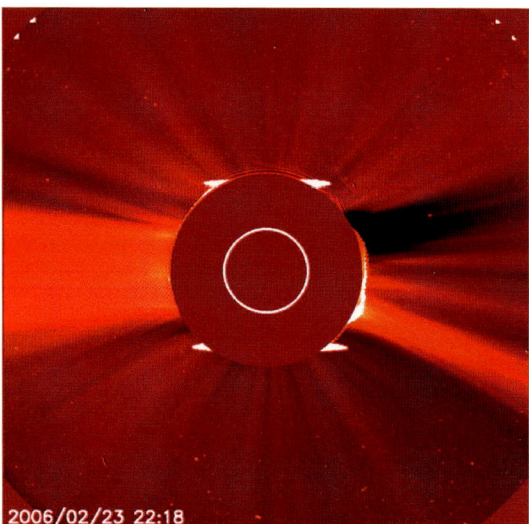
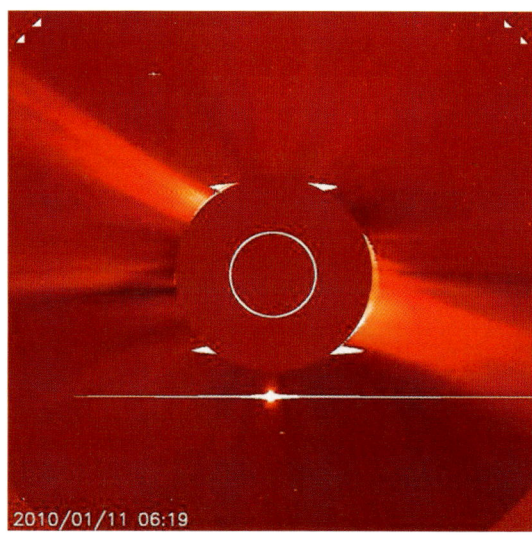

Oben links: Im Februar 2006 waren auf den SOHO-Fotografien bisher ungesehene Merkwürdigkeiten zu beobachten. Es scheint, als würde etwas hinter der Sonne hervorlugen, ein riesenhaftes Objekt. Oder vielleicht sogar mehrere?
Oben rechts: Interessant ist, dass sich dasselbe Szenario kurz vor dem gewaltigen Erdbeben von Haiti im Januar 2010 abspielte. Was hat das zu bedeuten? Kann es Flugobjekte geben, die Planetengröße haben?

Herkunft der Besucher – »Wurmlöcher« als interdimensionale Autobahnen

Widmen wir uns am Ende dieses Kapitels dem Phänomen des Wurmlochs, das ich im Sonnenumfeld zu beobachten glaubte. Gibt es so etwas überhaupt? Gern sehr plastisch verwendet in Science-Fiction-Filmen, stellten sie in der Physik anfangs lediglich theoretische Lösungen von Gleichungen der allgemeinen Relativitätstheorie Albert Einsteins dar. Erstmals wurden Wurmlöcher 1935 von Einstein und seinem Kollegen Nathan Rosen beschrieben – daher der ursprüngliche Name »Einstein-Rosen-Brücke«. Die populäre Bezeichnung Wurmloch orientiert sich an einem wurmstichigen Apfel. Denn der Wurm wandert eben nicht über die Oberfläche des Apfels, sondern sucht sich seinen Weg durch ihn hindurch. Er nimmt also eine Art Abkürzung. Analog erweitert die allgemeine Relativitätstheorie den anschaulichen euklidischen Raum der menschlichen Erfahrung zu einem »allgemeineren« Raum mit einer Krümmung. Wurmlöcher sind derartige topologische

BEOBACHTUNGEN IM ALL

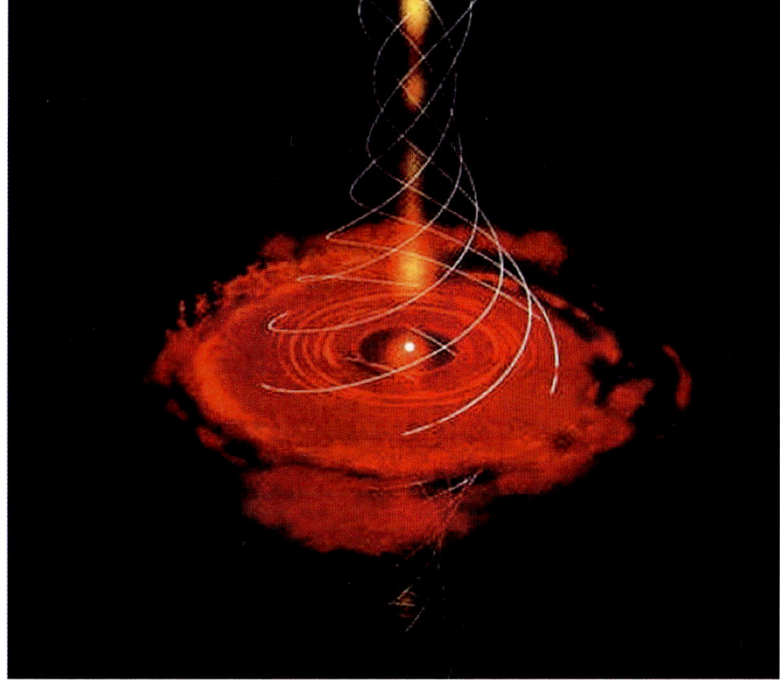

Grafische Inszenierung einer makroskopischen Wurmlocherscheinung. Wurmlöcher galten lange als Science Fiction, gelten aber inzwischen als faktisch existent. Sollte unserer Sonne eine bestimmte Menge an Energie hinzugefügt werden, könnte sie quasi als Raumzeitbahnhof genutzt werden.

Konstrukte, die weit voneinander entfernt liegende Bereiche des Universums durch eine »Abkürzung« verbinden. Ein Ende eines Wurmlochs erscheint dem Beobachter als Kugel, die ihm die Umgebung des anderen Endes zeigt. Obwohl ein durch ein Wurmloch Reisender nie die Lichtgeschwindigkeit überschreiten würde, hätte in Bezug auf die betreffenden Start- und Zielbereiche eine Reise mit Überlichtgeschwindigkeit stattgefunden.

Einstein und Rosen wiesen darauf hin, dass eine Durchtunnelung der Raumzeit mit der Natur Schwarzer Löcher zusammenhängen würde. Im Innern eines Schwarzen Lochs existierte eine Verbindung zu einem anderen Raumzeit-Gebiet. Die sogenannte Schwarzschildlösung, die die Verhältnisse in der Umgebung eines Schwarzen Loches beschreibt, zeigt jedoch, dass eine Kommunikation über ein Wurmloch nicht möglich ist, da es nicht lange genug geöffnet bleibt, um mit weniger als Lichtgeschwindigkeit durchquert zu werden. Wenn ein Schwarzes Loch jedoch Ladung besitzt oder rotiert, sind die Verhältnisse komplizierter. Es lassen sich relativistische Modelle aufstellen, die Transport von Masse und Information über eine Einstein-Rosen-Brücke im Prinzip zulassen. In diesem Zusammenhang beschäftigen sich neuere Überlegungen von Physikern mit der Möglichkeit von Zeitreisen durch Wurmlöcher.

Bei allen theoretischen Abwägungen: Im Grunde genommen sind die Bedingungen, ein Wurmloch zu erschaffen, nur eine Frage der

Technik und der Energie. Tatsächlich sind Wurmlöcher im Mikrokosmos bekannt und im Makrokosmos – im Innern der Schwarzen Löcher – inzwischen nachgewiesen.

Wie könnten Wurmlöcher entstehen?

Auf der Suche nach der erforderlichen Energie könnte uns die Sonne – als größter Energielieferant unseres Sonnensystems – durchaus ein großes Potenzial hierfür bieten. Die uns geläufige Materie weist durchweg positive Energie auf und verursacht deshalb eine positive Krümmung der Raumzeit. Auch Antimaterie weist positive Energie auf. Für ein Wurmloch braucht man aber eine Region mit negativer Krümmung, also Materie mit negativer Energie, da diese einer abstoßenden Gravitation entspricht. Was aber ist nun diese negative Energie, und wie kann man sie gewinnen?

Hier kommt uns die Unschärferelation der Quantenmechanik zur Hilfe: Im subatomaren Bereich brodelt es heftig. Es entstehen ständig sogenannte virtuelle, entgegengesetzt geladene Teilchenpaare, die sich alsbald gegenseitig wieder vernichten – und das selbst im absoluten Vakuum. Die Energie zu ihrer Bildung leihen sie sich einfach aus diesem Vakuum und geben sie bei ihrer Vernichtung wieder zurück. Die Energiedichte eines jeden Feldes – egal ob elektrisch, magnetisch oder gravitativ – ist nach der Heisenberg'schen Unschärferelation selbst Schwankungen unterworfen. Zu einem bestimmten Zeitpunkt kann sie in den negativen Bereich gelangen. Sie wird aber durch erhöhte Werte der positiven Dichte ausgeglichen. Der negative Puls wird überkompensiert. Und das umso mehr, je größer die Zeitintervalle zwischen den Pulsen sind. Diesen Effekt nennt man Quantenzins – die negative Energie ist quasi das Darlehen, das mit Zinsen zurückgezahlt werden muss. Je länger die Darlehensdauer (größere Zeitintervalle) und je größer die Darlehensmenge (die negative Energie), um so höher ist der Zins beziehungsweise der positive Puls. Zudem ist bei ansteigenden Darlehensbeträgen die Laufzeit immer kürzer.

Ist es nicht vorstellbar, dass eine Intelligenz, die sich hinter diesen besonderen Flugobjekten zu verbergen scheint, in der Lage ist, sich dieser Technologie zu bedienen?

Darstellung eines schwarzen Lochs. Es beschreibt eine Krümmung der Raumzeit, hervorgerufen durch eine große Konzentration von Masse. Auch im Innern unserer Galaxis ist ein solches schwarzes Loch.

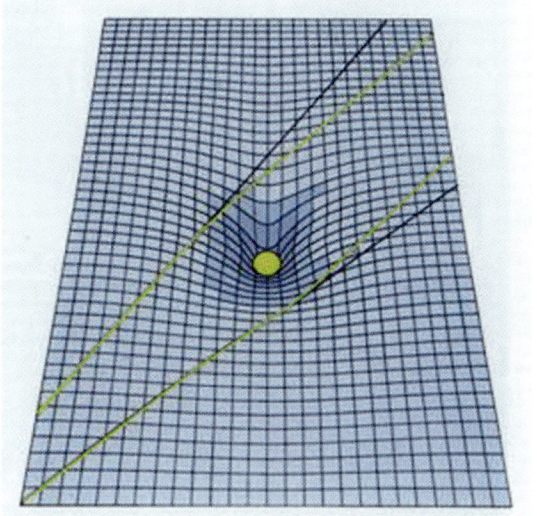

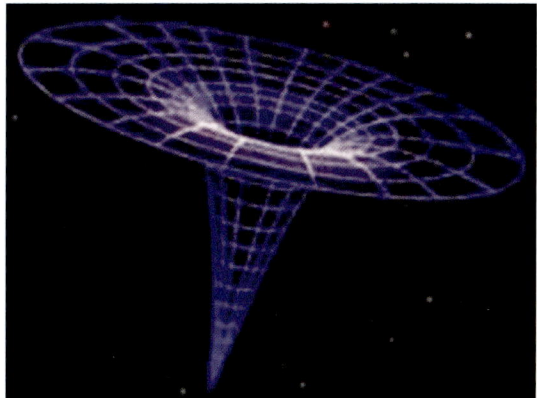

So könnte man sich die Krümmung der Raumzeit vorstellen, die zu der Entstehung eines Wurmloches führt und zu einer Wechselwirkung mit dem Hyperraum. Aufgrund ihrer physikalischen Eigenschaften, könnten Sonnen als Relaisstationen fungieren – und somit Informationen (über den Hyperraum) transportieren.

Intelligente Einflüsse aus dem All

Das entschlüsselte Wissen der Sumerer

Alleine die Form der um die Sonne entdeckten Objekte sollte stutzig machen. Wer sich eingehender mit den Hinterlassenschaften der alten Kulturen aus dem »Gebiet des fruchtbaren Halbmondes« beschäftigt, dem kommt die kosmische Figur, die aussieht, als hätte ein Greifvogel weit die Flügel aufgespannt, wahrscheinlich sehr bekannt vor. Wer damit nichts anzufangen weiß, dem sei von den Ausgrabungen im Zweistromland, dem heutigen Irak, berichtet. Dort stießen Archäologen in den vergangenen Jahrzehnten auf höchst interessante Rollsiegel sowie umfangreiche und nahezu unversehrte Tontafel-Bibliotheken.

  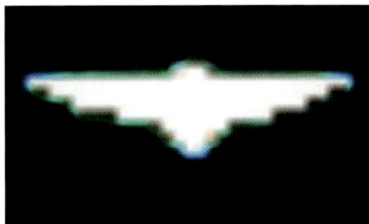

Oben: Derartige Tontafeln wurden zuhauf in Mesopotamien gefunden. Vor 5000 Jahren nutzten sie die Sumerer als Grundlage für die erste aller Schriften: die Keilschrift. Über der Schrift erkennt man die Darstellung ihres obersten Gottes. **Oben rechts:** Die Sumerer verwendeten die Symbolik der geflügelten Scheibe für die Heimat ihrer Götter, den Planeten Nibiru, in diesem Fall verziert mit dem Herrscher Anu. Ist die Ähnlichkeit mit der Form der im All entdeckten Objekte nicht verblüffend?

Der Russe Zecharia Sitchin konnte die Keilschriften erstmals entschlüsseln und die bildlichen Darstellungen interpretieren. Sie zeugen nicht nur von einer kosmischen Intelligenz, die, als Gottheiten verehrt, das Leben auf dem Planeten Erde vor rund 7000 Jahren mitprägte, sondern auch von der Existenz eines weiteren, uns bisher unbekannten Planeten – der Heimat dieser hoch entwickelten Population.

Die sumerische Sternenkarte mit der Inventarnummer VA/243 im Berliner Pergamonmuseum hat es inzwischen zu Berühmtheit gebracht. Sie gibt Zeugnis von dem Aufbau unseres Sonnensystems rund 2500 Jahre vor Christi Geburt. Darauf sind Planeten eingezeichnet, die unsere moderne Astronomie erst im 19. und 20. Jahrhundert entdeckte. Erstaunlicherweise gesellt sich in den Darstellungen der Sumerer ein weiterer, uns bisher verborgen gebliebener Planet in die Sonnenumlaufbahnen. Dieser von Sitchin »Zwölfter Planet« genannte Himmelskörper unseres Sonnensystems (nach Sonne, Merkur, Venus, Erde, Mond, Mars, Jupiter, Saturn, Uranus, Neptun und Pluto) trägt laut den Aufzeichnungen der Sumerer den Namen Nibiru. Seine Bewohner seien die Anunaki. Seine Stellung im Planetensystem soll die große Lücke zwischen Mars und Jupiter andeuten, die wir heute beobachten können.

Zecharia Sitchin übersetzte aus den sumerischen Texten sehr wertvolle Informationen, die uns heute weiterhelfen können. Zunächst konnte er Details über das Ur-Sonnensystem zu Tage fördern. Laut den Sumerern bestand es aus den drei Himmelskörpern Sonne, Merkur und Tiamat. Nachdem weitere Planeten entstanden, wuchs die Trabanten-

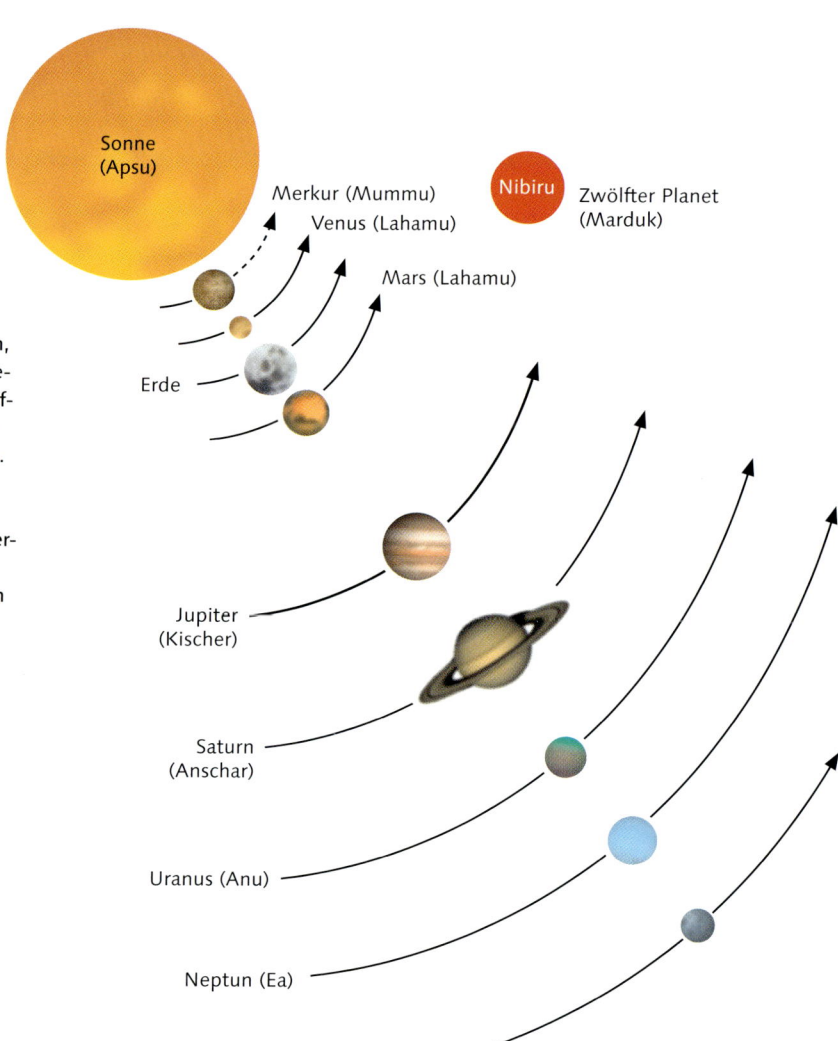

Sonne (Apsu)

Merkur (Mummu)

Venus (Lahamu)

Nibiru Zwölfter Planet (Marduk)

Mars (Lahamu)

Erde

Jupiter (Kischer)

Saturn (Anschar)

Uranus (Anu)

Neptun (Ea)

Pluto (Gaga)

Rechts: Das Sonnensystem, wie die Sumerer es beschrieben. Die Grafik entstand aufgrundlage der Sternenkarte aus dem Pergamonmuseum. Außer den uns bekannten neun Planeten ist dort mit Nibiru ein zehnter Planet verzeichnet oder – Sonne und Erdenmond mitgezählt – ein zwölfter.

zahl um die Sonne auf neun an. Dann drang ein weiterer Planet – eben Nibiru, der bei den Babyloniern auch Marduk genannt wurde – aus den Tiefen des Alls in unser Sonnensystem ein. Er zog vorbei an Neptun, Uranus und Saturn, wodurch sich die Gravitationskräfte aller Planeten veränderten. Die Folge waren Kollisionen und Explosionen, durch die neue Satelliten entstanden, bis es schließlich zum Zusammenstoß zwischen Tiamat und einem der Trabanten Nibirus kam. Nachdem der Eindringling Nibiru einen weiteren seiner großen Umläufe um die Sonne absolviert hatte, kam es zur zweiten und bisher letzten Kollision.

Die Tontafeln der Sumerer berichten weiter davon, dass einer der Trabanten Nibirus den oberen Teil Tiamats abgesprengt haben soll. Dieser Teil wurde in eine neue Umlaufbahn geschleudert und riss dabei einen Satelliten namens Kingu mit. Sie blieben ein Paar und wurden zu Erde und Mond.

INTELLIGENTE EINFLÜSSE AUS DEM ALL

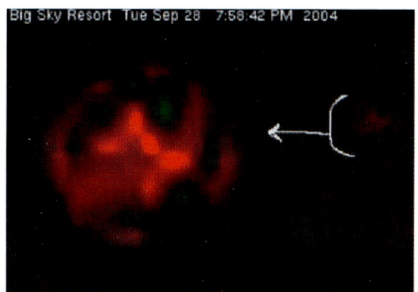 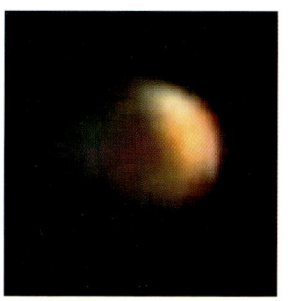 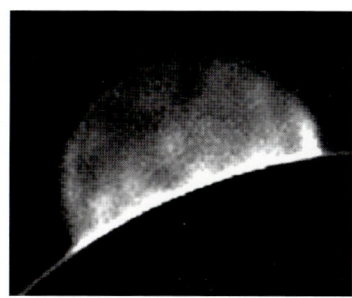

Oben: Mit unterschiedlichen Kamerateleskopen aufgenommene Himmelskörper vor und bei der Sonne. Handelt es sich bei den planetenähnlichen Objekten um Nibiru, die Heimat der sumerischen und damit auch unserer Götter?
Unten: Würde die Umlaufbahn von Nibiru um die Sonne tatsächlich 3600 Jahre betragen, wie es in den alten Inschriften heißt, könnte man sich die Ekliptik des Planeten derart vorstellen.

Das Gold der Anunaki

Das ist noch nicht alles. So richtig abenteuerlich wird es im *Atrahasis-Epos*, das bis heute in einem gut erhaltenen Zustand ist. Sitchin hat es ebenfalls ausgewertet und folgendermaßen interpretiert. Das Epos berichtet von den Anunaki – übersetzt: Jene, die vom Himmel auf die Erde kamen. Sie traten erstmals vor zirka 450 000 Jahren in Erscheinung, reisten von ihrem Heimatplaneten Nibiru, der unsere Sonne alle 3600 Jahre einmal umkreist, zur Erde, um Gold abzubauen. Ein überlebenswichtiges Unternehmen, denn in die Atmosphäre ihres eigenen Planeten verbrachter Goldstaub sollte dabei helfen, dass die geschwächte Atmosphäre nicht ins All entweicht. Auf Nibiru selbst waren keine ausreichenden Goldressourcen vorhanden, so wurde im Sonnensystem nach alternativen Quellen gesucht.

Auf der Erde wurden die Anunaki fündig, wo sie zum Abtransport des Goldes einen Raumflughafen errichteten. Für die Kolonisation der ersten Anunaki eigneten sich die großen Flussebenen wie die des Nils oder die von Euphrat und Tigris. Die erste Gruppe der Anunaki bestand aus 50 Personen. Sie landeten im Arabischen Meer und machten sich auf in Richtung Mesopotamien, wo am Rande der Sümpfe Eridu die erste Siedlung der Erde (übersetzt: in der Ferne erbautes Haus) errichtet wurde. Die Anunaki paarten sich mit den ihnen bei weitem unterlegenen Menschen. Die Erdbewohner wurden alsbald von den

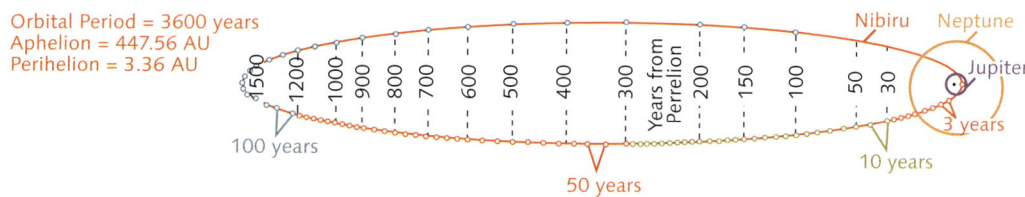

Orbital Period = 3600 years
Aphelion = 447.56 AU
Perihelion = 3.36 AU

Unten: In Ton gedrückte Blaupausen sumerischer Rollsiegel. Darauf sind wiederkehrende Motive zu erkennen: die göttlichen Protagonisten sowie Himmelskörper wie die gefiederte Scheibe (Nibiru), das Siebengestirn (Plejaden) und die Sonne. **Darunter:** Sumerische Symbolik und ihre Bedeutung. Zuerst die Zeichen für Raumschiff und Planet Nibiru, danach Raketensymbolik, ganz unten keilschriftliche Darstellungen für den Gott Enki, den hinabgestiegenen Herrscher der Erde.

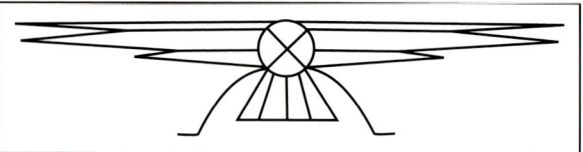

A

B

C

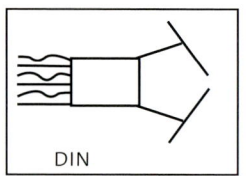

DIN

A

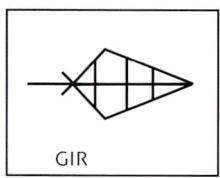

GIR

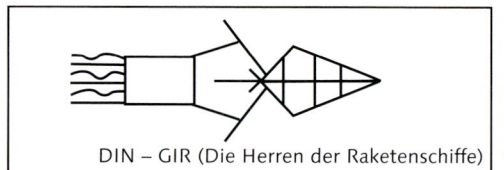

DIN – GIR (Die Herren der Raketenschiffe)

C

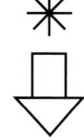

Anunaki in die Knechtschaft geschickt, um das benötigte Gold abzubauen. Die sumerischen Texte benennen Enki – den Herr des Bodens beziehungsweise der Erde – als den ersten großen Anführer. Er war Weiser und Kulturbringer, ein ausgezeichneter Naturwissenschaftler, Lehrer und Ingenieur. Enki war der Sohn von Anu, Herrscher Nibirus und Vermählter der Göttin Nummu.

Die Geschichte der Anunaki geht viel weiter und ist noch um einiges aufregender als hier beschrieben werden kann. Studiert man die von Zecharia Sitchin dekodierten Tontafel-Bibliotheken und Rollsiegel, deutet einiges darauf hin, dass die ältesten vorhandenen Aufzeichnungen irdischer Intelligenzen, eben die Schriften der Sumerer, die Ur-Geschichte unseres Planeten enthalten und zur Quelle aller Religionen wurde. Sitchin schreibt:

»Wir haben die Tempel der Griechen und der Arianer betreten, der Hethiter und Horiter, der Kanaaniter, Ägypter und Amoriter. Wir sind den Wegen gefolgt, die uns über Erdteile und Meere mehrere Jahrtausende rückwärts getragen haben. Und alle Gänge in allen Tempeln haben uns zu einem einzigen Ursprung geführt: Sumer.«

Schmelzziegelgemälde aus Assur. Es zeigt einen assyrischen Herrscher im Gebet vor Gott Aschur. Auch hier ist die Herkunftsbeschreibung durch die am Firmament strahlenden Gestirne eindeutig zu erkennen. **Rechts:** Die berühmte Tafel von Sippur. Sie zeigt die Anbetung des Gottes Schamasch. Der strahlende Kreis vor ihm weist nicht auf die Sonne hin, sondern auf seinen Heimatplaneten.

»Sonnengötter« der alten Kulturen

Jüngste Forschungsergebnisse jedenfalls ordnen in verschiedenen historischen Kulturkreisen den gleichen Göttern unterschiedliche Namen zu. So wird aus dem sumerischen Marduk in Ägypten Ra beziehungsweise Re, im alten Griechenland Zeus. Im Alten Testament der Bibel wandelt er sich um zu Jahwe. Diese Gestalten entsprechen auch der babylonischen Astralgottheit Schamasch. Schamasch galt als allsehender Sonnengott, Richter des Himmels und der Erde, Gott des Landes der Lebenden. Er wanderte des Nachts durch die Unterwelt und brachte den Toten das Licht. Sein Zeichen war die Sonnenscheibe mit einem vierzackigen Stern, aus dem Strahlen schießen. Die geflügelte Sonnenscheibe war das Zeichen göttlicher Fürsorge, und nach einem Baum oder einer Frucht greifende Gestalten galten als Symbole für Fruchtbarkeit und Erkenntnis.

Desweiteren ist die altiranische Darstellung des Sonnengottes Ahura Mazda zu nennen. Ahura Mazda ist im Parsismus, der iranischen Nationalreligion, der Schöpfergott. Sein Name bedeutet »Herr der Weisheit«, und er gilt als Erschaffer der Welten Nenok und Geti. Er verkörpert die Macht des Lichts, ist der Erhalter der Welt und der Menschheit, wirkt als Gott der Fruchtbarkeit der Lebewesen – und wird meist in der Mitte der geflügelten Sonnenscheibe abgebildet.

Zahlreiche andere Kulturen pflegten weltweit eine vergleichbare Sonnenverehrung. Ob bei den Kelten im alten Germanien oder den Maya und Inka Mittel- und Südamerikas: Darstellungen und Huldigungen von Sonnengöttern gehörten zum Alltag.

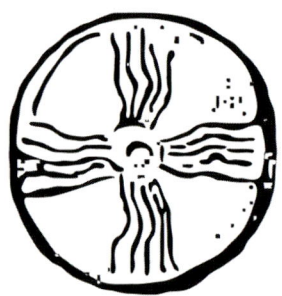

Oben: Darstellung des persischen Schöpfergottes Ahura Mazda. Die Sonnenscheibe über dem Helm symbolisiert die Herkunft der Anunaki. Die Symbolik taucht kulturübergreifend auf, auch in uns bekannten Zusammenhängen. So dürfte unser Altes Testament mit dieser Epoche gekoppelt sein. **Links:** Unterschiedliche historische Zeichnungen der Himmelsscheibe. **Unten:** »Sonnen«-verehrende Steinarbeiten der Maya sowie der Kelten in Form des Steins von Beckstedt.

INTELLIGENTE EINFLÜSSE AUS DEM ALL

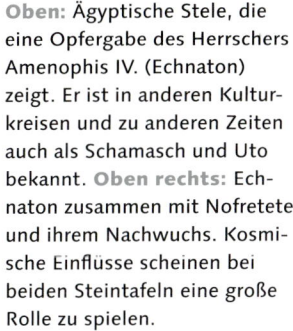

Oben: Ägyptische Stele, die eine Opfergabe des Herrschers Amenophis IV. (Echnaton) zeigt. Er ist in anderen Kulturkreisen und zu anderen Zeiten auch als Schamasch und Uto bekannt. **Oben rechts:** Echnaton zusammen mit Nofretete und ihrem Nachwuchs. Kosmische Einflüsse scheinen bei beiden Steintafeln eine große Rolle zu spielen.

Die Begrifflichkeiten »Sonnenscheibe« und »Sonnengott« führen allerdings auf den falschen Weg. Der Widerspruch sei hier kurz erklärt. Den Mittelpunkt der astronomischen Wissenschaft und in der Folge aller Religionen, Glaubensrichtungen, Ereignisse und Beschreibungen des Altertums bildete die Überzeugung, dass es noch einen Planeten in unserem Sonnensystem gab, einen Planeten mit der weitesten Umlaufbahn, einen »obersten Planeten« oder »Himmelsherrn«, ein Gestirn, das die Ägypter den »unzerstörbaren Stern«, den »millionenjährigen Stern« nannten oder die »Wohnung der Götter«. Diesem Planeten mit der majestätischsten Umlaufbahn huldigten die Völker der Antike ohne Ausnahme. In Ägypten, in Mesopotamien und vielen anderen Gebieten der Erde war sein Emblem die geflügelte Kugel. In der Annahme, dass die Himmelsscheibe auf den ägyptischen Abbildungen die Himmelswohnung des Gottes Re darstelle, bezeichneten die Gelehrten Re hartnäckig als Sonnengott und die geflügelte Scheibe als Sonnenscheibe. Das *ägyptische Totenbuch* beschreibt in den Schilderungen der Reise des Königs Pepi I. die Landeaktion eines Fluggefährts:

»*Die Stille ist gebrochen: der Himmel spricht, die Erde bebt, die Erde zittert; die beiden Gebiete der Götter rufen, der Boden bricht auf, wenn der König aufsteigt zum Himmel, wenn er über das Gewölbe fährt. Die Erde lacht, der Himmel lächelt, wenn der König aufsteigt zum Himmel. Der Himmel jubelt ihm zu, die Erde bebt für ihn. Der donnernde Sturm treibt ihn, es donnert wie Seth. Die Himmelswächter öffnen ihm die Türen. Inmitten des Aufruhrs, des Donners und Bebens erhebt sich der Himmelsstier. Dann verebbt der Tumult, und der König ist in der Luft.*« Eine Passage weiter heißt es: »*Zweimal hat er den Himmel und die beiden Länder umkreist. Der Bestimmungsort des Königs ist Aten, die geflügelte Scheibe, auch unveränderlicher Stern genannt, wo Re wohnt. Die Himmelsreise dauert acht Tage.*«

Es dürfte inzwischen klar sein, dass nicht die Sonne, sondern der Zwölfte Planet als geflügelte Scheibe dargestellt wurde. Tatsächlich unterscheiden die ägyptischen Zeichnungen deutlich zwischen der Himmelsscheibe, die diesen Planeten darstellt, und der Sonne. Auf ausgegrabenen Abbildungen sind beide am Firmament zu erkennen – dargestellt durch die bogenförmige Gestalt der Göttin Nut. Eine Tafel im Britischen Museum in London zeigt die Anbetung des Gottes Sama. Deutlich ist auch der Zwölfte Planet als Himmelskugel oder Scheibe erkennbar, wohingegen die Sonne ihre begünstigenden Strahlen aussendet.

Wussten also die Ägypter wie die Sumerer schon vor Jahrtausenden, dass die Sonne im Mittelpunkt des Sonnensystems steht, dem zwölf Planeten angehören? Dass dies zutrifft, ist aus Himmelskarten zu ersehen, die man auf Mumiensärgen gefunden hat. Eine gut erhaltene Himmelskarte, die Heinrich Karl Brugsch, ein bedeutender Forscher auf dem Gebiet der ägyptischen Altertumskunde, 1857 in einem Grab in Theben entdeckt hat, belegt diesen Fakt eindeutig.

Die verblüffenden astronomischen Kenntnisse der Sumerer

Dass die Sumerer, das Urvolk der Erde, über ein nach konservativer Lehrmeinung nicht erklärbares astronomisches Wissen anhäuften, zeigt ein anderes Beispiel. Den Sumerern waren Himmelsachse, Himmelspole, Eklipse, Tag- und Nachtgleichen und weitere Himmelsphänomene bestens bekannt. Am erstaunlichsten aber muss es uns anmuten, dass sie mit der sogenannten »absoluten Genauigkeit« vertraut waren. Darunter ist die Verlagerung der Tag- und Nachtgleichenpunkte auf der Ekliptik zu verstehen. Sie wird dadurch verursacht, dass die Achse der Ekliptik einen Kegel vom halben Öffnungswinkel von 23,5 Grad beschreibt. Die Verlagerung ist minimal, gemessen an der Lebensspanne des Menschen: Sie beträgt alle 72 Jahre nur 1 Grad der 360 Grad des Tierkreises. Da der Tierkreis, in dem die Erde wie die anderen Planeten um die Sonne kreist, in zwölf Felder oder Häuser eingeteilt ist, nimmt jedes Feld ein Zwölftel des Kreises ein, also 30 Grad. Infolgedessen dauert es 2160 Jahre (72 mal 30), bis die Erde ein Feld hinter sich gelassen hat. Mit anderen Worten: Wenn ein Astronom auf der Erde am Tag des Frühlingsäquinoktiums die Sonne vor dem Tierkreiszeichen Fische hat aufgehen sehen, werden seine Nachkommen sie 2160 Jahre später vor dem nächstfolgenden Feld, dem Tierkreiszeichen Wassermann, aufgehen sehen.

INTELLIGENTE EINFLÜSSE AUS DEM ALL

Kein einziger Mensch, nicht einmal ein ganzes Volk, hatte dieses Phänomen im Altertum beobachten, bemerken und verstehen können. Doch der Beweis ist unwiderlegbar: Die Sumerer, die ihre Zeitrechnung beziehungsweise ihren Kalender im Zeitalter des Stiers, also etwa 4400 vor Christi Geburt begannen, wussten davon und verzeichneten auf ih-

Schon die Sumerer kannten die Tierkreiszeichen des Himmels. In diesem Relikt der mesopotamischen Kultur bildet eine Schlange das Zentrum des Sternenzyklus. Forscher Zecharia Sitchin bringt die auch im Tierkreis vorkommenden Sphinx-Skulpturen Ägyptens in Zusammenhang mit den außerirdischen Kontakten.

ren Tabellen die vorherigen Präzessionsverschiebungen zu den Fischen (etwa 6500 vor Christus), zum Krebs (etwa 8700 vor Christus) und zum Löwen (etwa 10900 vor Christus). Fast unnötig zu betonen, dass die Sumerer auch wussten, dass um das Jahr 2200 vor Christus am Tag des Frühlingsäquinoktiums das Widderzeitalter beginnen würde – für die mesopotamischen Völker der Neujahrstag.

Schon einige frühere Gelehrte, die ägyptologisches und assyriologisches Wissen mit astronomischen Kenntnissen verbanden, erkannten, dass die textlichen und bildlichen Darstellungen das Tierkreiszeitalter als einen großen Himmelskalender benutzten, wobei Ereignisse auf der Erde mit den größeren Maßstäben der Astronomie in Beziehung gebracht wurden. In neuerer Zeit wurde diese Erkenntnis als Hilfsmittel bei prähistorischen und geschichtlichen chronologischen Studien verwendet.

Für Zecharia Sitchin besteht kein Zweifel daran, dass die löwenähnliche Sphinx südlich von Heliopolis und die widderähnlichen Sphinxen, die den Tempel in Karnak bewachen, das Tierkreisalter bezeichnen, in dem sich die Begebenheiten zutrugen, mit denen sie in Beziehung standen oder in dem die von ihnen dargestellten Könige oder Götter herrschten.

Sind Aton Ra – die geflügelte Sonnenscheibe der Ägypter – und das Symbol Nibirus nun identisch? Handelt es sich bei einem der mysteriösen Objekte, die vor der Sonne zu beobachten waren und sind, möglicherweise um den Heimatplaneten der Anunaki? Treffen die sumerischen Beschreibungen zu, welche die Rückkehr der »alten Götter« in den Zeitraum ab 2003 ankündigen? Die letzte Wahrheit wird allein die nahe Zukunft zeigen. Die Indizien, dass dem so ist, sind allerdings erdrückend.

Rückkehr der göttlichen Vergangenheit – Bedrohung oder Erlösung?

Welchen Schluss könnten wir nun ziehen? Trauen wir den merkwürdigen Aufnahmen um die Sonne, so könnte zwischen dem Auftauchen der Objekte und den Sonnenaktivitäten ein Zusammenhang hergestellt werden. Immerhin konnten wir deutlich erkennen, dass die Sonne mehrfach von torpedoähnlichen Geschossen getroffen wurde, was wiederum zu extremen Explosionen auf der Sonne führte. Der Einfluss der Geschosse – ob nun natürlichen oder künstlichen Ursprungs – lassen die Sonne nicht zur Ruhe kommen. Lasse ich meiner Fantasie nun einmal freien Lauf, könnte ich aus der Sichtung des gesamten Bildmaterials ableiten, dass es sich bei diesem Szenario um eine Art kosmischen Disput handeln könnte. Ich wage mich an folgende Darstellung:

Die Natur in ihrer ursprünglichsten Art gründet sich in perfekt aufeinander abgestimmte Weise auf das Zusammenspiel all ihrer Bestandteile. Evolution gilt als elementarster Aspekt des kosmischen Seins. Rhythmus, Harmonie und Ordnung stellen die Grundeigenschaften dar. Der Ordnungssog der Natur hält das Spiel der Materie auf Kurs. In dem Moment, wo sich der bewusste Geist der Materie bedient – hierzu zähle ich nicht nur die Körperlichkeit eines Lebewesens –, wird eine unscharfe Einflussgröße in diese Naturprinzipien eingebracht. Aus Handlungen, die diesen Naturgesetzen nicht entsprechen, entsteht eine Disharmonie des kosmischen Seins. Die Natur ist nun bestrebt, die entsprechende Unausgeglichenheit nachzuregeln. Hierzu bedient sie sich ihrer eigenen Mittel.

Sie ist selbst in der Lage, sich ihrer Gesetze und ihrer Materie zu bedienen. Offenbar ist nun in unserer Galaxis einiges soweit aus dem Ruder gelaufen, dass ein gewisser Schwellenwert erreicht wurde. Ein Höchstmaß an Widernatürlichkeit scheint erreicht. Die Natur ruft nun ihr göttliches Potenzial auf den Plan. Die gleichen Wirk- und Schaffenskräfte, die das ganze Universum am Laufen halten, treten gegenwärtig in Erscheinung. So soll beispielsweise unser Sonnensystem nun neu kalibriert werden. Diese Kalibrierung erfolgt zwischen sämtlichen

Galaxien und entspricht etwa dem Reset eines Computers. Wir Menschen erkennen dadurch die katastrophale Lage auf der Erde, die wir selbst verschuldet haben.

Dieses Szenario tritt im Sinne der zyklisch verlaufenden Evolution nicht das erste Mal in Erscheinung. Der Auf- und Untergang sämtlicher

Rechts: Es war der NASA-Wissenschaftler J.A. Eddy, der zum ersten Mal den Aufstieg und den Niedergang von Hochkulturen in dieser Grafik in den Zusammenhang mit der Sonnenaktivität beziehungsweise der Zahl der Sonnenflecken stellte. Er veröffentlichte sie 1979 in seiner Schrift *A New Sun – The Solar Results Form Sky Lab*. Für den Vergleich bemüht er auch die Konzentration des radioaktiven Isotops Carbon14 sowie das Fließverhalten der Gletscher.
Unten: Die Abbildung basiert auf dem Tzolkin-Code der Maya und beschreibt die Ankopplung von galaktischem Zentrum und menschlichem Bewusstsein. Der Prozess vollzieht sich über unsere Sonne.

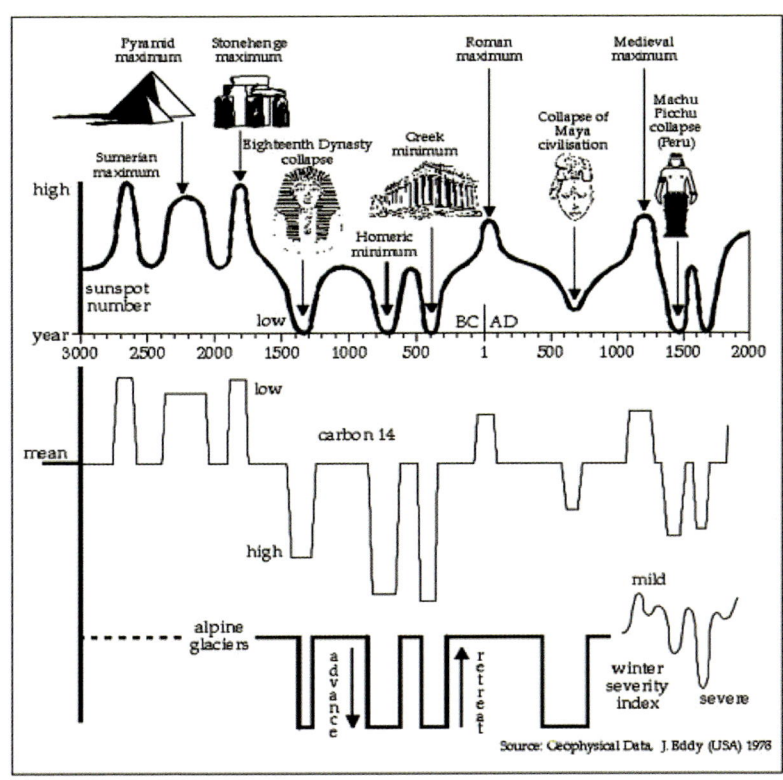

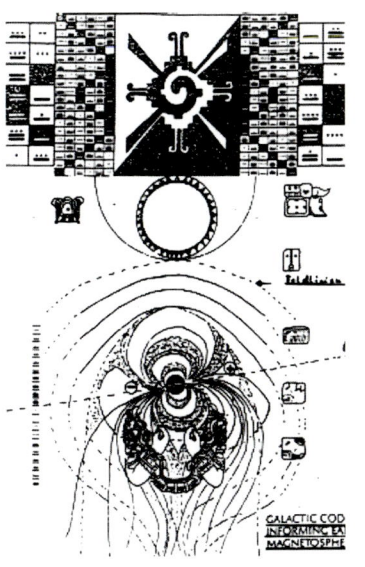

Hochkulturen stand immer unter dem Einfluss von Sonnenaktivitäten. Daher scheint es eine Verbindung mit der Quelle zu geben. Die hierzu gewonnenen Daten weisen eine auffällig deutliche Korrelation der letzten 5500 Jahre auf. Die populärwissenschaftlich orientierten Forscher Cotterell und Gilbert haben zu diesem Thema jenen bereits erwähnten Bestseller geschrieben. Darin belegen sie eindeutige Zusammenhänge zwischen der Entwicklung von Weltreichen und entsprechenden Sonnenzyklen – vom babylonischen Reich um 3000 vor Christus über das Römische Reich bis hin zur Epoche der Mayakultur. Dieses Datenmaterial deutet auf einen Paradigmenwechsel in unserer Gegenwart hin. Der Abschluss dieser finalen Epoche soll den Berechnungen zufolge das Jahr 2012 sein.

2012 ist letztlich auch das Datum, welches dem Tzolkin, einem der Kalender der Maya, entnommen wurde. Dieser Tzolkin, auch Maya-Code genannt, ist von Dr. José Argüelles 1987 entschlüsselt worden.

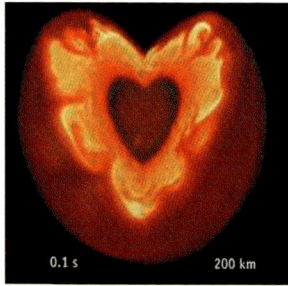

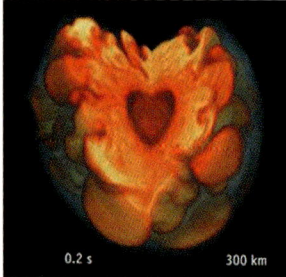

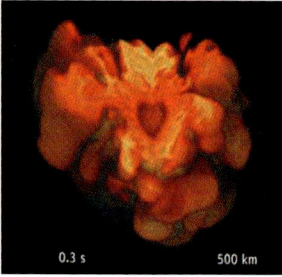

**Als ich diese beeindrucken-
den Computersimulationen**
auf dem Titel der Zeitschrift
Sterne und Weltraum aus dem
Januar 2007 sah, musste ich an
die Hinterlassenschaften der
Maya denken, sprechen sie
doch vom »Herz der Galaxis«,
von dem aus der Mensch ko-
diert wird. Diese Bildfolge
zeigt die Expansion aufsteigen-
der Blasen sehr heißen Plasmas
am Anfang einer Supernova-
explosion. Es ist also der Blick
ins »Herzstück« eines Sterns.

Auch der Tzolkin beschreibt ein deutliches Zusammenspiel zwischen
kosmischen Konstellationen und Bewusstseinsepochen.

Dem Tzolkin zufolge ist unsere Sonne nur eine von weiteren Sonnen, die hierarchisch angeordnet sind. Von unseren Astrophysikern
wissen wir heute, dass der Stern Sirius unserer Zentralsonne entspricht.
Der Maya-Code beschreibt noch eine weitere, eine Art Haupt-Zentralsonne unseres Universums. Von dort aus soll zu bestimmten Zeiten ein
»galaktischer Synchronisationsstrahl« auf das Bewusstsein der Menschen einwirken. Diese Haupt-Zentralsonne verstanden die Maya als
Herz und Geist unserer Galaxis. Sie meinten, die Galaxis hätte Absich-
ten. Vom Herzen beziehungsweise dem Zentrum der Galaxis aus würden sämtliche Kodierungen vorgenommen.

Die Quantenphysik lehrt uns, dass ein derartiger elektrodynami-
scher Austausch (Information) sogar zwischen Photonen der Sonne
und den menschlichen Elektronen stattfindet. Unsere Sonne, so der
Tzolkin der Maya, vermittelt Daten anderer Sonnen. Sie wird von mindestens zwei anderen Sonnensystemen gespeist und moduliert. Die
Verbindungsebenen dieser Sonnen laufen über die Zentralsonne, Sirius, die Plejaden und enden mit der Sonne unseres Planetensystems.
Durch die binäre Sonnenfleckenbewegung wird buchstäblich höheres
Wissen übertragen.

Nehmen wir doch einmal an, dass die zu Beginn des Buches ge-
schilderten Stromausfälle bewusst gesteuerte Vorgänge sind. Sie dienen möglicherweise dem Schutz der Erde und der Menschen. Es wäre
demnach also ein Eingriff von höchster Schöpferebene.

Diese Schöpferebene hat der geniale Physiker Burkhard Heim in
einem ganzheitlichen Beschreibungsmodell des kosmischen Aufbaus
nachgewiesen. Nach Heim finden Interaktionen zwischen insgesamt
zwölf Dimensionen statt. Gravitation ist dabei das Instrument des
höherdimensionalen Geistes. Nach Heims Theorie liegen in diesen
höheren Dimensionen sämtliche Programme für die physikalischen
Parameter und Gesetze vor, wobei eines dieser Programme über einen
evolutionären Bauplan die Entstehung des uns bekannten Universums
bewirkt.

An diesem Punkt stellt sich die Frage nach dem Programmierer der
Programme. Im Sinne der Ursächlichkeit sollte diesen Programmen ein
Schöpfer zugrunde liegen. Tatsächlich, so erklärt uns die Berechnung
Burkhard Heims ebenfalls, ist diesen Ur-Programmen eine Ebene des
Geistes übergeordnet. Hier läge die tatsächliche Wurzel des Seins. Dies
hätte naturgemäß zur Folge: Eine Veränderung am Programm bewirkt
eine Veränderung am materiellen Ergebnis.

Gegenwärtig steht, so interpretiere ich die jüngsten Daten, ein
neuer von der Schöpferebene aus initiierter Machtwechsel an. Bei ge-
nauerer Betrachtung sowie der Einbeziehung der Hinterlassenschaften
einiger älterer Hochkulturen wie der Maya, ist jedoch zu erkennen,

INTELLIGENTE EINFLÜSSE AUS DEM ALL

Der Tzolkin der Maya vor der Sonne. Der Kalender ist nicht mit unserem Verständnis von Tageszählung zu vergleichen, sondern weist bestimmte Energien aus, die an bestimmten Tagen wirken. Interpreten des Tzolkin gehen davon aus, dass er höchstwahrscheinlich die Programme angibt, durch die die Erde aus dem Kosmos heraus kalibriert wird.

dass es sich diesmal um ein nie dagewesenes, unvorstellbar großes Ereignis handelt. Was auch immer geschehen mag, es wird unsere Vorstellungskraft sprengen. Fakt scheint zu sein, dass über die Sonne der größte Einfluss auf die Erde und das menschliche Bewusstsein ausgeübt wird.

Das naturgemäße Eingreifen eines Allschöpfers von höchster Stelle scheint offenbar einigen Wesenheiten nicht in ihr Konzept zu passen. Mit ihren Mitteln versuchen sie die Sonne dahingehend zu beeinflussen, dass sie ihre göttliche Mission, den Reset, nicht ausführen kann. Damit soll verhindert werden, dass uns die entsprechenden Wirkgrößen – wie Magnetfelder und Gravitation – erreichen. Wiederum andere Wesenheiten versuchen nun, quasi vor Ort die Verhinderer an ihrer Aktion zu hindern, damit der natürliche Prozess fortgesetzt werden kann. Ziel dieser naturgewollten Mission von der Quelle scheint zu sein, uns Menschen aus dem kollektiven Schlaf, dem Zustand der Unbewusstheit, zu erwecken.

Es gilt inzwischen unter Hirnforschern auf der ganzen Erde als Fakt, dass wir dem Trugschluss erlegen sind, wir seien Herr unserer Gedanken und damit unseres Willens. Das Gegenteil ist der Fall. Wir werden gesteuert. An diesem Fatalismus soll sich nun aus kosmischer Sicht etwas ändern. Andernfalls laufen wir Gefahr, aus unserem kollektiven Traum, den andere lenken, nicht mehr zu erwachen. Wir stecken fest in einer Situation, aus der wir ohne Hilfe von ganz oben nicht mehr entkommen können.

Unser Lebensraum, das ist nun meine Erkenntnis, ist gerade dabei, neu ausgerichtet zu werden. Wir werden über eine Lichtzone in die nächste Evolutionsordnung gehen. Diese vollständige Neuausrichtung der Erde beziehungsweise der Menschheit wird bis zum Ende des Zyklus 2006 bis 2012 erfolgen. Hier sollte der richtige Zeitpunkt getroffen werden, sonst würde eventuell ein Verfall des Bewusstseins eintreten.

Dieser Übergang in eine neue Bewusstseinsebene ist als eine Raumzeit-Überlappung zu verstehen. Vor dem Eintritt in die Nullzone – wir erinnern uns an das Channeling von Essene und Nidle – überqueren wir die Lichtzone.

Entropie und Negentropie

Ohne an dieser Stelle zu sehr in die Quantenphysik einzudringen, möchte ich auf den Begriff der negativen Entropie (Negentropie) hinweisen. Die uns geläufige Entropie stellt eine Grundeigenschaft der Materie dar. Während Materie den Gesetzen der Entropie unterworfen ist, verlaufen die Prozesse im Inneren der Materie genau gegensätzlich. Hier herrschen die Gesetze der Negentropie. Während die Materie sich immer weiter auf den Zustand des Chaos, der Unordnung, zubewegt, verläuft es im Innern der Materie in Richtung Ordnung. So stellt Entropie ein Verfallsmaß von Materie und Energie dar, während negative

Entropie ein Ordnungs- oder Harmoniemaß ist. Entropie und Negentropie sind also beiderseits auch immer ein Informationsmaß.

Bewusstsein und Lebensdynamik realisieren sich im Wechsel steigender und fallender Aktivitätenströme, die im Raumzeitschnitt als informationstragende, entropiemindernde Gravitationswellen physikalisch beschrieben werden können. Mittels künstlich erzeugter Gravitationswellen sind prinzipiell auf allen materiellen bis geistigen Organisationsniveaus über raumzeitunabhängige Kanäle beliebige Bewirkungen denkbar. Die Kopplung wird durch Ähnlichkeit der Muster realisiert, der Übergang von Photonenfeldern beziehungsweise elektromagnetischen Schwingungen zu den Gravitationswellen ist in beiden Richtungen möglich, wobei als wesentlicher Parameter innerhalb unseres Systems der zeitliche Verlauf einhergeht.

Aktivitäten in Sonnennähe aus dem Jahre 2006, die die SOHO-Kamera LASCO 2 registrierte. Die plötzlich periodisch auftretenden und länger anhaltenden Wellen am Sonnenrand (der virtuellen Scheibe) lassen – wie man mir erzählte – selbst einige Astrophysiker ratlos dreinschauen. Die Anomalien stehen wiederum in Zusammenhang mit einem Objekt, das vergrößert aussieht wie ein Raumgleiter. Hochinteressant an den Aufnahmen ist, dass man zudem entgegengesetzt verlaufende Wellen erkennen kann.

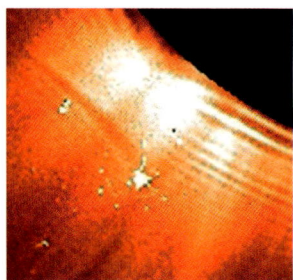

Einfach ausgedrückt könnte man sagen, dass die Bedingungen, uns Menschen in einen höheren Zustand zu versetzen, am einfachsten durch die Mithilfe der Sonne zu bewerkstelligen ist. Durch diese steht das erforderliche Energiepotenzial bereit, um derartige Experimente hervorzurufen. Tatsächlich sind einige der Voraussetzungen für einen Dimensionssprung durch Referenzmessungen indirekt in Erscheinung getreten. Die Ableitungen daraus führen zu der Annahme, dass die beobachteten Raumzeit- beziehungsweise Gravitationsanomalien im Umfeld der Sonne im Zusammenhang mit den Flugobjekten stehen.

Erstaunlicherweise wird in dem Buch *Der Photonenring* diese Phase sehr ähnlich beschrieben. Dieser Vorgang wird mit der elektromagnetischen Nullzone beschrieben, durch die die Menschheit im Schutze einer Lichtblase geführt beziehungsweise mittels Lichtfeldern im Gleichgewicht gehalten wird. Würde dies nicht passieren, könnte sich unser Gehirn als elektromagnetischer Computer nicht an die neue Lichtfrequenz anpassen und würde zerstört. Durch eine Veränderung unserer Spinorientierung (antiparallel) wird eine solche Kopplung durchgeführt. Hierdurch kann unser Bewusstsein die Magnetfeldstrukturen durchbrechen und macht sich durch die Verlagerung zu neuen Energiebanden der Elektronen und Elektron-Proton-Strukturen von ihnen unabhängig. Dieser Vorgang würde einer Abkopplung vom Erdmagnetfeld entsprechen. Die können wir in der Tat seit einiger Zeit beobachten.

Aus verständlichen Gründen werden uns seit etlichen Jahren keine aktuellen Grafiken dazu mehr angeboten. Selbst wiederholte Bitten nach aktuelleren Darstellungen vom örtlichen Erdmagnetfeld blieben erfolglos.

Oben: Weltweit gehen immer mehr Wissenschaftler inzwischen davon aus, dass die physikalische Grundkraft der Gravitation große Auswirkungen auf die menschliche Psyche hat. Darum haben die Ereignisse im Umfeld der Sonne elementare Bedeutung für uns. **Unten:** Vermutungen werden dahingehend angestellt, dass uns in einer Zeit kosmischer Kalibrierung und eines schwächer werdenden Erdmagnetfeldes bestimmte Kräfte daran hindern wollen, den natürlichen Erweckungsprozess zu durchlaufen.

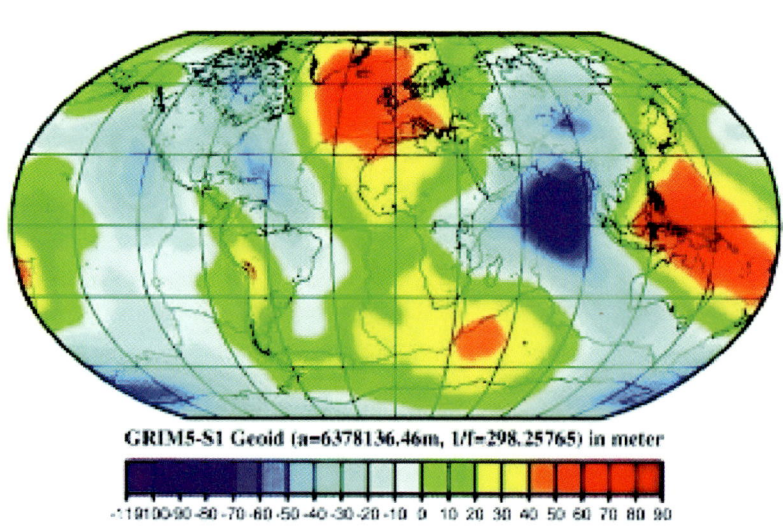

GRIM5-S1 Geoid (a=6378136.46m, 1/f=298.25765) in meter

-119100-90-80 -70-60-50-40-30-20-10 0 10 20 30 40 50 60 70 80 90

INTELLIGENTE EINFLÜSSE AUS DEM ALL

Ganz offenbar stehen die Sonnenaktivitäten, die Flugkörper, die Abnahme des Erdmagnetfeldes, unser Gehirn, unsere Zellen und unsere DNS in direktem Zusammenhang. Der natürliche Transformationsvorgang, der offenbar behindert wird, setzt allerdings eine besondere Geisteshaltung voraus. Aus der bisherigen egozentrierten Sicht- und Handlungsweise heraus werden wir uns nicht als aktiven Bestandteil des kollektiven Ganzen erkennen. Dieses wird, davon bin ich absolut überzeugt, erst über einen Erkenntnisprozess erfolgen, der durch die kosmischen Einflüsse ermöglicht wird.

Der einstige CIA-Mitarbeiter Virgil Armstrong sieht die Menschheit im Übergang zum »Christusbewusstsein«. In Anbetracht dieser epochalen kosmischen Wendezeit konnte er die Vertuschung nicht mehr mittragen und ging bereits 1980 mit seinem Insider-Wissen an die Öffentlichkeit. Seine größte Botschaft: Irdische Regierungen würden längst mit außerirdischen Intelligenzen in Kontakt stehen.

Auf Chaos folgt Christusbewusstsein – Sind wir bereit?

Und die uns dabei rettende Lichtzone? Gibt es die überhaupt? Ja, sie wurde zum ersten Mal 1961 von Wissenschaftlern in der Nähe der Plejaden mit Hilfe von Satelliten entdeckt. Die brisante Bedeutung dieses Photonenrings wird uns durch ein Statement des ehemaligen CIA-Mitarbeiters Virgil Armstrong verdeutlicht, den wir gleich noch näher kennenlernen. Für ihn ist die Energie des Photonengürtels, also jener Lichtzone, das Werkzeug für den Neubeginn, für die neue Zeit und die Scheidung der Geister, wie sie in den großen Prophezeiungen für unsere Zeit beschrieben und angekündigt ist. Armstrong sagt:

»In der Realität des Photonengürtels kann man nur noch das Göttliche leben. Jeder wird sich in der nächsten Zeit entscheiden müssen, ob er das Christusbewusstsein akzeptiert oder ob er das nicht will. Es liegt bei Ihnen, Sie haben die Entscheidung! Die Erde wird sich transformieren, mit Ihnen oder ohne Sie, aber sie wird es!« Was für das Akzeptieren der von ihm Christusbewusstsein genannten Einstellung notwendig ist, erklärt Armstrong mit einfachen, klaren Worten: *»Lerne zu lieben, zu vergeben, sich selbst und anderen Liebe zu sein!«*

Wie es aussieht, befinden wir uns bereits auf der Reise in die nächste schöpferische Intelligenzebene der totalen Liebe. Doch wann genau wird die Transformation einsetzen? Unabhängig davon, wie unsere Entscheidung ausgehen wird: Das Wann wird offenbar durch das System bestimmt. Den Ergebnissen von Prigogine und seinen zahlreichen Nachfolgern ist zu entnehmen, dass chaotischen Systemen immer mehr Chaos zugeführt wird, bis die Wandlung einsetzt. Der Schwellenwert bestimmt das Kippen. Ganz offensichtlich ist das gegenwärtige Chaos noch nicht ausreichend für das göttliche Schauspiel.

Nun stehen uns zwei grundsätzliche Möglichkeiten zur Wahl. Die eine Möglichkeit beschreibt einen kontinuierlichen Verlauf, ein immer stärker zunehmendes Chaos, bis eben der Maximalpunkt erreicht ist.

Impressionen aus den Tiefen des Alls. Noch nie hat eine von Menschenhand gebaute Kamera so scharf in den Kosmos geschaut. Im Dezember 2009 wurde das amerikanische Infrarot-Teleskop WISE ins All gebracht, um detailliertere Aufnahmen von neuen und altbekannten Himmelskörpern zur Erde zu senden. Interessant ist, dass diese Mission in einer Zeit startet, in der die Spekulationen über einen nahenden Planeten Nibiru fast täglich zunehmen. Zum Projekt WISE schreibt beispielsweise *Spiegel Online:* »Die Forscher interessieren sich auch für Himmelskörper, die uns eines Tages gefährlich werden könnten.« Auf dieser Doppelseite sehen wir zwei im Februar 2010 von der NASA veröffentlichte Bilder, den erstmals entdeckten Kometen Siding Spring sowie eine Galaxien-Ansammlung in 60 Millionen Lichtjahren Entfernung.

Spektakuläre Aufnahme des WISE-Satelliten von der Andromenda-Galaxie. Sie ist »nur« 2,5 Millionen Lichtjahre von der Erde entfernt, wurde aber noch nicht derart perfekt fotografiert.

Die andere Möglichkeit skizziert ein schockartiges, globales Chaos, das beispielsweise durch einen größeren Meteoriteneinschlag ausgelöst würde.

Das Chaos ist in einer fundamentalen Art mit unserem Geist und unserer Wahrnehmung gekoppelt – wie innen, so außen. So erzeugen wir in einer Situation der Panik ein entsprechendes Chaos in uns selbst und unserer Umwelt. Findet also ein globales Ereignis statt, an dem Milliarden von Menschen zeitgleich beteiligt sind, so wirkt sich dies entsprechend auf das gesamte System der Erde aus – im Grunde sogar im gesamten Kosmos.

Nehmen wir zur Kenntnis, dass sich Chaos in seinem extremsten Zustand in höchste Ordnung wandelt. Dass Chaos das Vehikel höherer Ordnung ist und als Chance zu einer selbst gewählten Welt dient.

Welchen Weg wir letztendlich wählen, mit dieser Entscheidungsfindung können wir in diesem Augenblick beginnen. Der Weg sollte möglichst von Harmonie, Freude und Liebe geprägt sein.

Aber wie können wir diese Entscheidung mit freiem Willen treffen, wenn wir vorher gelernt haben, dass »alles Verhalten den neuronalen Vorgängen nachgängig« ist? Obgleich ich sehr aktiv in diesem Bereich der Forschung bin, muss ich doch eingestehen, dass ich keinen Kollegen kenne, der dieser Frage naturwissenschaftlich fundiert nachgeht. Der große Neuroforscher und Nobelpreisträger Sir John Eccles machte zwar das »Selbst« für die übergeordneten Strukturen des Gehirns verantwortlich, versäumte leider jedoch, seinen Schülern etwas über die Gefangenschaft des Geistes zu erzählen. So blieb dieses Selbst allein

INTELLIGENTE EINFLÜSSE AUS DEM ALL

auf der Strecke. Schau ich jedoch Kollegen aus dem Fachbereich der Quantenphysik auf die Formeln, so darf ich erkennen, dass sie glücklicherweise offenbar den Schlüssel zur Lösungstür in ihren Reihen halten. Damit meine ich, dass zwar ein solches Bewusstseinsmodell vorliegt, jedoch nicht für unsere Fragestellung genutzt wurde. Unternehme ich diesen Versuch, kommt ich zu folgendes Ergebnis:

Der naturwissenschaftliche Fakt, dass alles Verhalten den neuronalen Vorgängen nachgängig sei, ist darin begründet, dass wir unseren Willen nicht zum Einsatz bringen! Diese Antwort mag zwar trivial erscheinen, sie ist jedoch von ungeahnter Bedeutung. Natürlich könnte diese Interpretation auch von einem Verhaltensforscher stammen. Die quantenphysikalische Deutung aber geht der Sache auf den Grund. Vereinfacht ausgedrückt sagt sie, dass, solange die Strukturprogramme (Dimension X_5 und X_6) nicht von den Geistesprogrammen (Dimensionen > X_8) überlagert werden, sämtliche Strukturprogramme ihre Wirksamkeit behalten. Somit leben wir in einer Gefangenschaft der festgefahrenen Schleifen und Gedankenmuster.

Der Weg beginnt im eigenen Inneren

Die Leser meines Buches *Matrix-Code* werden sich an ein Zitat erinnern, welches in genau diesem Zusammenhang steht: »Wollt ihr leben oder gelebt werden?« Die Antwort werde ich niemandem abnehmen können, bemühe ich mich doch an dieser Stelle, die Willensfreiheit zu bewahren. Sie stellt sich jedem, der sich mit seiner eigenen Umwelt nicht anfreunden kann und jedem, der erkennt, dass etwas nicht in Ordnung ist. Es ist nur ein kleiner Schritt, seine persönliche Alternative zu erschaffen, seinen Willen zu beauftragen, etwas Fundamentales zu verändern. Nicht primär das Außen, sondern das Innen, die eigene Einstellung zum göttlichen Sein.

Würde sich das neue Bewusstsein ins uns nachweisen lassen? Durchaus. Unterschiedliche Grade der Bewusstheit lassen sich objektivieren und physisch darstellen. Diese Grade entscheiden über den Zustand der Unbewusstheit, der Pseudo-Bewusstheit und der Super-Bewusstheit. Die Pseudo-Bewusstheit stellt eine Art Illusion dar. Diesen Zustand verdanken wir unserem nicht vorhandenen freien Willen. Das Super-Bewusstsein hingegen versetzt uns in die Position mit eigenständig wählbaren Freiheits- und Entwicklungsgraden. Dieser Zustand wird erreicht, indem eine definierte Menge von Elektronen eine Superposition eingeht. Unsere Aufmerksamkeit beziehungsweise unsere Wachheit ist direkt an diese Mechanismen gekoppelt. Einfach ausgedrückt bedeutet das: Mehr Aufmerksamkeit kennzeichnet eine höhere Neuronenaktivität als eine Unaufmerksamkeit. Dass sich innerhalb dieser Neuronen und ihrer Verbindungen untereinander quantenmechanische Strukturen ausprägen, erklärt die Qualitätssprünge zwischen Unbewusstheit und Super-Bewusstheit.

Erklären wir uns nun damit einverstanden, dass unser Universum mit seinen sämtlichen Inhalten, uns Menschen inklusive, tatsächlich real ist, dann drängt sich die finale Frage auf: Woher stammt das alles? Ohne an dem großen Wunder zweifeln zu müssen, können wir uns vielleicht zunächst auf zwei mögliche Antworten einigen: Entweder

Unser Gehirn kann mit seinen 100 Billionen Synapsen schätzungsweise 100 Terabyte Daten speichern. Solche Fakten findet man im Internet auf Seiten, die Schulbuchwissen vermitteln. Dabei haben zahlreiche Versuche bereits gezeigt, dass wir die 1,3 Kilo schwere Hirnmasse nicht brauchen, um Daten zu speichern. Vieles spricht dafür, dass unser Gehirn als Antenne funktioniert, die im Zuge des aktuellen Transformationsprozesses auf neue, breitere Frequenzen eingestellt wird.

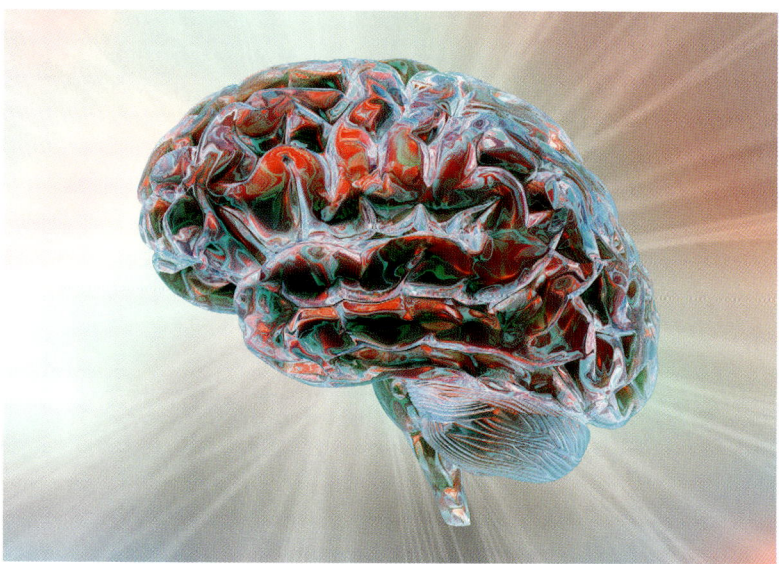

hatte der Zufall seine Hände im Spiel oder es war eine Absicht. Physiker werden an dieser Stelle sicherlich zwischen einem determinierten oder einem indeterminierten Zufall unterscheiden wollen. Sie verwenden dabei den Begriff der Wahrscheinlichkeit.

Der Prozess des Erschaffens ist in erster Linie ein geistiger Vorgang. Dieses scheint ein gesichertes universelles Gesetz zu sein. Der Mensch ist mit speziellen Eigenschaften ausgestattet, die es ihm erlauben, aktiv auf den Schöpfungsprozess einzuwirken. Ein denkender Mensch erschafft – entsprechend seinen Gedanken. Für die Quantenphysiker ist dieser Vorgang geklärt. Ungeklärt bleibt für uns alle, wer oder was hat uns denkende Wesen erschaffen? Es ist wie die berühmte Frage nach der Erstmaligkeit, nach dem Anfang: »Wer war zuerst da? Die Henne oder das Ei?«

Betrachten wir die Existenzfrage aus der Perspektive des reinen Zufalls, können wir uns bequem im Sessel zurücklehnen und unseren Lebenslauf in die Hände des einsamen und gnadenlosen Verlaufs des Schicksals geben. Beziehen wir allerdings die Alternative in unsere Sichtweise ein, so müssen wir anerkennen, dass eine Ursächlichkeit, eine kosmische Absicht, existiert, die hinter all den Dingen steckt. Die Einflussgrößen, die den Schöpfungsprozess in Gang setzen und aufrechterhalten, sind unverändert aktiv. Ein Großteil dieser Einflussgrö-

INTELLIGENTE EINFLÜSSE AUS DEM ALL

ßen ist den Physikern bekannt. Wie von unsichtbaren Fäden gelenkt, steuern sogenannte Felder das Geschehen vom Werden und Vergehen. Von der Schöpfung eines Atoms bis zu den komplexesten Systemen sind diese unsichtbaren Fäden am Wirken. Die Frage nach ihrer Heimat dürfte uns, sofern wir nicht in den tieferen Ebenen der Quantenfeldphysik zuhause sind, schwer fallen. Ist sie das tatsächlich, die Grenze unseres Verstandes? Sofern wir davon ausgehen, dass nur all das existiert und möglich ist, was wir mit unserem Verstand ergründen können, stecken wir hiermit unsere Grenzen selber ab. Sofern wir das akzeptiert haben, werden wir nachvollziehen können, dass durchaus Dinge existieren, die jenseits unserer (gegenwärtigen) Vorstellungskraft liegen. Tatsächlich wirken die gleichen Felder während eines Denkvorgangs im menschlichen Gehirn wie die, die beim Erschaffen unseres Gehirns wirkten.

Die Dinge, die wir fähig sind zu denken, zu empfangen und zu senden, werden von dem neuronalen Netzwerk unseres Gehirns bestimmt und begrenzt. Tatsächlich ist unser Gehirn von einer Architektur geprägt, die sich den Anforderungen angepasst hat. In der Regel findet die Ausprägung des neuronalen Netzwerks in den ersten Lebensjahren statt. Dieses Netzwerk von Neuronen kann, was seine Leistungsfähigkeit betrifft, mit einem Radioempfänger verglichen werden. Ein Radio mit der Verschaltung von Bauteilen, das aber nur auf Mittelwelle ausgelegt ist, wird nur begrenzte Sender empfangen können. Der Unterschied, ein größeres Spektrum an Sendern mit deutlich verbesserter Qualität zu empfangen, besteht lediglich in der Verschaltung baugleicher Teile.

Gegenüber dem Radioempfänger ist unser Gehirn in der Lage, sein Empfangsspektrum zu erweitern. Das kommt einer neuronalen Umverschaltung gleich. Was wir hierzu benötigen, sind Bereitschaft und Wille, zuzulassen, sich Dinge vorzustellen, die als unmöglich gelten. Hierzu zählen genau die Ereignisse, die uns an die Grenzen des Verstandes bringen: die Anomalien am Himmel und auf der Erde!

Sie betreffen in erster Linie uns, im persönlichsten Sinne. Können wir, oder besser, wollen wir akzeptieren, dass genau die gleichen schöpferischen Einflüsse, die uns und unser Universum schufen, gegenwärtig auf uns persönlich einwirken? Wollen wir akzeptieren, dass dieses allerschaffende Prinzip, die Instanz des Allschöpfers, zurzeit einen Neuanfang startet, indem wir zu ungeahnten Größen aufsteigen und unser göttliches Erbe antreten? Wir haben es in der Hand. Wir brauchen uns zunächst nur zu entscheiden. Verstehen folgt der Bereitschaft zum Verstehen. Nicht umgekehrt, oder?

Es sieht so aus, als ob die Karten neu gemischt werden. Sind wir bereit?

Vorsicht oder Verschwörung? –
Wissen und Einfluss der Regierungen

Kräftemessen hinter den Kulissen und Aufklärungs-arbeit vor den Kulissen

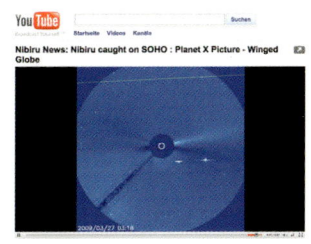

Im Internet wächst die Zahl von Filmen und Fotos, die den vergessenen Planeten Nibiru zeigen sollen. Während die SOHO-Aufnahmen aus dem All nun auch als Bewegtbild auf Video-Plattformen wie Youtube zu sehen sind (ganz oben), mehren sich auf diversen Websites von der Erde aus gemachte Snapshots (rechts). Ob die kleinen – weißlichen und rötlichen – Objekte neben der Sonne tatsächlich Nibiru darstellen oder ob die Aufnahmen manipuliert wurden, vermag ich nicht zu beurteilen. Selbst die angesehene Nachrichtenwebsite Huffington Post widmete sich am 12. März 2010 den solaren Phänomenen (oben). Dort ist allerdings nur die Rede von einem »Kometen«, der in die Sonne stürzt.

Die portugiesische Forschungsgruppe, mein Freund Ananda und ich sind längst nicht mehr allein auf weiter Flur, wenn es um die Geschehnisse rund um die Sonne geht. In Internet-Videoportalen wie Youtube und vielen privaten Homepages sind inzwischen die spektakulären Aufnahmen des SOHO-Satelliten für jederman unter anderem in animierter Bearbeitung einzusehen. User aus aller Welt sind fasziniert von den Vorgängen am Himmel. Und da bisher von offizieller Seite nichts über die Phänomene zu hören ist und auch die allermeisten Massenmedien nicht auf die Entdeckungen von SOHO reagieren, scheint das Internet als demokratischstes aller Medien die einzige Quelle zu sein, die der Menschheit im Zuge des Aufklärungsprozesses zur Verfügung steht.

Bei Youtube ist auch ein kurzer Film zu besichtigen, der von einem deutschen Hobbyforscher stammt. Dieser Hobbyforscher tritt nur mit einem Pseudonym in Erscheinung. Er investierte mehr als 10 000 Arbeitsstunden, um mit unterschiedlicher Fotosoftware die Identität der Sonnenobjekte zu entschlüsseln. Er geht nicht von kriegerischen Auseinandersetzungen im All aus, ist sich aber sicher, dass es sich bei den unbekannten Flugobjekten um unsere kosmischen Nachbarn handelte, die die Sonne als Energiequelle für ihre interstellaren Reisen nutzen würden.

Es sind aber nicht allein die Raumschiffe, die begeistern. Es sind auch Aufnahmen jenes planetenartigen Objektes, die Neugierige auf die weltweit eingestellten Filme klicken lassen. Diese Filme und Fotos sind nicht etwa im Weltraum durch einen Satelliten wie SOHO entstanden. Die allermeisten wurden von der Erde aus von ganz normalen Menschen aufgenommen, die am Himmel einen neuen Trabanten in der Nähe der Sonne entdeckt hatten. Viele mutmaßen, dass es sich dabei um Nibiru handeln könnte.

Im Jahre 2001 wurde in der Tat vereinzelt der Versuch unternommen, die Öffentlichkeit über die Rückkehr Nibirus zu informieren,

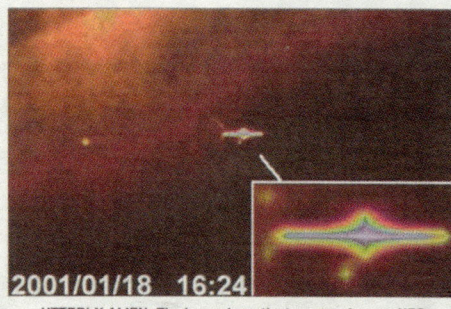

'UFO' on NASA camera

By TIM UPTON

WASHINGTON: The object is certainly unidentified and appears to be flying.

Whether this enlarged image really shows a UFO piloted by aliens remains to be seen. But according to the people who released it this photo and hundreds like it are the best evidence yet of the existence of spacecraft from other worlds.

UFO investigators say the image was captured by the Solar and Heliospheric Observatory (SOHO), a NASA satellite that was launched in 1996 to observe the sun. Since then, it is said, SOHO has captured hundreds of images of UFOs moving along a kind of alien superhighway.

SOHO is more than 1.5 million kilometres from Earth, with its camera trained towards the sun. Experts say the photographed objects are likely to be only hundreds of kilometres from its lenses.

Graham Birdsall, editor of *UFO* magazine, said: "The images are irrefutable in that they are from official satellites owned by NASA. They resemble the kind of spacecraft we used to see in sci-fi films like *Star Trek.*"

2001/01/18 16:24

UTTERLY ALIEN: The image investigators say shows a UFO.

Aufklärungsversuche in Amerika und Russland.
Rechts: Vor neun Jahren wagte es erstmals die US-Tagespresse, über die merkwürdigen Phänomene in unserem Sonnensystem zu berichten.
Unten: In Moskau wählte man andere Möglichkeiten der Publikmachung und überraschte die Bevölkerung in den Straßen mit der Nachricht. Doch auch hier verschwand das Thema plötzlich wieder aus dem öffentlichen Bewusstsein.

sowohl in Russland als auch in Amerika. Während es in den USA vor allem der Presse überlassen war, über die Sonnenobjekte zu spekulieren und SOHO-Aufnahmen abzudrucken, gingen in Moskau die Regierungsvertreter sehr offen mit den außergewöhnlichen Ereignissen um. Sehr sachlich wurde die Bevölkerung auf das größte kosmische Ereignis der Postmoderne vorbereitet. In aller Öffentlichkeit wurde über mögliche Auswirkungen und Konsequenzen der Ankunft des mutmaßlichen Heimatplaneten der Anunaki diskutiert und berichtet. Es wurden sogar riesige Werbeflächen in den Innenstädten genutzt, um die Bevölkerung auf das Ereignis vorzubereiten. Aus bisher unerklärlichen Gründen verschwand das Thema aus dem öffentlichen Diskurs. Staatliche Institutionen zogen sich immer mehr zurück. Die Aufklärungsarbeiten sind seither der Bevölkerung überlassen oder Organisationen wie dem globalen Netzwerk Exopolitics.

Aufklärer, Panikmacher, Leugner

Im Januar und Februar 2010 wagte der Autor Alfred Lambremont Webre, tätig für den kanadischen Exopolitics-Internetauftritt, einen langen Bericht über die neuesten Enthüllungen. Er bezieht sich auf die Beobachtungen von Ron Stewart und Ron Nussbeck, die mit einer eigens entwickelten Bildvergrößerungstechnik offizielle NASA-Aufnahmen vom Geschehen rund um die Sonne entsprechend bearbeiteten. So wollen sie auf Satelliten-Fotos, die Ende Januar entstanden sind, gigantische Ufos, ja, sogar Ufo-Wellen, entdeckt haben, die aus dem Inneren der Sonne zu kommen scheinen. Von NASA-Offiziellen als technische Computer-Artefakte heruntergespielt, sind die Aufnahmen für Stewart und Nussbeck klarer Beweis dafür, dass die Sonne von außerirdischen Intelligenzen als Dimensionstor genutzt wird. Mit dieser Ansicht werden sie unterstützt von dem Physiker Nassim Haramein, der unter Anwendung seiner Singularitäts-Theorie die Möglichkeit für gegeben hält, dass ETs mit Ufos in Erdgröße unser Planetensystem über die Sonne betreten haben.

VORSICHT ODER VERSCHWÖRUNG? –
WISSEN UND EINFLUSS DER REGIERUNGEN

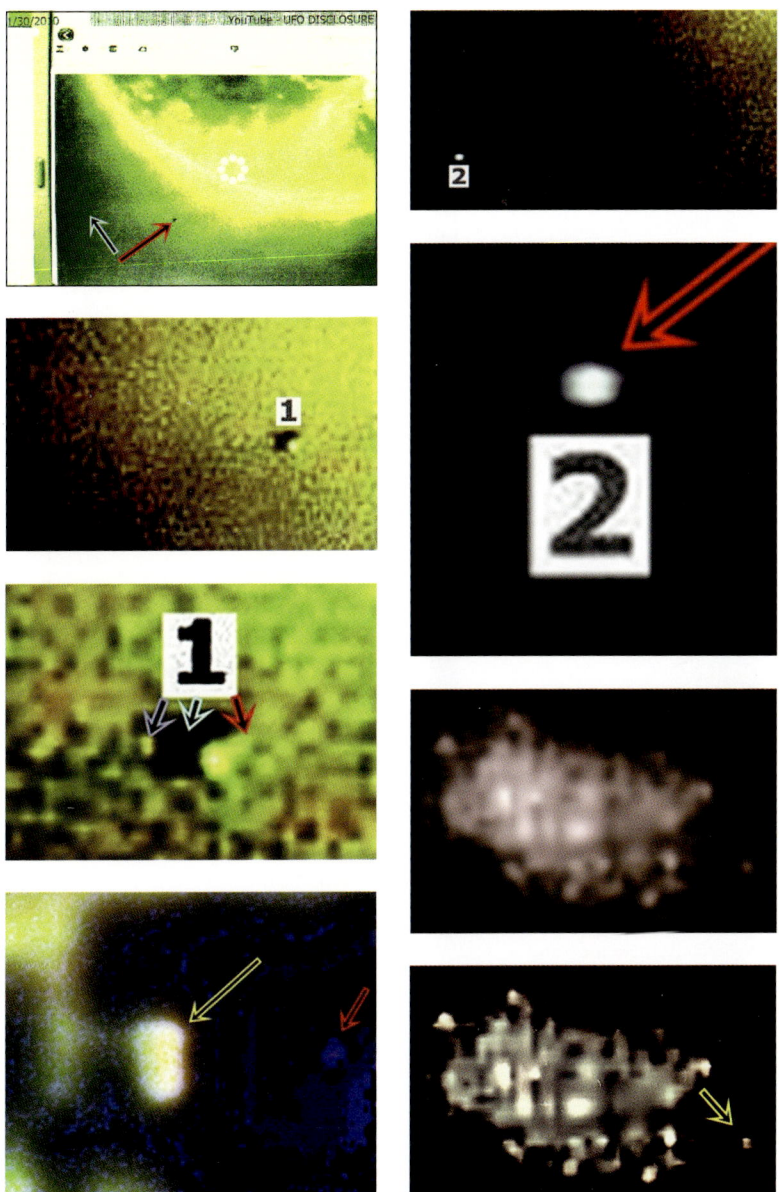

Die Bild-Analyse von Ron Stewart und Ron Nussbeck von Anfang 2010. Hier zoomen sie mit ihrer Vergrößerungstechnik zwei Objekte heran, die auf einem der NASA-Fotos zu sehen sind. Die Forscher deuten sie als gigantische Flugkörper mit skyline-artigen Konturen, die aus der Sonne selbst aufsteigen.

Die multiplen Vergrößerungen der Aufnahmen lassen Stewart und Nussbeck am Ende ihres Berichts zu dem Schluss kommen, dass uns Menschen für derartige Phänomene bisher die richtigen Worte fehlen. Sie versuchen es trotzdem und sprechen von »großen, schwebenden Städten im All mit einer phänomenalen Skyline«.

Die gegenwärtigen Anstrengungen der Regierung zur Aufklärung der Bürger über die Aktivitäten von Außerirdischen gehen in zwei

Richtungen. Erstens: das Bewusstsein der Bevölkerung für die Eventualität extraterrestrischer Intelligenz durch die Massenmedien zu sensibilisieren. Das geschieht vor allem über das breitenwirksame Kino und Regisseure wie Steven Spielberg oder Roland Emmerich. Bedauerlich jedoch, dass die allermeisten Filme Außerirdische als böswillige Krea-

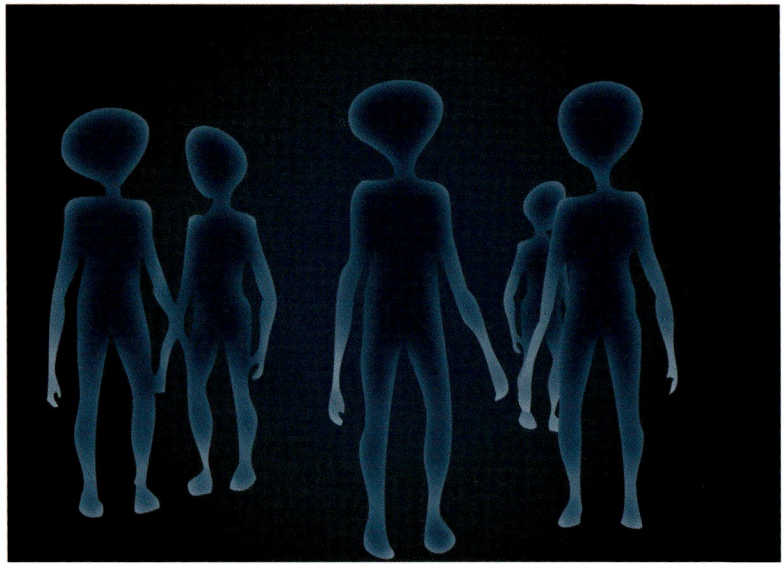

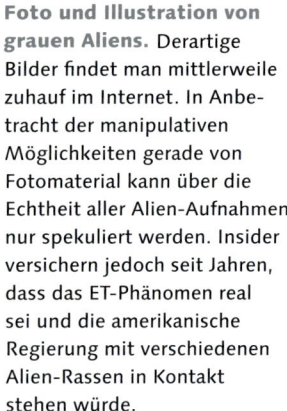

Foto und Illustration von grauen Aliens. Derartige Bilder findet man mittlerweile zuhauf im Internet. In Anbetracht der manipulativen Möglichkeiten gerade von Fotomaterial kann über die Echtheit aller Alien-Aufnahmen nur spekuliert werden. Insider versichern jedoch seit Jahren, dass das ET-Phänomen real sei und die amerikanische Regierung mit verschiedenen Alien-Rassen in Kontakt stehen würde.

turen darstellen und eher Ängste oder Gewaltfantasien schüren. Ausnahmen wie der großartige Film »Contact« mit Jodie Foster bilden leider die Ausnahme.

Die zweite Strategie der Regierungen soll laut verschiedener amerikanischer Ufo-Forscher der Aufbau eines Schutzes gegen die sogenannten Grauen sein. Ein solcher Schutz soll gegenwärtig in Zusammenarbeit mit einer anderen außerirdischen Rasse, den »großen Blonden«, entwickelt werden, da diese ebenfalls erhebliche Bedenken gegen die Aktionen der Grauen haben. Welche Aktionen sind das? Dieses Szenario klingt tatsächlich sehr abenteuerlich, und es soll hier lediglich angerissen werden. Glaubt man diversen Überlieferungen, ist eine Rasse grauer Aliens seit den 1950er Jahren auf der Erde und konnte mit den USA exklusive Verträge schließen, die auf dem Austausch von außerirdischen Techniken beziehungsweise irdischem Genmaterial beruhten. Diese Verträge sollen von den Grauen gebrochen worden sein, was zu unzähligen verdeckten Übergriffen auf Menschen (Entführungen, Operationen etc.) geführt haben soll.

In diesem Zusammenhang berichtete der vorhin schon zitierte ehemalige CIA-Mitarbeiter Virgil Armstrong auf einem Symposium im November 1995 in Salzburg, dass die Regierungen in der Tat immer mehr unter Druck stehen würden, Informationen über UFOs zu veröffentlichen. »Präsident Clinton möchte in wenigen Wochen oder Monaten UFO-Dokumente freigeben«, sagte Armstrong. »Clinton besitzt drei Videos über die UFO-Aktivitäten, die er der Welt zeigen will.« Auch die Außerirdischen seien der Meinung, dass nun endlich der Zeitpunkt gekommen sei, den Menschen die Wahrheit zu sagen. Und wenn es die Regierungen immer noch nicht für notwendig hielten, dann würden die Außerirdischen es jetzt selber tun. »Wir befinden uns an dem Punkt, wo man nicht mehr leugnen kann, dass Außerirdische hier sind«, so Armstrong weiter. »Nur die moderne Gesellschaft hinkt momentan etwas hinterher.« Er habe schon 1980 öffentlich erklärt, dass die Regierung mit außerirdischen Kräften in Verbindung stehe. Zu dieser Zeit war das eine sehr riskante Aussage. Ein Colonel sagte daraufhin zu ihm: »Ich gratuliere Dir, Virgil, das hat noch niemand gewagt zu sagen. Entweder bist Du morgen tot oder ein Held.« Nach dem Tabubruch Armstrongs soll es tatsächlich drei Versuche gegeben haben, den mutigen Aufklärer umzubringen.

Aber das war nicht alles, was Armstrong an die Öffentlichkeit gab. Er führte darüber hinaus aus, dass man unter den Außerirdischen zwischen den sogenannten Wächtern, die der Menschheit helfen, und anderen außerirdischen Mächten unterscheiden muss, die uns Menschen als ihr Eigentum betrachten. Genau dabei ginge es beim SDI-Projekt von US-Präsident Reagan sowie beim Hubble-Teleskop. Ging es zu Zeiten des Kalten Krieges also weniger um die russische Bedrohung als darum, ein Auge auf den Himmelkörper zu werfen, der in unser Sonnensystem gekommen ist? Ich erinnere daran, dass dereinst verschiedene Generäle, der erste UNO-Generalsekretär Dag Hammarskjöld, US-Präsident Reagan und der russische Präsident Michael Gorbatschow schon vor Kriegen warnten, die nicht auf der Erde, sondern im Weltall stattfinden werden.

CIA-Mann Armstrong konkretisierte Mitte der 1990er das Kräftemessen: »Es gibt eine sogenannte Schwarze Fraktion, die das alles weiterhin geheim halten will. Aber es gibt auch eine starke Macht, die will, dass das alles endlich veröffentlicht wird. Die Kräfte der Dunkelheit sind aber vorbei. Auch die der dunklen E. T. s. Die Lichtkräfte sind hier, und sie sagen, dass sie hier bleiben und dass sie gewinnen werden.« Armstrong widmete sich ebenfalls ausführlich den Erdveränderungen der nächsten Jahre. Er sagte, dass dieser gewaltige Wandel schon begonnen habe und dass das jeder beobachten könne. Auch erklärte er den Grund für die wachsende Stresssituation der Erde: »Die erhöhten Vulkan- und Erdbebentätigkeiten, die wir momentan erleben, sind erst die Anfänge bevorstehender, noch größerer Veränderungen.«

Gegen diese Aufklärungsvehemenz steht die nur schrittweise Akklimatisierung der amerikanischen Öffentlichkeit durch die Presse. Sie besteht aus Behauptung und Dementi. Von Festnahmen von Aliens

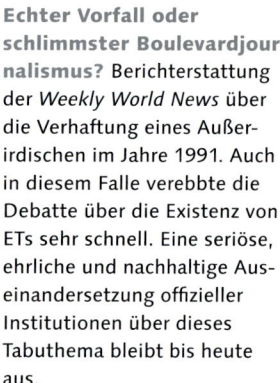

Echter Vorfall oder schlimmster Boulevardjournalismus? Berichterstattung der *Weekly World News* über die Verhaftung eines Außerirdischen im Jahre 1991. Auch in diesem Falle verebbte die Debatte über die Existenz von ETs sehr schnell. Eine seriöse, ehrliche und nachhaltige Auseinandersetzung offizieller Institutionen über dieses Tabuthema bleibt bis heute aus.

durch Agenten ist da beispielsweise die Rede. Von Regierungsseite wird abgestritten, Zeugenaussagen werden ignoriert. Das Spiel ist immer dasselbe. Auch wenn US-Zeitungen wie die *Weekly World News* aus Florida 1991 angeblich den Fotobeweis von der Ingewahrsamnahme eines Außerirdischen haben und schreiben, dass »die Regierungen uns belogen hätten«, es diesmal »aber keine Lügen mehr« geben würde – eine ernsthafte Aufklärung von offizieller Seite findet nicht statt.

Doch Armstrong war und ist nicht allein. Die zentrale Gestalt, die im Kampf um Aufdeckung seit über inzwischen zehn Jahren nicht locker lässt, ist der amerikanische Arzt Dr. Steven Greer. Auch seine nicht hoch genug zu bewertende Arbeit wird von der US-Administration zwar wahrgenommen, aber nicht kommentiert. Dabei hat Greer geschafft, was bisher niemand zu leisten imstande war. Ihm gelang es, Dutzende ehemaliger US-Militärs, Regierungsangestellte sowie Rüstungsverantwortliche zu eidesstattlichen Aussagen über ihre Erlebnisse mit Außerirdischen beziehungsweise außerirdischer Technologie zu bewegen. Einige dieser honorigen Persönlichkeiten sprachen offen in Pressekonferenzen über ihre Erfahrungen und bekannten: Ja, es gibt intelligente Außerirdische, ja, die Regierungen wissen davon, ja, man konnte miteinander kommunizieren, ja, sie sind bereits auf der Erde, ja, die Militärs bedienen sich ihrer fortschrittlichen Technik. Steven Greer selbst behauptet, er habe bereits hochrangige Politiker – unter anderem das ehemalige Präsidentenehepaar Clinton – über die außerirdischen Vorfälle informiert. Dies tat er, da die wenigsten Informationen darüber selbst an den Präsidenten gelangen, sondern von einer Art Schattenregierung geheimgehalten werden.

VORSICHT ODER VERSCHWÖRUNG? –
WISSEN UND EINFLUSS DER REGIERUNGEN

Warum so viel Geheimhaltung?

Dennoch hat es bisher kein offizielles Wort eines amerikanischen Präsidenten an sein Land oder die Weltöffentlichkeit gegeben. Was mag diese Unterdrückung bedeuten? Es könnte so sein: Als Aliens mit dem Absturz eines Ufos 1947 in Roswell in das Bewusstsein der Menschen traten, gingen eingeweihte Kreise nicht davon aus, dass das E. T.-Thema – und erst recht nicht das Thema Nibiru – für Jahrzehnte durch unablässige Sichtungen virulent bleiben würde. Der langfristige Plan war also, eine unregelmäßige Sonne für die magnetischen Unregelmäßigkeiten auf der Erde verantwortlich zu machen. Für jede Anomalie legte man sich eine Erklärung zurecht: Asteroidenschwärme für die Zunahme der Explosionen auf der Sonne, den Kohlenstoffdioxidausstoß für die globale Erwärmung und für die schmelzenden Gletscher oder periodische Klimaveränderungen für die Wetterunregelmäßigkeiten.

Es war davon auszugehen, dass eine öffentliche Panik zur Bedrohung der nationalen Sicherheit hätte führen können und immer noch führen kann. So hat man letztlich sowohl die Medien als auch die Wissenschaft und die tatsächlich Wissenden zur Kooperation gezwungen. Doch der Plan hat Löcher. Die Existenz von Nibiru und einflussnehmender außerirdischer Intelligenz wird angesichts zunehmender Sichtungen, starken Veränderungen unseres Planeten und dem wachsenden Interesse der Öffentlichkeit vor allem im Internet kaum noch zu verheimlichen sein.

Sind es also die drohende Panik und der mögliche Machtverlust der Weltmächte? Oder sind es ganz einfach die fehlenden Antworten, die hinter der Geheimhaltung stecken? Ich meine, es sind die fehlenden Antworten auf die Fragen, die teilweise auch für uns noch unerschlossen sind. Fragen, die automatisch anstehen, wenn wir nur erfahren würden, dass es sich um extraterrestrische Wesen handelte, die dicht vor der Erde um Einlass bitten. Ich vermute, dass der Grund für die Verheimlichung ein Konglomerat aus all diesen Aspekten ist.

Der zurzeit größte Ufo-Aufklärer der Erde:
Der amerikanische Arzt Dr. Steven Greer klärt seit 2001 unter anderem in spektakulären Pressekonferenzen über das geheime Alien-Wissen auf. Seine Kronzeugen sind ehemalige hochrangige Vertreter von US-Regierung, US-Militär, US-Rüstungsfirmen sowie zahlreiche Wissenschaftler. Sie alle brechen nach und nach ihr Schweigen. Schleierhaft, warum die deutsche Presse nicht auf die authentischen Aussagen dieser glaubwürdigen Personen eingeht.

**Strahlkraft des kosmischen
Bewusstseins**

Psychische und soziale Konsequenzen des
»Wir sind nicht allein!«

Ob nun instrumentalisiert oder nicht: Bisher berichteten die Medien in skandalisierender Art über Außerirdische, machten sich über UFOs & Co. lustig oder übergossen die Vertreter von vermeintlichem Geheimwissen mit Zynismus. In den letzten Jahren sah sich die Journaille jedoch gezwungen, etwas ernster über die Frage zu berichten, ob die Menschheit alleine im All ist. Zum einen, weil zahlreiche Regierungen Unmengen an sogenannten UFO-Akten veröffentlichten, die viele ungeklärte Fälle enthielten. Zum anderen, weil die Astronomie die Suche nach erdähnlichen Planeten forciert und regelmäßig für neue Meldungen sorgt. So hat beispielsweise *Spiegel Online* in den Jahren 2008 und 2009 insgesamt 16 Mal über jüngst entdeckte Exoplaneten berichtet. Am 19. Oktober 2009 schrieb man schwärmerisch:

Beispiele für Ufo-Berichterstattung, die im Jahre 1947 mit dem Roswell-Absturz begann. Während sachliche Meldungen über Sichtungen ab und an vorkommen, hat eine seriöse und unvoreingenommene Hintergrundberichterstattung in den Massenmedien bisher nicht stattgefunden.

»Bei der Suche nach fernen Welten haben europäische Forscher einen riesigen Schritt nach vorn gemacht. Auf einer Fachkonferenz in Portugal konnten Astronomen auf einen Schlag die Entdeckung von 32 Exoplaneten bekanntgegeben. Besonders begeistert sind die Wissenschaftler um Stéphane Udry von der Universität Genf, weil ein Großteil der neu entdeckten Himmelskörper vergleichsweise leicht ist. Die Anzahl der Exoplaneten in dieser Kategorie sei mit der Neuentdeckung um ein Drittel gestiegen, teilte die Europäische Südsternwarte (Eso) mit.«

Und Anfang Januar 2010 war in zahlreichen Publikationen zu lesen, dass laut der American Astronomical Society jeder sechste Stern unserer Milchstraße von einem Planetensystem wie unserem umgeben

STRAHLKRAFT DES KOSMISCHEN
BEWUSSTSEINS

wäre. Das sind Meldungen, die Skeptiker immer weiter in argumentative Schwierigkeiten bringen und die offene Geister zu fantastisch erscheinenden Zukunftsvisionen inspirieren. Unsere Technik wie unser Bewusstsein scheinen auf einer immer schneller werdenden Reise ins kosmische Zeitalter.

Wie sähe eine zweite Erde aus? So wie in diesen Fantasievorstellungen? In den letzten Jahren forscht die Astronomie verstärkt nach erdähnlichen Planeten, um die große Frage nach der Alleinstellung der Menschheit endlich beantworten zu können. Glaubt man den vielen Zeugen und fotografischen Beweisen der letzten Jahre, ist diese Frage längst geklärt.

Früher oder später wird sich nicht nur das kollektive Wissen über möglicherweise bewohnbare, aber für uns nicht erreichbare Planeten einstellen, sondern die ganz konkrete Gewissheit, dass wir in diesem »Multiversum« definitiv nicht alleine sind und sogar besucht werden können von höher entwickelten Intelligenzen. Was würde das für uns bedeuten, die wir dachten, das Non-Plus-Ultra der Schöpfung zu sein?

Ich glaube nicht, dass diese Desillusion für die allermeisten Menschen ein existenzielles Problem darstellen würde. Ich glaube auch nicht, dass es zu gewalttätigen Auseinandersetzungen kommen würde, sollten sich Außerirdische hier auf der Erde zu erkennen geben. Nein, die Ängste liegen woanders. So etwas wie Verlust würden allein unsere staatlichen, militärischen und wirtschaftlichen Instanzen spüren, die über die letzten Jahrzehnte immer mehr Geld und Güter anhäufen konnten und mit ihrem materiellen Großmachtdenken den Planeten an den Rande des Abgrundes gebracht haben. Dieses Denken und Handeln – und der Respekt vieler Bürger vor diesen irdischen Instanzen – wird spätestens mit dem offenen Auftreten einer außerirdischen Spezies zu Ende sein.

Denn vieles bisher blind Akzeptierte wird relativiert und erhält nun eine völlig andere Dimension. Das Leben wird plötzlich offener, reicher und trägt viel mehr Alternativen in sich. Das größte Geschenk aller-

Was wäre die Konsequenz eines irdisch-außerirdischen Zusammentreffens? Panik oder friedliche Neugier? Illustration der Begegnung George Adamskis mit einem Außerirdischen. Der 1965 verstorbene Amerikaner sorgte in den 1950er Jahren für Aufsehen, indem er angebliche Beweisfotos präsentierte und behauptete, mehrere Kontakte mit ETs und ihren Flugobjekten gehabt zu haben. Die holländische Königin empfing den umstrittenen Zeugen.

dings würde in der Gnade des kosmischen Bewusstseins bestehen. Das erste großartige Foto unseres kleinen und fragilen Planeten in der tiefen Schwärze des Alls, 1966 vom Lunar Orbiter 1 geschossen, konnte dieses Bewusstsein nicht erzeugen. Mit dem unverwüstlichen Wissen über die Existenz Außerirdischer allerdings, die eines Tages im irdischen Alltag und in den Medien omnipräsent sein werden, kann sich die zerrüttete Welt als eine Menschheit wahrnehmen, als eine Familie von unzähligen anderen Familien in der Unendlichkeit des Kosmos. Es ist der rettende Schritt zur Verhinderung der Selbstauslöschung.

Die Erlangung des kosmischen Bewusstseins ist meiner Meinung nach allerdings nur erreichen, wenn jenseits aller Spekulationen und unkommentierten De-Facto-Beweise ein echter und öffentlicher Kontakt von Menschheit und dem »maximal Fremden« stattfinden wird, wie Michael Schetsche es nennt. Der Politologe und Soziologe prognostiziert der Menschheit allerdings keine positive Entwicklung im Falle eines Direktkontakts. Er vermutet in seinem Buch *Von Menschen und Außerirdischen – Transterrestrische Begegnungen im Spiegel der Kulturwissenschaft,* dass bei einem unerwarteten Zusammentreffen mit Außerirdischen auf der Erde beziehungsweise in unserem Sonnen-

STRAHLKRAFT DES KOSMISCHEN
BEWUSSTSEINS

system, also dem »Territorium der Menschen«, ein »existenzieller Schock mit schwerwiegenden psychosozialen Folgen« sehr wahrscheinlich wäre. Er schreibt:

»Wenn man die Erfahrungen mit Kontakten zwischen menschlichen Kulturen in vergangenen Jahrhunderten zugrunde legt, dürfte ein Zusammentreffen auf der Erde selbst oder irgendwo in den Weiten unseres Sonnensystems mittelfristig kaum einen Unterschied machen. Bei Kontakten zwischen sich fremden menschlichen Kulturen spielte es in der Vergangenheit keine Rolle, ob die Entdecker irgendwo vor der Küste oder erst an Land auf die Entdeckten trafen. In allen Fällen waren die beiden genannten Rollen dieselben: Für die Entdecker bewies die Entdeckung fern ihrer eigenen Heimat ihre eigene Überlegenheit – für die Entdeckten entsprechend die Tatsache, im eigenen Territorium mit den Fremden konfrontiert zu werden, ihre Unterlegenheit. Die systematische Untersuchung solcher asymmetrischen Kulturkontakte auf der Erde zeigt, dass Begegnungen dieser Art nicht nur die kulturelle Existenz des entdeckten Volkes bedrohen, sondern oftmals auch dessen physische – und das weitgehend unabhängig vom konkreten Verlauf des Erstkontakts. Die Zerstörung der sich als unterlegen ansehenden Kultur war in vielen Fällen nicht das Ergebnis böser Motive und militärtechnischer Überlegenheit von Eroberern, sondern Folge des massenpsychologischen Impakts der Konfrontation mit einer fremdartigen Kultur.«

Auch der US-Astronom und SETI-Chef Seth Shostak geht davon aus, dass die Konfrontation mit einer technisch überlegenen außerirdischen Zivilisation mit großer Wahrscheinlichkeit das Ende der menschlichen Kultur bedeuten würde.

Meine Meinung dazu ist: Sollte mit dem »Ende der menschlichen Kultur« das Ende unserer Barbarei gemeint sein, kann ich diese Einstellung nur begrüßen. Ansonsten schließe ich mich den Prophezeiungen der beiden Herren ungern an. Denn sie lassen außer Acht, dass wir Menschen zum Zeitpunkt eines offiziellen Erstkontakts möglicherweise in einem völlig anderen Bewusstsein stecken – nämlich in dem, welches uns durch die kosmische Strahlung induziert wurde. Dann nämlich würde es zu keiner militärischen wie kulturellen Auslöschung irgendeiner Spezies mehr kommen.

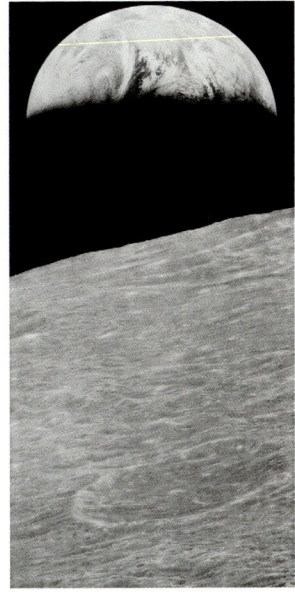

Beeindruckendes Bild ohne große Wirkung. Am 23. August 1966 fotografierte der Lunar Orbiter 1 vom Mond aus das kleine, verletzliche Biotop Erde. Die NASA-Aufnahme wurde inzwischen zum Bild des Jahrhunderts gekürt. Doch an unserem Bewusstsein änderte es kaum etwas. Zwar gibt es immer mehr global denkende Aktivisten und Nachhaltigkeitsorganisationen. Dennoch geht der Raubbau an unserem Planeten weiter.

In die kosmische Familie durch den freien Willen

Könnte es nicht sein, dass die hochentwickelten, hochintelligenten und hochempathischen Außerirdischen längst da sind und bloß auf den richtigen Zeitpunkt warten? Zahlreiche Channelings der letzten Jahre deuten dies an. Am Schluss dieses Buches sei nur eines auszugsweise zitiert. Es stammt von Jean Ederman, der sich als Jetpilot und Flughafenmanager ausgibt, und steht exemplarisch für viele sehr ähnliche Botschaften aus dem All. Er übermittelt:

»Weder bei Euren Wissenschaftlern noch bei Euren Religionsvertretern herrscht Einstimmigkeit über die unerklärlichen himmlischen Ereignisse, deren Zeuge die Menschheit seit Jahrtausenden ist. Um die Wahrheit zu erfahren, muss man sie ohne den Filter seiner Glaubensmuster anschauen, wie respektabel diese Glaubensmuster auch immer sein mögen.

Eine wachsende Anzahl anonymer Forscher unter Euch erforscht neue Wege des Wissens und kommt der Realität sehr nahe. Heute ist Eure Zivilisation überflutet mit einem Ozean von Informationen, von denen hauptsächlich nur ein winziger Anteil, der weniger aufregende, verbreitet wird.

Was im Laufe eurer Geschichte lächerlich oder unwahrscheinlich erschien, wurde oft Möglichkeit und dann Wirklichkeit, insbesondere in den letzten fünfzig Jahren. Seid Euch bewusst, dass die Zukunft sogar noch überraschender sein wird. Ihr werdet das Schlimmste ebenso entdecken wie das Beste. Wie Milliarden anderer in dieser Galaxie sind wir bewusste Geschöpfe, die manche als ›Außerirdische‹ bezeichnen, auch wenn die Wirklichkeit etwas subtiler ist.

Es gibt keinen wesentlichen Unterschied zwischen Euch und uns, außer vielleicht der Erfahrung bestimmter Evolutionsstufen. Wie in jeder anderen organisierten Struktur existiert eine Hierarchie in unseren internen Beziehungen. Die unsere beruht auf der Weisheit verschiedener Rassen. Mit Zustimmung dieser Hierarchie wenden wir uns jetzt an Euch.

Wie die meisten von Euch sind wir auf der Suche nach dem Höchsten Wesen. Daher sind wir keine Götter oder Kleingötter, sondern praktisch Eure Nächsten in der Kosmischen Bruderschaft. Physisch unterscheiden wir uns ein wenig von Euch, aber die meisten von uns haben eine menschenartige Gestalt.

Unsere Existenz ist eine Realität, aber die meisten von Euch nehmen diese noch nicht wahr. Wir sind nicht bloß etwas, was man beobachten kann, wir sind Bewusstsein, gerade so wie Ihr. Ihr könnt uns nicht erfassen, weil wir die meiste Zeit für Eure Sinne und Eure Messinstrumente unsichtbar bleiben. Wir möchten zu diesem Zeitpunkt Eurer Geschichte diese Lücke schließen. Zu dieser kollektiven Entscheidung sind wir gekommen, doch genügt dies noch nicht. Wir brauchen die Eure. Durch diese Botschaft werdet Ihr die Entscheidungsträger! Ihr persönlich.«

STRAHLKRAFT DES KOSMISCHEN
BEWUSSTSEINS

In dem Channeling wird auch die Frage beantwortet, warum sich die Außerirdischen nicht längst materialisiert und damit sichtbar gemacht haben.

»In bestimmten Evolutionsstadien entdecken kosmische ›Menschheiten‹ neue Formen der Wissenschaft, die jenseits der augenscheinlichen Kontrolle der Materie liegen. Hierzu gehören strukturierte Dematerialisierung und Materialisierung. Dies ist, was Eure Menschheit in einigen wenigen Laboratorien erreicht hat, in enger Zusammenarbeit mit anderen ›außerirdischen‹ Wesenheiten, zum Preis von gefährlichen Kompromissen, die von einigen Eurer Vertreter mit Absicht vor Euch verborgen gehalten werden.

Neben den Objekten oder Phänomenen im Luft- oder Weltraum, von denen Eure wissenschaftliche Gemeinde weiß und die Ihr als ›UFOs‹ bezeichnet, gibt es Raumschiffe, die im Wesentlichen multidimensional konstruiert sind, sodass bei ihnen diese Fähigkeiten zur Anwendung kommen.

Viele menschliche Wesen sind mit solchen Schiffen, von denen einige den dunklen Mächten unterstehen, die Euch ›beherrschen‹, in visuellen, auditiven, taktilen oder außersinnlichen Kontakt getreten. Dass Ihr dies so selten beobachtet, liegt an den außerordentlichen Vorteilen, die der dematerialisierte Zustand dieser Schiffe bietet.

Solange Ihr sie nicht mit eigenen Augen seht, könnt Ihr an ihre Existenz nicht glauben. Wir verstehen dies voll und ganz. Die meisten Beob-

achtungen dieser Art werden auf individueller Basis gemacht, so dass die Seele berührt, nicht jedoch irgendein organisiertes System verändert wird. Dies geschieht mit Absicht jener Rassen, die Euch umgeben, jedoch aus sehr verschiedenen Gründen und mit ebenso verschiedenen Ergebnissen.

Bei negativen multidimensionalen Wesen, die bei der Ausübung von Macht im Schatten der menschlichen Oligarchie eine Rolle spielen, ist die Diskretion begründet durch ihren Willen, ihre Existenz und ihr Festhalten an dieser Macht geheim zu halten.

Bei uns ist die Diskretion begründet durch den Respekt des menschlichen freien Willens, der die Menschen dazu befähigt, ihre eigenen Angelegenheiten zu regeln, so dass sie für sich selbst (von allein) zu technischer und spiritueller Reife gelangen. Der Eintritt der Menschheit in die Familie galaktischer Zivilisationen wird mit Freude erwartet.

Wir können bei hellem Tageslicht in Erscheinung treten und Euch helfen, diese Vereinigung zu erlangen. Bis jetzt haben wir es unterlassen, da zu wenige von Euch es aufgrund von Unwissenheit, Gleichgültigkeit oder Angst wirklich wünschten, und weil keine Rechtfertigung durch die Dringlichkeit der Situation gegeben war.

Viele jener, die unser Erscheinen studieren, zählen die Lichter in der Nacht, ohne den Weg zu erhellen. Sie denken oft in Begriffen von ›Objekten‹, wo es doch um bewusste Wesen geht.«

Die vermeintliche außerirdische Quelle äußert sich auch konkret über die Auswirkungen, die die Anwesenheit von Aliens auf der Erde mit sich brächten.

»Für uns wäre die unmittelbare Folge einer kollektiven günstigen Entscheidung die Materialisierung vieler Schiffe, an Eurem Himmel und auf der Erde. Für Euch wäre die unmittelbare Wirkung ein schnelles Aufgeben vieler Gewissheiten und Glaubensinhalte.

Ein einfacher entscheidender visueller Kontakt würde gewaltige Auswirkungen auf Eure Zukunft haben. Viel Wissen würde für immer modifiziert. Die Organisation Eurer Gesellschaften würde für immer umgewälzt, in allen Tätigkeitsbereichen. Macht würde individuell werden, denn Ihr würdet mit eigenen Augen sehen, dass wir leben. Konkret gesprochen, Ihr würdet Eure Werteskala ändern. Das Wichtigste ist für uns, dass die Menschheit vor diesem ›Unbekannten‹, das wir repräsentieren, eine einzige Familie bilden würde.

Die Gefahr würde langsam von Euerm Zuhause weichen, denn Ihr würdet die nicht Wünschenswerten, die wir die ›dritte Partei‹ nennen, indirekt dazu zwingen, sich zu erkennen zu geben und zu verschwinden. Ihr würdet alle denselben Namen tragen und dieselben Wurzeln miteinander teilen: Menschheit!

STRAHLKRAFT DES KOSMISCHEN
BEWUSSTSEINS

Später würde auf diese Weise friedlicher und respektvoller Austausch möglich werden, wenn dies Euer Wunsch ist. Jetzt jedoch kann der Hungernde nicht lächeln und der Furchterfüllte kann uns nicht willkommen heißen. Wir sind traurig, Männer, Frauen und Kinder in ihrem Fleische und ihren Herzen in solch einem Ausmaß leiden zu sehen, wo sie doch solch ein inneres Licht in sich tragen.

Dieses Licht kann Eure Zukunft sein. Unsere Beziehungen könnten sich Schritt für Schritt weiterentwickeln. Es würde sich alles in mehreren Stadien von etlichen Jahren oder Jahrzehnten abspielen: demonstratives Erscheinen unserer Schiffe, physisches Erscheinen neben Menschen, Mitarbeit an Eurer technischen und spirituellen Evolution, Entdeckung von Teilen der Galaxie.

Jedes Mal würden Euch neue Wahlmöglichkeiten geboten. Ihr würdet dann für Euch selbst entscheiden, in neue Stadien einzutreten, wenn Ihr denkt, dass dies für Euer äußeres und inneres Wohlergehen notwendig ist. Über keinerlei Einmischung würde einseitig entschieden werden. Wir würden einfach gehen, sobald Ihr kollektiv wünscht, dass wir das tun sollen.

Abhängig von der Geschwindigkeit, mit der diese Botschaft in der Welt verbreitet wird, wird es etliche Wochen oder sogar Monate brauchen bis zu unserem ›großen Auftritt‹, wenn dies die Entscheidung ist, welche die Mehrheit jener getroffen hat, welche von ihrer Fähigkeit zu wählen Gebrauch gemacht haben, und wenn diese Botschaft die notwendige Unterstützung erhält.

Der Hauptunterschied zwischen Euren täglichen Gebeten zu Wesen von strikt spiritueller Natur und Eurer gegenwärtigen Entscheidung ist extrem einfach: Wir sind technisch dazu ausgerüstet, uns zu materialisieren.

Wir wissen, dass ›Fremde‹ als Feinde betrachtet werden, solange sie das ›Unbekannte‹ verkörpern. In einem frühen Stadium werden die Emotionen, die von unserem Erscheinen erzeugt werden, Eure Beziehungen untereinander auf weltweiter Ebene stärken.

Wie könnt Ihr wissen, ob unsere Ankunft die Folge Eurer kollektiven Wahl ist? Aus dem einfachen Grund, dass wir sonst schon seit langer Zeit auf Eurer Existenzebene präsent gewesen wären! Wenn wir noch nicht da sind, liegt dies nur daran, dass Ihr noch keine solche Entscheidung explizit getroffen habt.

Manche von Euch mögen denken, dass wir Euch nur an eine absichtsvolle Wahl Eurerseits glauben lassen, um unsere Ankunft zu legitimieren, doch entspräche dies nicht der Wahrheit. Was für ein Interesse hätten wir, Euch offen anzubieten, wozu Ihr noch keinen Zugang habt, zum Wohle der meisten von Euch?

Wie könnt Ihr sicher sein, dass dies nicht ein weiteres subtiles Manöver der ›Dritten Partei‹ ist, um Euch noch besser versklaven zu können? Weil man immer effizienter gegen etwas kämpft, das man zuvor identifi-

ziert hat als gegen etwas, von dem man nichts weiß. Ist der Terrorismus, der Euch zersetzt, nicht ein offensichtliches Beispiel?

Was immer auch der Fall sein mag, Ihr seid der einzige, der urteilen mag, in Eurem Herzen und in Eurer Seele! Was immer Eure Wahl ist, sie wird geachtet und respektiert werden.

Passanten in Rom am 12. November 1954. Tausende sichteten ein kleines, helles Objekt, das langsam den Himmel über der ewigen Stadt passierte. Die Identität der Disco Volante – der fliegenden Scheibe – konnte damals nicht geklärt werden. Bleibt die große Frage, wann derartige Begegnungen zu den Selbstverständlichkeiten unseres Alltags gehören werden?

In Eurer Situation ist die Vorsichtsmaßnahme, die darin besteht, nicht zu versuchen uns zu entdecken, nicht länger angebracht. Ihr befindet Euch bereits in Pandoras Büchse, die die ›Dritte Partei‹ um Euch herum geschaffen hat. Was immer Eure Entscheidung auch sein mag, Ihr werdet aus ihr ausbrechen müssen.

Angesichts solch eines Dilemmas, wo Unwissen gegen Unwissen steht, werdet Ihr Eure Intuition befragen müssen. Wollt Ihr uns mit Euren eigenen Augen sehen oder einfach glauben, was Eure Denker sagen? Das ist die eigentliche Frage.

Nach Jahrtausenden wird diese Wahl nun eines Tages unvermeidlich sein: die Wahl zwischen zwei Unbekannten.

Es geht hier um Eure Zukunft. Dies alles geschieht um Eurer Evolution willen.

Es ist möglich, dass diese Aufforderung nicht auf Eure kollektive Billigung trifft und dass sie, aufgrund fehlender Information, ignoriert wird. Dennoch bleibt im Universum kein individueller Wunsch unerhört. Stellt Euch unsere Ankunft morgen vor. Tausende von Schiffen. Ein einzigartiger Kulturschock in der gegenwärtigen Menschheitsgeschichte. Es wird dann zu spät sein, zu bedauern, keine Wahl getroffen und die Botschaft

STRAHLKRAFT DES KOSMISCHEN
BEWUSSTSEINS

nicht verbreitet zu haben, weil diese Entdeckung unwiderruflich sein wird. Wir bestehen darauf, dass Ihr Euch nicht übereilt, aber bitte denkt darüber nach! Und entscheidet!

Die Massenmedien werden nicht notwendigerweise daran interessiert sein, diese Botschaft zu verbreiten. Es ist daher Eure Aufgabe, als ein anonymes und doch außergewöhnliches denkendes und liebendes Wesen, sie zu übermitteln.

Ihr seid noch immer die Architekten Eures eigenen Schicksals!«

Herkunft und Glaubwürdigkeit von Channelings sind immer fraglich. Doch empfehle ich – wie auch beim Channeling von Essene und Nidle – mit offenem Geist die tiefe Weisheit zu empfangen, die diese Botschaften ohne Zweifel haben. Bilden sie nicht zusammen mit den Errungenschaften der modernen Astronomie und Biophysik ein durchaus stimmiges Bild, das uns dem neuen Bewusstsein näher bringen könnte? Die nächsten zwei bis drei Jahre werden Klarheit darüber bringen, ob das, was vielen möglicherweise noch immer fantastisch vorkommen sollte, vielleicht doch Teil einer grundsätzlich neuen Realität sein wird.

Literaturverzeichnis

Alvager, T. and Kreisler, M. N.: *Quest for faster-than-light particles*, Phys. Rev. Vol. 171, 1357–1361, 1968

Aspect A. and Grangier P.: *Experiments on Einstein-Podolsky-Rosen type correlations with pairs of visible photons*. In: Quantum Theory and Measurement, eds. Wheeler J. A., Zurek W. H., Princeton University Press, 1983

Assis, A. K. T. and Graneau, P.: *Nonlocal Forces of Inertia in Cosmology*, Foundations of Physics, Vol. 26 (2), 271–283, Springer Netherlands 1996

Bai, T. and Sturrock, P. A.: *The 154-day and related periodicities of solar activity as subharmonics of a fundamental period*, Nature 350, 141–143, 1991

Bauer, E. and Borsdyko, S.: *Mutations and the Structure of Living Matter*, Biodynamica, No. 14, 1–8, 1936

Bearden, T. E.: *Gravitobiology. A New Biophysics*, Tesla Book Company 1991

Bearden, T. E.: *Giant Negentropy in the Common Dipole*, Proc. IC-2000, St. Petersburg, Russia 2000

Becker, R. O.: *The Effect of Magnetic Fields upon the Central Nervous System*, In: Biological Effects of Magnetic Fields, Vol. 2, eds. M. F. Barnothy, 207–214, New York 1969

Bloc, I., Hänsch, T. W., Esslinger T.: *Wenn Materie Quantenwellen schlägt*. In: Spektrum der Wissenschaft, Heidelberg Juli 2000

Boyer, T. H.: *Classical Statistical Thermodynamics and Electromagnetic Zero-Point Radiation*, Phys. Rev. Vol. 186, 1304–1318, 1969

Breithaupt, H.: *Biological Rhythms and Communications*. In: Electromagnetic Bio-Information, eds. F.-A. Popp et al., 1989

Burr, H. S. and Northrop, F. S. C.: *The Electrodynamic Theory of Life*. Quart. Rev. Of Biol. 10, No. 3, 322–333, 1935

Calvet, C.: *Hyperraum. Die Beherrschung von Raum und Zeit. Auf den Spuren der Schöpfung*, Marktoberdorf 2002

Cassidy, D. C.: *Werner Heisenberg und die Quantenrevolution*. In: Spektrum der Wissenschaft, Heidelberg Juli 1992

Chalmers, D. J.: *Facing up to the problem of consciousness.* In: Toward a Science of Consciousness. The First Tucson Discussions and Debates, eds. S. R. Hameroff, A. Kaszniak and A. C. Scott, MIT Press, 5–28, Cambridge 1996

Chiao, R. Y., Kwiat, P. G. und Steinberg A. M.: *Quantenphänomene schneller als Licht?* In: Spektrum der Wissenschaft, Heidelberg Oktober 1993

Conlcy, C. C.: *Effects of Near-Zero Magnetic Fields on Biological Systems*, Biological Effects of Magnetic Fields, Vol. 2

Cramer, J. G.: *The Transactional Interpretation of Quantum Mechanics*, Claredon press, Oxford 1958

Crick, F. and Koch, C.: *Towards a neurobiological theory of consciousness*, Seminars in Neuroscience 2, 263–275, 1990

Dzang Kangeng Y. V.: *Bioelectromagnetic fields as a material carrier of biogenetic information*, Aura-Z, No. 3, 42–54, 1993

Feinberg, G.: *Possibility of Faster-Than-Light Particles*, Phys. Rev. 159, 1089, 1967

Feynman, R. P.: *QED. The Strange Theory of Light and Matter*, Penguin Books UK, 1985

Feynman, R. P.: *QED. Die seltsame Theorie des Lichts und der Materie*, München 1997

Freedman, D. Z., Schramm, D. N. and Tubbs, D. L.: *The Weak Neutral Current and its Effect in Stellar Collapse*, Annual Review of Nuclear Science 27, 167–207, 1977

Friedman, H., Becker R. O. and Bachman, C. H.: *Geomagnetic Parameters and Psychiatric Hospital Admissions*, Nature 200, 626–628, 1963

Friedman, H., Becker R. O. and Bachman C. H.: *Psychiatric Ward Behavior and Geophysical Parameters*, Nature 205, 1050–1052, 1965

Friedman, H., Becker R. O. and Bachman C. H.: *Effect of Magnetic Fields on Reaction Time Performance*, Nature 213, 949–950, 1967

Gariaev P. P., Tertishny G. G., Iarochenko A. M., Maximenko V. V. and Leonova E. A.: *The Spectroscopy of Biophotons in non-local genetic Regulation*, Journal of Nonlocality and Remote Mental Interactions, 2002

Grandpierre, A.: *The Universe as a Living System*, In: Forras No. 2, 1988

Grandpierre, A.: *A Pulsating-Ejecting Solar Core Model and the Solar Neutrino Problem*, Astronomy and Astrophysics, Vol. 308, 199, 1996

Grandpierre, A.: *The Physics of Collective Consciousness*, World Futures, Vol. 48, 23–56, 1997

Hainsworth, L. B.: *Electrical Technology and Human Evolution*, Speculations in Science and Technology, Vol. 11, No. 2, 101, 1987

Hazlewood, M.: *Planet X auf Erdkurs. Umwälzungen auf der Erde* (Band 1 und 2), Marktoberdorf, 2006/2007

Heim, B.: *Einheitliche Beschreibung der Materiellen Welt. Informatorische Zusammenfassung von »Elementarstrukturen der Materie«,* Band 1 und 2, Innsbruck 1994

Holler, J.: *Das neue Gehirn, Südergellersen* 1985

Kholodov, Y. A.: *The Brain and the Magnetic Field*, Journal of Paraphysics 6 (4), 144–147, 1972

Kirshivink, J. L., Kobayashi-Kirshivink, A. and Woodford, B. J.: *Magnetite Biomineralization in the Human Brain*, Proceedings of the National Academy of Science, Vol. 89, 7683–7687, 1992

Krueger A. P. and Kotaka, S.: *The Effectcs of Air Ions on Brain Levels of Serotonin in Mice*, International Journal of Biometeorology, Vol. 13 (1), Heidelberg 1969

Küppers, B.-O.: *Der Ursprung biologischer Information. Zur Naturphilosophie der Lebensentstehung*, München–Zürich 1990

Lyre, H.: *Quantentheorie der Information*, Berlin–Wien 1998

Mach, E.: *Die Analyse der Empfindungen*, Jena 1903

Mender, D.: *The Myth of Neuropsychiatry: A Look at Paradoxes, Physics, and the Human Brain*, New York 1994

Morpheus: *Matrix-Code*, Wien 2003

Niedermeyer, E. and Lopes da Silva, F. (eds.): *Electroencephalography: Basic Principles, Clinical Applications and Related Fields*, Baltimore 1987

Norden, B. and Ramel, C. (eds.): *Interaction Mechanisms of Low-Lewel Electromagnetic Fields in Living Systems*, Oxford Science Publications, 1992

Norretranders, T.: *Spüre die Welt. Die Wissenschaft des Bewußtseins*, Reinbek 2000

Popp, F. A. and Zhang, J. J.: *Mechanism of Interaction between electromagnetic Fields and living Organisms*, Science in China (Series C), 43, 507–318, 2000

Popper, K. R. and Eccles, J. C.: *The Self and its Brain. An Argument for Interactionism*, London 1983

Presman, A. S.: *Electromagnetic Fields and Life*, New York 1970

Roth, G.: *Fühlen, Denken, Handeln*, Suhrkamp 2001

Ruth B. in *Electromagnetic Bio-Information*, eds. F. A. Popp et al., 2nd Edition, Urban and Schwarzenberg, 128–143, 1989

Schindewolf, O. H.: *Basic Questions in Paleontology: Geologic Time, Organic Evolution, and Biological Systematics*, 1993

Sheldrake, R.: *Das schöpferische Universum: Die Theorie der morphogenetischen Felder und der morphischen Resonanz,* München 2008

Stapp H. P.: *Mind, Matter and Quantum Mechanics*, New York 1982

Stapp H. P.: *Quantum Propensities and the Brain-Mind Connection,* Foundations of Physics, Vol. 21, 12, 1451, 1991

Stapp H. P.: *Why Classical Mechanics cannot Naturally Accommodate Consciousness but Quantum Mechanics can?,* Psyche 2 (5), 1995

Tegmark M. and Wheeler J. A.: *100 Jahre Quantentheorie*, Spektrum der Wissenschaft, 68, April 2001

von Buttlar, J. und Prof. Dr. Meyl, K.: *Neutrino Power. Der experimentelle Nachweis der Raumenergie revolutioniert unser Weltbild*, Marktoberdorf 2007

von Campenhausen, C.: *Die Sinne des Menschen*, Band. I: Einführung in die Psychophysik der Wahrnehmung, Stuttgart 1981

von der Malsburg, C.: *The Correlation Theory of Brain Function*, Internal Report of Max-Planck-Institute for Biophysical Chemistry Göttingen, Dept. Neurobiology, 81–2, Göttingen, 1981

von Ludwiger, I.: *Heim'sche einheitliche Quantenfeldtheorie*, Innsbruck 1981

Warnke, U.: *Die geheime Macht der Psyche*, Saarbrücken 1998

Wilson, R. A.: *Cosmic Trigger. Die letzten Geheimnisse der Illuminaten oder an den Grenzen des erweiterten Bewußtseins*, Rowohlt 1986

Weiterführende Internet-Links

Allgemeine Seiten zum »Space Weather« und astronomischen Vorgängen
http://www.spacescience.com/
http://news.astronomie.info/
http://news.astronomie.info/sky201002/
   sunactivity.html
http://starviewer.wordpress.com/

Allgemeine Seiten über den Kosmos
http://www.bibliotecapleyades.net/ciencia/
   planetophysical/planetophysical.htm
http://www.bibliotecapleyades.net/ciencia/
   ciencia_multiverse.htm

Seiten zur Sonnenaktivität und den Sonnen-Satelliten
http://soho.nascom.nasa.gov/
http://space-env.esa.int/Data_Plots/noaa/
   ssn_plot.html
http://www.tesis.lebedev.ru/en/
http://stereo.gsfc.nasa.gov/
http://stereo-ssc.nascom.nasa.gov/browse/
http://gong.nso.edu/data/farside/
http://soi.stanford.edu/data/full_farside/
http://www.n3kl.org/sun/index.html
http://soho.no.sapo.pt/SOHO/OMelhor/
   menumelhorsoho.htm

Seite über seismische Aktivität
http://www.zamg.ac.at/bebenkarte

Seiten und Meldungen zu den Themen Transformation und Bewusstsein
http://de.rian.ru/society/20090529/
   121794440.html
http://www.angelfire.com/oh2/peterr/
http://noosphere.princeton.edu/

Sachregister

A

Abkopplung, vom Erd-
magnetfeld 52f., 134
absolute Genauigkeit 126
Adam Kadmon 91
Afghanistan-Krieg 11
Ahura Mazda 123f.
aktuelle Informationen 83
Alanin 32
Alcyone 88
Aliens 146
– Verhaftung 148
– Zusammentreffen 154f.
Alpha-Gehirnwellen 45ff.
Alpha-Learning 46
Aminosäuren 31f.
Antennen, biologische 43f.
anthropisches Prinzip 27
Anunaki 119, 121f.
Astrogenetics 49f., 96
Atombombenversuche
9, 27
Atrahasis-Epos 121
Aufklärung, der Öffentlich-
keit 144ff.

B

Bauplan, der Schöpfung 33
Begräbnis Lady Dianas 37
Berichterstattung 151ff.
Betawellen 47
Bewusstsein, Sitz des 57
Bewusstseinsmessung 11.
September 37
Botschaft, an die Mensch-
heit 9

C

Channeling 85, 156ff.
Chaos 41, 138
Chaosforschung 71
Cholerarebellionen 66
Choleriker 64
Christusbewusstsein 135
Ciba-Geigy-Versuch 32f.

D

Datenbank, kosmische 51
Deltawellen 47
Denken 41, 72f.
Determinismus 72
Differenziertheit, eines
Systems 26

Dirac'sche Antiteilchen
87
Disharmonie kosmischen
Seins 128
DNS 42f., 81
– als Antenne 44
– Transkription 32
Drittes Auge 70
Dunkelheit 92
– achttägige 10

E

Echnaton 125
Einheitliche Massenformel
78
Einstein-Podolsky-Rosen-
Paradoxon 80
Einstein-Rosen-Brücke
114
elektrische Ladung, der
Haut 61
elektromagnetische
Felder 28
Elektronen 51
– Wechselwirkung 29, 78
Elektronen-Flux 55
Elektronenspin 42
Elektro-Neutrinos 34
Elemente, und Strah-
lungstypen 50
EM-Felder 34
Entführungen, durch
Aliens 146
Entropie 81
Epilepsie 56f.
Erdatmosphäre 28
Erdbeben 90
– in Haiti 14, 114
Erdmagnetfeld
– Abnahme 17, 52, 134
– als Datenspeicher 51
Erinnerungen 51
Evolutionsprozess 43f.
Exopolitics 144

F

Finnland 13
Fischzucht-Versuch 32f.
Flip 82
Fluss, verschwundener
16
Formel, für Menge an
Informationen 25
freier Wille 72f.
fünfte Dimension 7

G

geflügelte Scheibe 126
Gehirn 51f.
– Aktivitäten 41f.
– als Antenne 43
– als Empfänger 141
– während Meditation 55
Geistesprogramme 139
geisttragende Teilchen 51
genetische Mutationen 50
Gliazellen 51, 57
Global Consciousness
Project 37
globale stehende Dichte-
welle 43
Global-Scaling-Theorie 46
Gradienten 34
Graue 146
Gravitation 43, 134
Gravitationswellen 27
– als Informationsträger 19
Großmachtdenken 153

H

Halleyscher Komet 68
Haut, als Empfangsorgan
61f.
Heilungsprozesse 34
Heliobiologie 20, 96
Hirschzungenfarn 33
Hochkulturen, Auf- und
Untergang 129
höhere Intelligenz 23
Hohlraumresonatoren 21,
45
Hubble-Teleskop 147
Hyperraum 21, 75
Hyperraumreiseobjekt 110,
112

I/J

Infektionskrankheiten 66
Information 81ff.
– Definition 25
– Formel für Menge an 25
inhomogene Felder 34
intelligente elektromagne-
tische Felder 29
Interaktion, Mensch-
Maschine 37f.
intergalaktischer Rat 9
Internet 143
In-Time-Theorie 72
Ionosphäre 28
Irak-Krieg 11

Jahr 2000 105, 107
Jahr 2003 85, 128
Jahr 2012 7, 49, 87ff., 129

K

Keilschrift 119
Kirlianfotografie 33
Klimawandel 17, 88f.
kohärentes Strahlungsfeld
45
kollektive Entscheidung
158
kollektiver Schlaf 132
komplexe Relativitäts-
theorie 74
kosmische Absicht 140
kosmische Bruderschaft
156
kosmische Datenbank 51
kosmische Information 19
Krankheiten, und Wetter-
lagen 60
Krankschreibungen 17
Kreativität 69
Krebszellen-Versuch 35
Küken-Roboter-Versuch 39
kybernetische Verbin-
dungen 19

L

Ladungen 34
Leben, Entstehung 31
Lichtsäulen, um die Sonne
113
Lichtzone 132, 135
Lunar Orbiter 1 155

M

Magnetfeld, Einfluss auf
genetische Anlagen 50
Magnethelm-Versuche 56
Mapping 41
Marduk 120
Massenpsychosen 66
Mauna Loa Solar Obser-
vatory 113
Maya-Kalender 48, 129
Maya-Prophezeiungen 47,
77
Meditation 41, 54f.
Melancholiker 64
Melatonin 54
Mikrotubuli 43
Miller-Urey-Experiment 32

Personenregister

Bildnachweis: Syun-Ichi Akasofu, Sydney Chapman: Solar Terristical Physics: S. 53; akg-images: S. 68, 70, 119 l. (Rabatti – Domingie), 122 o. l., 122 o. M., 122 o. r., 123 r. (Rabatti – Domingie), 125 l. (Erich Lessing); ALIMDI.NET/Stefan Arendt: S. 10; Associated Press: S. 157 r., 157 l. (Michael Savage), 160 (Remo Nassi); Astrofoto: S. 19 r. (van Ravenswaay), 48, 152 (Michael Carroll), 153 (Ralf Schoofs), 154 (James Nichols); blickwinkel/H. Baesemann: S. 64; bpk/Ägyptisches Museum und Papyrus-sammlung, Staatliche Museen zu Berlin/Margarete Büsing: S. 125 r.; Luc Bürgin/www.urzeit-code.com: S. 33; K. Endo: S. 13; Fotex/Ipol: S. 11 l.; Getty Images: S. 11 r. (Majid Saeedi), 37 (WireImage, Anwar Hussein), 92 (AFP); Dr. Steven Greer: S. 149; j.o.photodesign – Fotolia.com: S. 7; Dr. Hans-Thomas Janka: S. 130 (alle); Detlef Konagel: S. 24; König, »Unsichtbare Umwelt«: S. 41 u.; Matthias Kulka: S. 140; Prof. Dr. Mario Markus, Dortmund: S. 71; medicalpicture: S. 73; NASA: Umschlag, S. 19 l., 59, 77, 78, 86 u. r., 95 (beide), 97 (alle), 98 o. l., 98 u., 100 (alle), 102 (alle), 103 (alle), 104 (alle), 105 (alle), 106 (alle), 107 (beide), 108 (beide), 109 (alle), 110 (alle), 111 (alle), 112 (alle), 113 (alle), 114 (beide), 116, 121 (alle), 129 o., 133 (alle), 134 o., 136, 137, 138, 145 (alle), 155; OKAPIA KG, Germany: S. 27; PANOS/VISUM: S. 16; SXC: S. 8; University of Maryland soho/celias/mtof/PM: S. 12; Claus Vogel 2009 (Tradewinds Photography): S. 143 u. r.; Westend 61/Martin Rietze: S. 90

Der Verlag hat sich bemüht, die Urheber aller in diesem Werk verwendeten Bilder ausfindig zu machen. In einigen wenigen Fällen ist das trotz großer Bemühungen nicht gelungen. Bitte kontaktieren Sie den Verlag, sollten Sie Urheber eines dieser Bilder sein bzw. den Urheber kennen.

Umschlaggestaltung: Hauptmann & Kompanie Werbeagentur, Zürich
unter Verwendung eines Motivs der NASA
Innengestaltung, Typografie, Realisierung: Catherine Avak, München

Druck und Bindung: fgb · freiburger graphische betriebe

ISBN 978-3-941837-03-4

www.trinity-verlag.com